100
WUNDER DER WELT

Copyright © Parragon Books Ltd
Queen Street House
4 Queen Street
Bath BA1 1HE, UK

Producing: Natalie Blei/Petra Hammerschmidt, alex media, Gierstorfer, Ferstl & Reichert GbR, Augsburg

Konzept: Michaela Mohr/Gerhard Klimmer/Michael Kraft

Lektorat: Michaela Mohr/Michael Kraft, mimo-booxx | textwerk., Augsburg; Konstanze Allnach, Augsburg

Illustrationen: Evgen Lutskevych

Bildredaktion: Michaela Mohr/Michael Kraft

ISBN 978-1-4454-3520-6

Printed in China

100
WUNDER DER WELT

Michael Hoffmann

Alexander Krings

Parragon

Bath • New York • Singapore • Hong Kong • Cologne • Delhi
Melbourne • Amsterdam • Johannesburg • Auckland • Shenzhen

Inhaltsverzeichnis

Vorwort 6

Afrika 8
Abu Simbel 10
Amboseli 12
El Djem 14
Fès 16
Kilimandscharo 18
Marrakesch 20
Pyramiden von Gizeh 22
Pyramiden von Meroe 24
Sahara 26
Nationalpark Serengeti 28
Sueskanal 30
Tal der Könige 32
Victoria-Fälle 36

Asien 38
Akashi-Kaikyo-Brücke 40
Angkor 42
Ayutthaya 44
Babylon 46
Bagan 48
Reisterrassen von Banaue 50
Tempel von Borobudur 52
Fujiyama 54
Große Chinesische Mauer 56
Karstberge von Guilin 60
Halong-Bucht 62
Hawa Mahal 64
Istanbuls Schätze 66
Itsukushima-Schrein 70
Jerusalem 72
Kappadokien 76
Khajuraho 78
Malediven 80
Große Moschee von Mekka 82
Mount Everest 84
Nemrut Dag 86
Hierapolis-Pamukkale 88
Petra 90
Petronas Twin Towers 92
Potala-Palast 94
Taipei 101 96
Taj Mahal 98
Tiananmen 100
Verbotene Stadt 102
Xi'an 104

Europa 106
Akropolis von Athen 108
Aletschgletscher 112
Alhambra 114
Mönchsrepublik Athos 116
Atomium 118
Delphi 120
Eiffelturm 122

Giant's Causeway 124
Hieronymitenkloster 126
Kölner Dom 128
Kolosseum in Rom 132
Kreml und Roter Platz 134
Metéora-Klöster 136
Öresundbrücke 138
Petersdom 140
Pont du Gard 144
La Sagrada Família 146
Schiefer Turm von Pisa 148
Stonehenge 150
Nationalpark Lingvellir 152
Venedig 154
Schloss Versailles 156

Mittel- und Südamerika 158
Amazonas-Becken 160
Chichén Itzá 162
Galápagos-Archipel 164
Wasserfälle von Iguazú 166
Itaipú-Staudamm 168
Machu Picchu 170
Linien von Nazca 172
Osterinsel 174
Panamakanal 176
Perito-Moreno-Gletscher 178
Teotihuacán 180
Tikal 182

Nordamerika 184
CN Tower 186
Death-Valley-Nationalpark 188
Empire State Building 190

Everglades 192
Freiheitsstatue 196
Golden Gate Bridge 198
Grand Canyon 200
Guggenheim-Museum 202
Hoover-Damm 204
Mount Rushmore 206
Niagarafälle 208
Old Faithful 210
Redwood-Nationalpark 212
Volcanoes-Nationalpark 214
Yosemite-Nationalpark 216

Ozeanien 218
Great Barrier Reef 220
Milford Sound 224
Opernhaus von Sydney 226
Tongariro-Nationalpark 228
Uluru 230

Spezial 232
Antarktis 234
ISS 236
Polarlichter 238

Bildnachweis 240

Vorwort

Was eigentlich ist ein Wunder? Schenkt man Lexika und Enzyklopädien Glauben, dann sind Wunder Geschehnisse, die die Naturgesetze durchbrechen. Wunder gelten gemeinhin als unerklärliche Vorgänge. Im religiösen Sinne werden Wunder als Machtbezeugung, als Zeichen göttlicher Gewalt gedeutet.

Im alltäglichen „Umgang" mit Wundern sind die Deutungen und Definitionen normalerweise weit weniger philosophisch, weniger mythisch, weniger religiös begründet. Oftmals ist ein Wunder lediglich etwas, das uns staunen lässt, das uns spontan Beifall abfordert und begeistert, das uns ungläubig dreinblicken lässt. Wunder, wie wir sie meinen, können groß, größer, am größten, hoch, höher, am höchsten, lang, länger, am längsten sein. Und, und, und.

Überall auf dem Blauen Planeten gibt es wunderbare Dinge zu entdecken. Kein Erdteil, der nicht Wundervolles vorzuweisen hätte: Unsere Welt ist voller Wunder. Die Natur ist ein wundervoller Baumeister. Großartige Naturwunder sind teilweise

Millionen Jahre alt. Ebenso haben herausragende Architekten und Künstler – Menschen – überall auf der Erde ihre Spuren hinterlassen, haben unvergleichliche, wundervolle Bauwerke und Konstruktionen geschaffen. Wenngleich erst wenige 1000 Jahre alt, so sind sie dennoch großartig und – bewundernswert.

Wir haben in diesem Buch 100 der schönsten, größten, sehenswertesten, wertvollsten Wunder aus allen fünf Erdteilen zusammengestellt. Hinzu kommt eine weitere Abteilung, die sich mit ganz speziellen Wundern „abseits" der klassischen Erdteile beschäftigt – sozusagen global. Es ist nur eine kleine Auswahl, die zum Großteil nach subjektiven Gesichtspunkten erfolgte. Allen gemeinsam ist jedoch: Sie gehen über das Alltägliche und Gewöhnliche hinaus. In vielen Fällen ist das Herausragende, Einzigartige unmittelbar ersichtlich, eindeutig.

Manchmal allerdings erschließt sich das Besondere dieser Wunder erst auf den zweiten Blick. – Tauchen Sie ein in eine fantastische, eine grandiose Welt der Wunder.

Afrika, der Schwarze Kontinent. Unvergleichliche Natur, traumhafte Landschaften, grandiose Zeugnisse versunkener Kulturen, einzigartige Beweise unterschiedlichster Hochkulturen. Hier befinden sich die letzten Tier- und Naturparadiese der Erde, hier künden sagenhafte Bauwerke vom Glanz afrikanischer Kulturen, deren Einflüsse noch heute vielerorts auf der Welt unverkennbar zu spüren sind.

AFRIKA

ÄGYPTEN

Abu Simbel

ETWA 280 KM SÜDLICH VON ASSUÂN BEFINDEN SICH DIE BEEINDRUCKENDEN FELSENTEMPEL VON ABU SIMBEL. PHARAO RAMSES II., DER GROSSE, LIESS DIE TEMPELANLAGE IM 13. JAHRHUNDERT VOR UNSERER ZEITRECHNUNG ERBAUEN.

Pharao Ramses II. – der Große – regierte von 1279 bis 1213 v. Chr. Während seiner Amtszeit erreichte das Land am Nil eine strahlende wirtschaftliche und kulturelle Blütezeit. Kein Pharao nach ihm konnte es ihm gleichtun. Ramses führte sein Land mit großem Geschick. Beinahe 50 Jahre lang herrschte Frieden zwischen Ägypten und seinen Nachbarvölkern. Der Pharao war geradezu besessen davon, überall im Land gigantische Monumente seiner allumfassenden Macht errichten zu lassen. Der Gottkönig macht ganz Ägypten zu einem grandiosen Denkmal seines eigenen Schaffens. Die beiden Tempel von Abu Simbel überragen an Größe und Bedeutung alle bislang errichteten Felsentempel.

Ramses II. wählte als Standort für die beiden Felsentempel einen Ort namens Abu Simbel in Nubien. Hier, zwischen dem ersten und zweiten Katarakt des Nils, der Lebensader des alten Ägyptens, wollte er sich – und seiner Lieblingsfrau Nefertari – ein weiteres grandioses Denkmal setzen. Tausende von Arbeitern werden abkommandiert, um die Tempelanlage zu errichten. Mit einfachsten Bronze- und Steinwerkzeugen beginnen sie das gigantische Bauwerk. Die Tempel sollen direkt in den Felsen geschlagen werden. Ein einzigartiges Vorhaben. Die Arbeiter machen sich daran, den Felsen auszuhöhlen. Meter für Meter mei-

Rechts: Der kleine Tempel von Abu Simbel ist Ramses' Lieblingsfrau Nefertari geweiht.

Unten: Die Wände des Ramses-Tempels sind mit Darstellungen aus dem Leben des Pharaos verziert.

ßeln, graben, schaufeln sie sich langsam vorwärts. Tausende Tonnen von Kalkstein müssen abgetragen werden. 60 m tief graben sich die Arbeiter mühevoll hinein in den Berg. Ramses II. ist begeistert von der geradezu übermenschlichen Leistung seiner Arbeiter: „O ihr Arbeiter, ausgewählt, stark, in den Händen tüchtig, die ihr für mich Denkmäler errichtet in jeder Zahl, erfahren mit der Arbeit an kostbaren Steinen, Granitsorten erkennend und mit Sandstein vertraut."

Links und rechts des Eingangs werden je zwei 22 m hohe, gewaltige Kolossalstatuen errichtet. Sie stellen Ramses II. dar und tragen die Inschriften „Ramses, der Geliebte des Amun", „Ramses, der Geliebte des Atum", „Ramses, Sonne der Herrscher" und „Ramses, Herrscher der Beiden Länder" – Ramses II., die Inkarnation des Sonnengottes Re. Durch eine große dreischiffige Halle, gesäumt von acht Stützpfeilern, gelangt man zum hinteren Tempelbereich. Die Reliefs der großen Halle verherrlichen die kriegerischen Taten des Königs als Sieger über Syrer, Libyer und die Hethiter in der Schlacht von Kadesch. Im Sanktuar: vier in den Stein gehauene Statuen. Sie zeigen die Götter Re-Harachte, Ptah und Amun-Re sowie ein Bildnis des Gottkönigs, Ramses II. Der große Tempel ist so angelegt, dass zweimal im Jahr, am 20. Oktober bzw. am 20. Februar, die Sonne durch den Tempeleingang direkt auf die Statuen scheint.

Den kleinen Tempel ließ Ramses II. für seine Lieblingsfrau Nefertari errichten. Er ist der Königin und Hathor von Ibschek geweiht. Auch der kleine Tempel musste mühevoll in den Kalkstein gemeißelt werden, 21 m tief. Dieser besteht aus einer Halle mit sechs Pfeilern, einer Querhalle mit zwei Nebenräumen und dem Sanktuar. Die Reliefs an den Wänden zeigen Krönungsszenen sowie Darstellungen Nefertaris. Die Statuen des Tempels stellen Nefertari, Hathor und Ramses je zweimal dar. Sämtliche Figuren sind etwa 10 m hoch. Für die Frau eines Pharaos galt dies als besondere Auszeichnung: Die Gattin des Pharaos auf gleicher Höhe mit dem Gottkönig! In der Regel wurden die Frauen der Könige deutlich kleiner dargestellt.

In den 1960er-Jahren droht den Monumenten durch den Bau des Assuân-Staudamms die Überflutung. Die Rettung erfolgt mit einem der gigantischsten Bauprojekte der Neuzeit: Die beiden Tempel werden versetzt. 20 000 Tonnen Stein werden in 1036 Einzelteile zersägt, auseinander genommen und 180 m landeinwärts und 64 m über dem alten Standort wieder zusammengesetzt. Im März 1968 werden die Bauarbeiten abgeschlossen. Der ewige Wohnsitz des größten ägyptischen Pharaos, Ramses II., ist gerettet.

DATEN

* **1290–1224 v. Chr.:** Bau der Tempelanlage von Abu Simbel
* **22. März 1813:** Entdeckung der Tempel von Abu Simbel durch den Schweizer Orientforscher Johann Ludwig Burckhardt (1784–1817)
* **1817:** Freilegung von Abu Simbel
* **1960–1971:** Bau des Assuân-Staudamms
* **1964–1968:** Umsetzung der Tempelanlagen von Abu Simbel

KENIA

Amboseli

IM SÜDEN KENIAS BEFINDET SICH EIN EINZIGARTIGES TIERRESERVAT: DER AMBOSELI-NATIONALPARK. DER AMBOSELI IST EINER DER ÄLTESTEN NATIONALPARKS IN KENIA. WELTBERÜHMT IST DER PARK FÜR SEINE EINZIGARTIGE ELEFANTENPOPULATION.

Der Amboseli-Nationalpark ist Kenias meistbesuchtes Wildtiergebiet. Ursprünglich 1948 als ein Reservat von 3260 km² ausgewiesen, wurde der Park 1961 den Massai übergeben. 1974 wurde ein großes Gebiet zum Nationalpark erklärt. Der in der Sprache der Massai Park Ol Tukai genannte Amboseli umschließt ein Sumpfgebiet, das für viele Wildtiere einen attraktiven Lebensraum darstellt.

Der Nationalpark ist nur 392 km² groß, bietet jedoch einer Vielzahl von Wildtieren einen geradezu idealen geschützten Lebensraum. Er liegt auf einer Höhe von 1400 bis 1900 m vor der beeindruckenden Kulisse des Kilimandscharo. Am Fuß des „Silberbergs" hütet der Amboseli-Nationalpark einen der letzten großen Naturschätze der Erde. Den Massai, denen das umliegende Land gehört, ist es zu verdanken, dass hier eine einzigartige Elefantenpopulation bis heute überlebt hat.

Im Land der sanften „grauen Riesen". Der Amboseli-Nationalpark ist wahrscheinlich der beste Ort in Kenia, um Elefanten aus nächster Nähe zu beobachten. Auf dem Gebiet des Nationalparks konnte sich eine Population von Elefanten erhalten, deren Altersstruktur und Generationengefüge seit vielen Jahren unbeeinflusst geblieben sind. Rund 800 Tiere verschiedener Generationen zählt die kleine Elefan-

FAKTEN

✻ Name:
Amboseli-Nationalpark

✻ Nationalpark: seit 1974

✻ Fläche: 392 km²

✻ Staat: Kenia

✻ Bewohner des Nationalparks:
Massai, Elefanten, zahlreiche Wildtierarten

✻ Massai: nomadisch lebendes Hirtenvolk, das in den weiten Ebenen im Süden Kenias und Norden Tansanias beheimatet ist. In Kenia und im angrenzenden Tansania leben heute etwa 1 Mio. Massai.

Über den Amboseli und seine Bewohner – hier eine kleine Zebraherde – wacht der „Silberberg", der Kilimandscharo, Afrikas höchster Berg.

tenherde. In der Population befinden sich auch alte Kühe und Bullen, sodass sich das komplexe und vielfältige Sozialverhalten der sanften Riesen sehr gut studieren lässt. Zum Schutz der Elefanten unternimmt die kenianische Regierung große Anstrengungen. So wird der Amboseli-Park ganzjährig von Wildhütern und Wissenschaftlern überwacht.

Im Schatten des Kilimandscharo entwickelte sich der Amboseli zu einem Park der Kontraste. Meist bestimmen ausgedörrte Savannen und trockene Ebenen das Bild. Während der extremen Trockenzeit kann man über dem im Nordwesten des Nationalparks gelegenen ausgetrockneten Lake Amboseli bizarre Luftspiegelungen erkennen, die ganze Dörfer am Horizont entstehen lassen, die von realen Gnu- und Zebraherden durchzogen werden. Nur selten führen starke Regenfälle dazu, dass sich der See mit Wasser füllt. Die ausgedehnten Sumpfgebiete im Süden des Amboseli werden aus unterirdischen Quellen gespeist.

Der Amboseli-Park beherbergt ein breites Spektrum an Wildtieren. Neben den Elefanten bevölkern zahlreiche weitere Tierarten den Park. In den weiten Savannen sind Nashörner, Massai-Giraffen, Grant- und Thomson-Gazellen, Gnus und Zebras, Hyänen, Schakale, Löwen, Geparden und Leoparden zu Hause. In den trockeneren Regionen des Amboseli, abseits der Sümpfe, leben Büschelohr-Spießböcke, Gerenuks und Elenantilopen. Die sumpfigen Gebiete sind wahre Vogelparadiese. In den offenen Wasserflächen versammeln sich Pelikane und Zwerggänse, die in Kenia eher ungewöhnlich sind. Eisvögel und Bienenfresser lauern im Schilf auf Beute. Die Greifvögel sind durch den afrikanischen Fischadler, den Kampfadler, den Graufügelhabicht und den Zwergfalken vertreten.

Oben: Traditionelles Massai-Dorf im Amboseli-Nationalpark.

Links: Zwischen Tradition und Moderne: Ein junger Massai in traditioneller Kleidung am Steuer seines Jeeps beobachtet Elefanten.

TUNESIEN

El Djem

EINE DER GRÖSSTEN ARENEN DES RÖMISCHEN WELTREICHES FINDET SICH MITTEN IN DER WÜSTE TUNESIENS: DAS AMPHITHEATER VON THYSDRUS. DAS GIGANTISCHE BAUWERK WURDE IN NUR ACHTJÄHRIGER BAUZEIT AUS DEM KARGEN STEPPENBODEN GESTAMPFT.

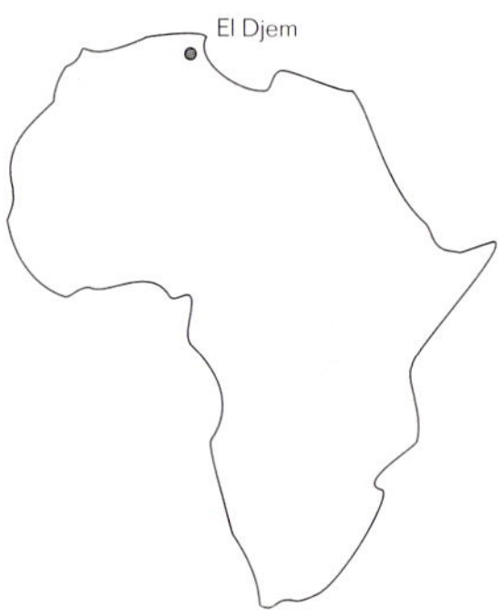

Im Jahr 230 gab der ehrgeizige römische Prokonsul Gordianus I. den Auftrag zum Bau eines Amphitheaters in Thysdrus. Nach nur achtjähriger Bauzeit war das Werk vollendet. Aus dem Wüstensand erhob sich trutzig ein Bauwerk von ausgewogener Harmonie. Gordianus' Baumeister hatte Großartiges vollbracht. Das Amphitheater El Djem ist eine kühne Konstruktion von beeindruckender Monumentalität. Die Arena steht vollkommen frei, ohne Anlehnung an einen Hang oder Einlassung in den Boden. Eine architektonische Meisterleistung. Sonnendurchflutet verbreitet der grandiose Sandsteinbau trotz seiner enormen Ausmaße ein unbeschreibliches Gefühl der Leichtigkeit und Erhabenheit.

Die Architekten schufen raffinierte Durch- und Ausblicke. Licht kann aus allen Richtungen in die Arena fluten und lässt sie transparent erscheinen. Jeweils 64 große Rundbögen auf allen drei Etagen verleihen dem Bauwerk eine höchst filigrane Anmutung. Eine herausragende künstlerische Meisterleistung sind die großartigen Mosaiken im Inneren der Arena. Hier gingen arabische Traditionen und römische Baukunst eine einzigartige Symbiose ein.

Der Bau der Arena war eine gewaltige Kraftanstrengung. Das nötige Baumaterial, vor allem die riesigen Sandsteinquader, musste aus bis zu 30 km entfern-

Ein Blick in das Innere des Amphitheaters. In der Arena wurden Wagenrennen und Gladiatorenkämpfe veranstaltet.

FAKTEN

* **Länge:** ca. 150 m
* **Breite:** ca. 120 m
* **Höhe:** ca. 36 m (drei Geschosse)
* **Bauzeit:** 8 Jahre (230 – 238)
* **Baumaterial:** Sandstein

DATEN

* **46 v. Chr.:** Gründung von Thysdrus
* **Um 230:** Bau des Amphitheaters
* **238:** Niederschlagung einer Revolte durch Truppen des in Thrakien geborenen römischen Kaisers Maximinus Thrax (173 – 238)
* **7. Jh.:** Umbau zur Festung der gegen die Araber kämpfenden Berberführerin Damia Kahina
* **1695:** teilweise Zerstörung, als Bey Mohammed eine Bresche schlagen ließ

ten Steinbrüchen herantransportiert werden. Da Sandstein weich und brüchig ist, mussten die Quader eine enorme Größe haben, um die Statik sicher zu tragen. Ihre Farbe ist einzigartig und hat sich bis heute erhalten. Der warme, erdige Ton saugt das Sonnenlicht geradezu in sich auf, scheint regelrecht zu glühen und verleiht dadurch dem Bauwerk bis heute seine grandiose Ausstrahlung.

Das Amphitheater von Thysdrus war die letzte große Arena, die während der Existenz des römischen Imperiums errichtet wurde. Ein großartiges architektonisches Denkmal, das durch seine herausragende Qualität und seine elegante, nahezu perfekte Harmonie fasziniert. Gezeichnet von den Jahrhunderten erzählen die Sandsteinblöcke von Thysdrus heute ihre eigenen Geschichten, die Wind und Wetter tief in sie hineingeschrieben haben. Das Amphitheater von Thysdrus entstand weitab vom Meer und allen wichtigen Handelswegen. Doch schien die Finanzierung des Bauvorhabens keine größeren Probleme zu bereiten. Das Kapital stammte aus dem Olivenhandel.

Die nordafrikanische Steppe war bereits von Cäsar zum Olivenhain des römischen Imperiums auserkoren worden. Über zwei Jahrhunderte hinweg wurde der Olivenanbau kultiviert. Das karge Land wurde zum wichtigsten Öllieferanten des römischen Weltreichs. Die Erlöse aus dem Handel mit Olivenöl verwandelten Thysdrus in eine wahre Boomstadt. Der wirtschaftliche Aufschwung führte zu enormem Wohlstand. Die Bewohner der Stadt strotzten vor Ehrgeiz und Selbstbewusstsein. Stein gewordenes Manifest der Emanzipation der tüchtigen Bewohner der Provinz von Thysdrus ist das überragende Amphitheater.

Im Jahr 238 befand sich die Provinz Thysdrus auf dem Höhepunkt ihrer Macht. Selbstbewusst erhob sie sich gegen das römische Imperium. Doch Rom schlug unnachgiebig zurück und beendete den Aufstand mit Gewalt. Das Amphitheater von Thysdrus wurde indes nie ganz vollendet. Binnen weniger Jahre versank die Kultur der einst prächtigen Stadt Thysdrus. Gegen Ende des 17. Jahrhunderts sprengten die Truppen des türkischen Eroberers Bey Mohammed die Rückseite der Arena in die Luft. Die Ruine verfiel zum Steinbruch für spätere Generationen. Was übrig blieb, ist der Mythos der Spiele, der Stein geworden in den Mosaiken weiterlebt. Stolz, Leidenschaft und Kampfesmut machten Thysdrus einst zu einem kulturellen Zentrum des antiken Afrika.

Mitte: Die Räume und Gänge des Amphitheaters sind mit prächtigen Mosaiken verziert.

Unten: Durch- und Ausblicke: Jeweils 64 Rundbögen auf allen drei Etagen verleihen dem Bauwerk eine filigrane Anmutung.

MAROKKO

Fès

DIE ALTSTADT VON FÈS BESTEHT AUS EINEM BEINAHE UNÜBERSCHAUBAREN LABYRINTH AUS GASSEN, PLÄTZEN, HÄUSERN UND PRÄCHTIGEN MOSCHEEN. FÈS UMFÄNGT DEN BESUCHER MIT EXOTISCHEN GERÜCHEN UND EINEM FREMDARTIGEN FARBENSPIEL.

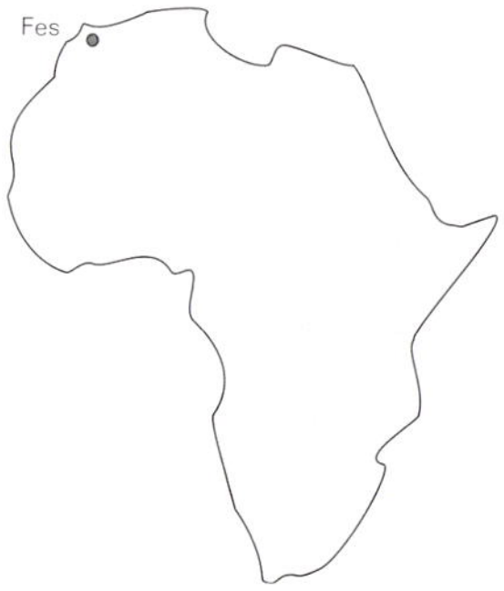

Es war einmal ... Vor langer Zeit, beinahe 1200 Jahre sind es nun her, da musste Idriss I. vor den Häschern des Kalifen von Bagdad Harun al Raschid fliehen. Sein Fluchtweg führte ihn an einen Fluss mit Namen Fès. Hier glaubte er sich sicher vor seinen Verfolgern, hier wollte er seine Stadt gründen. Doch Allah erhörte seine Gebete nach Frieden und Ruhe nicht. Die Mörder des großmächtigen Kalifen spürten Idriss schließlich auf und meuchelten ihn hinterrücks. Doch Idriss hatte auf seiner Flucht vor den gedungenen Mördern Harun al Raschids ein Kind gezeugt, das verschont blieb und nun erst nach Idriss' Tod zur Welt kam. Idriss II. trat mutig in die Fußstapfen seines Vaters und gründete die Stadt Fès. Er lobte und pries Allah, denn er war ein glühender Verehrer des Propheten.

Idriss II. hatte den Standort für seine Stadt an den Wassern des Fès gut gewählt. Schon bald verbreitete sich die Kunde von der glorreichen Stadt in Liedern und Gedichten. Ab den Jahren 817/818 zogen zahlreiche Gläubige gen Fès, um hier zu arbeiten, zu beten und Wohlstand zu erlangen. So kam es, dass rund 2000 verbannte Familien aus Kairouan in Tunesien nach Fès übersiedelten. Noch im selben Jahrhundert errichten sie ein großartiges Gotteshaus, die Kairaouine-Moschee im Herzen der Stadt. Binnen

Rechts: Die Kairaouine-Moschee in Fès el-Bali, der alten Stadt.

Unten: Gerberei im Herzen der Altstadt von Fès.

kurzer Zeit wird Fès zum kulturellen Zentrum und religiösen Herzen Marokkos. Doch die Neuankömmlinge sind nicht nur Rechtgläubige, sie bringen auch technisches und handwerkliches Können mit in die neue, aufstrebende Stadt. Die günstige Lage an der Kreuzung wichtiger Handelswege und die üppig vorhandenen, für das Handwerk wichtigen Rohstoffe begünstigten den raschen Aufschwung der neuen Stadt.

So wuchs die Stadt Idriss' II. zur Hauptstadt Marokkos heran und ihr Ruf als prosperierendes Zentrum und Hochburg aller Rechtgläubigen hallte wider in der islamischen Welt. Auch viele Jahre nach dem Tod Idriss' II. konnte Fès seine Stellung als Hauptstadt behaupten. Im 11. Jahrhundert jedoch lief Marrakesch Fès den Rang ab und festigte diesen Status bis ins Jahr 1250. Doch am Anfang des 14. Jahrhunderts erlebte Fès einen neuerlichen Aufschwung. Die Universität war weltberühmt, die Gelehrten genossen großes Ansehen. Die Stadt beherbergte während dieser Zeit 785 Moscheen. Im Jahr 1522 jedoch wurde Fès von einem schrecklichen Erdbeben erschüttert und zu großen Teilen zerstört. Viele Bauwerke mussten danach restauriert oder durch neue ersetzt werden und die Stadt erstrahlte schon wenige Jahre nach der Katastrophe in altem Glanz. Die folgenden Jahrhunderte indes sollten wenig Erquickliches für die Stadt bringen.

1554 fiel Fès in die Hände der Familie der Saadier, die jedoch Marrakesch zu ihrer Hauptstadt auserkoren. Von nun an sollten die Herrscher von Fès noch viele Male wechseln. 1833 schließlich machte Mulai Abdallah Fès zu seiner Residenz. Nach dem Einmarsch französischer Truppen wurde Fès am 30. März 1912 schließlich unter französisches Protektorat gestellt. Rabat wurde nun Hauptstadt. Fès jedoch blieb weiterhin königliche Residenz und Zentrum der Kultur, des Glaubens, des Handels und des Handwerks.

In Fès gibt es zahlreiche großartige Moscheen, deren architektonische und künstlerische Ausstattung internationalen Ruhm erlangt haben. Die Schätze muslimischer Kunst, die sie beherbergen, haben Weltrang. Allein: Das Betreten der Moscheen von Fès ist Nichtgläubigen verboten. Dies hat jedoch nichts mit einer restriktiven Auslegung des Korans durch die marokkanischen Muslime oder gar mit muslimischem Hochmut zu tun. Im Gegenteil: Ein noch immer gültiges Gesetz der französischen Kolonialherren untersagt Nichtmuslimen das Betreten islamischer Gotteshäuser. Heute ist Fès eine moderne arabische Stadt und noch immer kulturelle und geistige Hauptstadt Marokkos. Das Erbe Idriss' II. hat sich erhalten und erstrahlt auch im 21. Jahrhundert in altem Glanz.

FAKTEN

*** Name:** Fès

*** Einwohner:** knapp 1 Mio. Einwohner

*** Status:** drittgrößte Stadt Marokkos

*** Religion:** Rund 99 % der Bevölkerung sind Muslime.

*** Besonderheit:** Fès hat die meisten Moscheen und Koranschulen in Marokko.

*** Etymologie:** Der Name Fès soll auf das arabische Wort Fas für Hacke zurückgehen. Angeblich – so die Legende – soll Idriss II. mit einer Hacke bei der Gründung der Stadt den ersten „Spatenstich" getan haben.

*** Der Fes** (auch Fez oder Tarbusch genannt) ist eine früher im Orient und auf dem Balkan weit verbreitete Kopfbedeckung in der Form eines stumpfen Kegels aus rotem Filz mit schwarzer Quaste. Benannt wurde die Kopfbedeckung nach der Stadt Fès.

TANSANIA

Kilimandscharo

ES IST EIN MÄCHTIGER UND BEEINDRUCKENDER ANBLICK, AUCH DANN, WENN SEINE GIPFEL IN DICHTE WOLKEN GEHÜLLT SIND: DAS KILIMANDSCHARO-MASSIV. DER KILIMANDSCHARO, DER „SILBERBERG", GILT ALS DER HÖCHSTE FREI STEHENDE BERG DER WELT.

Das Gebirgsmassiv mit seinem ganzjährig schneebedeckten Gipfeln erhebt sich majestätisch aus der ostafrikanischen Ebene im Grenzgebiet zwischen Tansania und Kenia. „Schnee am Kilimandscharo" heißt ein berühmt gewordener Roman von Ernest Hemingway aus dem Jahr 1952. Gut 100 Jahre zuvor (1849) wurde der deutsche Missionar Johannes Rebmann bei seiner Rückkehr nach Europa noch ausgelacht, als er von den Schneeriesen in der afrikanischen Savanne berichtete. Rebmann aber war keinesfalls verrückt geworden. Er war der erste Europäer, der mit eigenen Augen sah, was für die Wissenschaft im 19. Jahrhundert einfach völlig unmöglich war: Eine Region aus Schnee und ewigem Eis in unmittelbarer Nähe des Äquators, mitten in Afrika.

Im Jahr 1973 wurde der Kilimandscharo-Nationalpark gegründet, um das Naturdenkmal besser zu schützen und für nachfolgende Generationen zu bewahren. Der Park umfasst das Kilimandscharo-Massiv mit seinen drei mächtigen Vulkangipfeln Kibo, mit 5895 m der höchste Berg des schwarzen Kontinents, Shira (3962 m) und Mawenzi (5149 m), insgesamt sechs Waldkorridore mit einer Gesamtfläche von rund 750 km^2 und ein Waldschutzgebiet mit etwa 930 km^2, das die Korridore umschließt.

FAKTEN

* Name: Kilimandscharo

* Status: Vulkan

* Gipfel: drei – Kibo, mit 5895 m der höchste Berg des Schwarzen Kontinents, Shira (3962 m) und Mawenzi (5149 m)

* Gesamtfläche Nationalpark: 1700 km^2, davon sechs Waldkorridore mit rund 750 km^2 und ein Waldschutzgebiet mit etwa 930 km^2 Fläche

* Entdeckung: um 100 n. Chr. von dem griechischen Geografen und Astronomen Ptolemäus

* Erstbesteigung: Sie gelang dem Leipziger Geografen und Forscher Dr. Hans Meyer und dem österreichischen Alpinisten Ludwig Purtscheller. Sie erreichten den 5895 m hohen Gipfel des Kibo am 6. Oktober 1889.

* erste Abfahrt per Ski: Nach ihrer dritten Gipfelbesteigung wagten die beiden Alpinisten Walther Furtwängler und Siegfried König die halsbrecherische Abfahrt vom Kibo-Gipfel auf Skiern.

Das schroffe Gipfelmassiv des Mawenzi (5149 m) am Kilimandscharo. Im Vordergrund der so genannte Sattel, das größte Hochflächentundragebiet des Schwarzen Kontinents.

Die vorherrschende Vegetationsform, die den Vulkankegel des Kilimandscharo umsäumt, sind Bergwald, Hochlandmoor und alpine Tundra. Die Niederschläge variieren je nach Höhe. Während die Niederschlagsmenge in der Zone des Bergregenwaldes 3000 mm erreicht, sinkt sie im Gipfelbereich auf unter 100 mm. Herrscht in der Savanne eine Durchschnittstemperatur von 30 °C, so beträgt das Mittel am Gipfel des Kibo nur ca. 0 °C.

Durch die großen Höhenunterschiede ergeben sich mehrere Vegetationszonen. Von etwa 800 m bis rund 1800 m herrschen fruchtbare vulkanische Böden vor, auf denen einst Wildsträucher und Waldbäume wuchsen. Ab 1800 bis 2800 m erstreckt sich der Bergregenwald. Hier gedeihen Feigenbäume, Steineiben und Baumwacholder, der bis zu 40 m hoch werden kann. Oberhalb 2800 m bis 4000 m liegt die Zone der Steppenheidevegetation. Hier wachsen Anemonen, Lilien, Kenia-Disteln und die bis zu 3 m hohen Lobelien. Daran schließt sich bis etwa 5000 m Höhe die Hochlagenwüste an. Über der 5000-m-Grenze ist die Luft bereits so dünn, dass nur noch Flechten und eine besonders widerstandsfähige Strohblumenart überleben können. In der Gebirgswelt des Kilimandscharo-Nationalparks leben zahlreiche Tierarten, die hier sehr gute Rückzugsräume vorfinden: Elefanten, Löwen, Leoparden, Hyänen, Waldschweine, Reiher, Störche und Wasserhühner.

Längst ist es bittere Wahrheit: Der Kibo-Gletscher schmilzt ab! Und zwar dramatisch schnell. Allein in den Jahren seit 1972 hat die Eiskappe fast 95 % ihrer Masse verloren. Wissenschaftler sagen voraus, dass bereits im Jahr 2020 kein Eis mehr auf dem Gipfel des Kilimandscharo vorhanden sein wird – mit unabsehbaren Folgen für das Gesamtklima der Erde. Das Silber des Berges wird sich in Wasser verwandeln. Der Kilimandscharo – ein „paradise lost“?

Oben: Zwei weltberühmte Wahrzeichen Afrikas: der schneebedeckte Gipfel des Kilimandscharo und ein mächtiger Elefant.

Links: Blick auf den Vulkangipfel des 5895 m hohen Kibo. Zuletzt soll der Kibo um 1600 ausgebrochen sein, weshalb nicht sicher ist, ob der Vulkan tatsächlich erloschen ist.

MAROKKO

Marrakesch

MARRAKESCH, DIE ROTE STADT, SPIEGELT WIE SONST KEINE AFRIKANISCHE STADT DAS ORIENTALISCHE LEBEN WIDER. ORIENT TRIFFT OKZIDENT: IN KAUM EINER ANDEREN METROPOLE DER WELT KANN MAN DIE GEGENSÄTZE SO HAUTNAH ERLEBEN.

Marrakesch – gegründet im Jahr 1062 von den Almoraviden – gilt als schönste Stadt Marokkos. In der weltberühmten Altstadt, der Medina, pulsiert der Rhythmus des Schwarzen Kontinents, leben die Geschichten und die Kultur der Berber und Nomaden weiter.

Heiß wird es in der Stadt, beinahe unerträglich heiß. Händler und Handwerker, Hausfrauen und Marktleute erledigen ihre Geschäfte schon frühmorgens auf den Märkten der Altstadt, noch vor dem Ruf des Muezzins. Danach verfällt die Stadt in eine scheinbar träge Ruhe. Die Menschen ziehen sich in den Schatten der engen Gassen der Souks, der Handwerker- und Händlerviertel und in den Schutz der Häuser zurück. Erst in den kühleren Abendstunden, wenn die Dämmerung hereinbricht, erwachen die Straßen und Plätze in der Altstadt zu neuem, quirligem Leben.

Auf dem Djemaa el-Fna, dem „Platz der Hingerichteten" im Zentrum der Altstadt, auf dem noch bis zu Beginn des 20. Jahrhunderts die Köpfe der Enthaupteten aufgespießt und zur Schau gestellt wurden, beginnt das alltägliche farbenfrohe Schauspiel. Händler bieten ihre Waren feil, Künstler, Gaukler, Akrobaten, Tänzer, Schlangenbeschwörer, Märchenerzähler und Musikanten nutzen den weitläufigen Platz als Arena für ihre Kunst und ihre Kunststücke, Touristen

Das 77 m hohe Minarett der Koutoubia-Moschee ist das architektonische Wahrzeichen Marrakeschs. Weithin sichtbar wacht das Minarett über das quirlige Treiben in der Medina.

DATEN

- **um 1061/62**: Gründung
- **1147**: Eroberung durch die Almohaden
- **1153–1190**: Bau der Koutoubia-Moschee
- **1269**: Eroberung durch die Meriniden
- **14. Jh.**: Gründung der Medersa Ben Youssouf, der größten maghrebinischen Koranschule
- **1912**: Einmarsch französischer Truppen
- **1912–1956**: Marokko französische Kolonie
- **1956**: Unabhängigkeit Marokkos
- **1985**: Ernennung der Altstadt zum Weltkulturerbe der UNESCO
- **1998**: Restaurierung der Koutoubia-Moschee abgeschlossen

flanieren über den Djemaa el-Fna und vergnügen sich in den zahlreichen Restaurants rund um den großen Platz. Der Markt der Gewürz-, Gemüse- und Obsthändler lockt Kunden und Schaulustige an, die sich in dem überbordenden Wirrwarr an den lautstarken Unterhaltungen und Verhandlungen der Marktkaufleute und den üppigen, exotischen, farbenfrohen Auslagen der Händler erfreuen. In der Luft liegt der schwere, süße Duft des Orients. Ein Hauch von Tausendundeiner Nacht hüllt die malerische Altstadt Marrakeschs ein.

Vom Djemaa el-Fna zweigen die engen Gassen in die Souks der Medina ab. In diesem Gassengewirr werden alle möglichen Waren und handwerklichen Produkte – meist ziemlich lautstark – zum Kauf angeboten. Eisenschmiede haben in den Gassen ihre Werkstätten. Daneben Lederschneider, Schuster und Sattler. Das Viertel der Färber: Überall hängen bunte Stoffbahnen zum Trocknen quer über die engen Gassen. Kupferschmiede hämmern unterschiedlichstes Kunsthandwerk.

In der Nähe des ehemaligen Souks der Buchhändler befindet sich die Koutoubia-Moschee. Von den Buchhändlern, deren Läden einst vor dem Bau eine lange Reihe bildeten, haben Moschee und Minarett auch ihren Namen. Das Wahrzeichen von Marrakesch mit seinem 77 m hohen Minarett wurde in den Jahren 1157 und 1158 zur Zeit der Herrschaft der Almohaden erbaut. Die Gebetshalle der 17-schiffigen Moschee ist 90 m lang und 60 m breit. Zum Freitagsgebet drängen sich bis zu 25 000 Gläubige in den Gebetsräumen der Moschee. Das weithin sichtbare Minarett – 1198 fertig gestellt –, ragt wie eine Klippe aus dem Häusermeer der Altstadt heraus. Der Turm gilt als das bedeutendste Beispiel eines almohadischen Minaretts.

Kleine Quergässchen führen zur Ben-Youssouf-Moschee und zur Medersa Ben Youssouf. Im 11. Jahrhundert von den almoravidischen Stadtgründern errichtet, erhielt sie ihr heutiges Aussehen erst im 16. und im 19. Jahrhundert. Die Moschee ist nur Gläubigen zugänglich, die Koranschule Ben Youssouf hingegen steht auch Nichtmuslimen offen. Die Medersa wurde im 14. Jahrhundert gegründet und entwickelte sich schnell zur bedeutendsten Koranschule des gesamten Maghreb. In ihrer Blütezeit studierten in den Räumen der Medersa bis zu 900 Schüler islamische Theologie und islamisches Recht.

Mitte: Der Djemaa el-Fna, der „Platz der Hingerichteten" ist der zentrale Platz in der Altstadt der Königsstadt.

Unten: Der prächtige Hof der Medersa Ben Youssouf. Die Koranschule wurde im 14. Jahrhundert gegründet und ist ein Juwel sakraler Architektur.

ÄGYPTEN

Pyramiden von Gizeh

SIE SIND DAS EINZIG ERHALTENE DER SIEBEN WELTWUNDER DER ANTIKE: DIE PYRAMIDEN VON GIZEH. SIE ZÄHLEN ZU DEN ÄLTESTEN BAUWERKEN DER MENSCHHEIT. UND NOCH IMMER RANKEN SICH RÄTSEL UND LEGENDEN UM DIE GIGANTISCHEN MONUMENTE.

Um das Jahr 2900 v. Chr. wurde Ägypten zu einem Großreich vereinigt. Die Herrscher des neuen Reichs, die Pharaonen, wählten Memphis im Nildelta als Hauptstadt. Noch im so genannten Alten Reich hatte die Zeit der Pyramidenbauten begonnen. Ihren Höhepunkt fand diese Epoche schließlich im Bau der großen Pyramiden von Gizeh. Unvergängliche Bauwerke einer großartigen Epoche als Symbol für die herausragende Stellung ihrer Erbauer, der Gottkönige, der Pharaonen.

Die größte und bekannteste Pyramide ist die des Pharaos Chufu (griech.: Cheops). Er regierte von 2589 bis 2566 v. Chr. Die Pyramide war ursprünglich mit polierten weißen Kalksteinplatten verkleidet, von denen heute nur noch Fragmente sichtbar sind. Die restliche Verkleidung der Cheops-Pyramide wurde herausgebrochen und zum Bau von Häusern in Kairo verwendet.

Die mittlere der drei Pyramiden trägt den Namen des Sohnes von Cheops: die Chephren-Pyramide. Chephren regierte etwa von 2558 bis 2532 v. Chr. Die Chephren-Pyramide wirkt höher als die Cheops-Pyramide, da sie 10 m höher steht und nur 3 m niedriger ist. Die kleinste der Pyramiden ist die des Pharao Mykerinos, des Sohns des Chephren und Enkels des Cheops. Er regierte von 2532 bis 2503 v. Chr.

FAKTEN

* **Name:** Cheops- oder Große Pyramide
* **Bauzeit:** 2589 – 2566 v. Chr.
* **Höhe:** ursprünglich 146,6 m, aktuell ca. 137 m
* **Seitenlänge:** 230,3 m
* **Grundfläche:** 52900 m²
* **Neigungswinkel:** 51° 52'
* **Seitenfläche:** je 20000 m²
* **Gesamtgewicht:** 6,25 Mio. t

* **Name:** Chephren-Pyramide
* **Bauzeit:** 2558 – 2532 v. Chr.
* **Höhe:** 143,5 m
* **Seitenlänge:** 215,3 m
* **Grundfläche:** 46200 m²
* **Neigungswinkel:** 52° 20'

* **Name:** Mykerinos-Pyramide
* **Bauzeit:** 2532 – 2503 v. Chr.
* **Höhe:** 62 m
* **Seitenlänge:** 108 m
* **Grundfläche:** 11600 m²
* **Neigungswinkel:** 51°

Bewacht von dem Großen Sphinx steht die kleine Mykerinos-Pyramide etwas im Schatten der Pyramiden von Gizeh.

Die Cheops-Pyramide wird auch als die „Große Pyramide" bezeichnet. Ursprünglich war sie 146,6 m hoch. Seit 1168 misst sie nur noch rund 137 m: Nach einem Brand in Kairo wurden Steine und Kalksteinplatten als Baumaterial für Wiederaufbauarbeiten abgetragen. Die Seiten der Cheops-Pyramide sind jeweils 230 m lang. Die Grundfläche der Pyramide beträgt 52 900 m². Platz genug, um die fünf größten Kirchen der Welt – Petersdom, St.-Pauls-Kathedrale und Westminsterabtei sowie die Dome von Florenz und Mailand – nebeneinander zu platzieren.

Rund 2,5 Mio. Steinblöcke mit einem Gewicht zwischen 2,5 und 3 t wurden zur Cheops-Pyramide aufgetürmt. Das Gesamtgewicht der Pyramide beträgt 6,25 Mio. t. Allein die Bemühungen, um den Bauplatz für den steinernen Koloss vorzubereiten und zu planieren, nahmen zehn Jahre in Anspruch. Etwa 4000 Menschen waren an den Arbeiten beteiligt. Der Bau der Cheops-Pyramide dauerte 20 weitere Jahre. Über 100000 Arbeitskräfte sollen an dem Bau der Pyramide beteiligt gewesen sein.

Die einzelnen Felsblöcke hatten eine Höhe zwischen 0,8 und 1,45 m. Immer acht Arbeiter waren für genau einen Block verantwortlich: Sie holten ihn aus dem Steinbruch, hievten ihn auf einen Holzschlitten und transportierten ihn über einen Knüppelweg zum Ufer des Nils. Hier verluden sie „ihren" Block auf eine Barke, beförderten ihn ans andere Ufer und weiter zur Baustelle. Dort hievten sie schließlich den Felsblock über eine Rampe an seinen vorgesehenen Ort.

Im Inneren der Cheops-Pyramide befindet sich ein labyrinthartiges Gang- und Kammernsystem. Die Königskammer befindet sich im Zentrum der Pyramide. Hier steht der Königssarkophag aus rotem Granit. Ob die Pyramide jedoch jemals als Grabstätte benutzt wurde, ist bis heute eines der großen ungelösten Rätsel der Großen Pyramide geblieben.

Oben: Die Chephren-Pyramide wirkt von fern höher als die Cheops-Pyramide, ist jedoch 3 m niedriger.

Links: Die Cheops- oder Große Pyramide war ursprünglich komplett mit blendend weißen Kalksteinplatten verkleidet. Die Platten wurden zum großen Teil 1168 herausgebrochen und als Baumaterial verwendet.

SUDAN

Pyramiden von Meroe

RUND 200 KM NORDÖSTLICH VON KHARTOUM LIEGEN DIE PYRAMIDEN VON MEROE. MEROE WAR 700 JAHRE LANG DIE HAUPTSTADT DES REICHES VON KUSCH. DAS WORT KUSCH BEZEICHNETE SEIT DEM MITTLEREN REICH IM ALTEN ÄGYPTEN NUBIEN.

Das nubische Reich bzw. das Reich von Kusch erstreckte sich von Assuan in Ägypten bis Karima im Sudan entlang des Nils. Zunächst regierten die nubischen Könige ihr aufstrebendes Reich von der Hauptstadt Napata, nahe dem heutigen Karima, aus. Um das Jahr 300 v. Chr. jedoch verlegten sie ihre Hauptstadt nach Meroe. In den folgenden Jahren verringert sich die kulturelle Anbindung an Ägypten Stück für Stück. Ab 150 v. Chr. entwickeln und verwenden die Nubier eine eigene Schrift, losgelöst von den Hieroglyphen der Ägypter, und gebrauchen mehr und mehr ihre eigene, die meroitische Sprache. Von dieser bemerkenswerten Phase der nubischen Geschichte – es ist die Ära der 25. Dynastie – zeugen noch heute die aus über 50 Pyramiden bestehenden Nekropolen in der Nähe der Stadt Meroe.

Mit der Verlegung der Hauptstadt und des Regierungssitzes von Napata nach Meroe beginnt die meroitische Phase. Seit der Regentschaft von König Ergamenes (um 270 v. Chr.) werden auch die verstorbenen nubischen Herrscher in Meroe bestattet. So entstehen nahe der neuen Hauptstadt des Reichs zwei bemerkenswerte Nekropolen mit über 50 steilen Pyramiden. In der meroitischen Periode werden hier über 40 nubische Königinnen und Könige bestattet. In der

Rechts: Der steile Neigungswinkel der Pyramiden hat vermutlich konstruktionstechnische Gründe.

Unten: Die Pyramiden bestehen aus drei Teilen: der Pyramide, dem Totentempel und den Grabkammern.

ersten Pyramide wurde der Leichnam Ergamenes' bestattet. Die weiteren Pyramiden dienten als Grabmale für reiche Adelige. Im Reich von Kusch waren Pyramidengräber nicht allein den Herrschern vorbehalten wie beispielsweise in Ägypten.

Die Pyramiden von Meroe sind kleiner als die ägyptischen Pyramiden. Sie bestehen aus jeweils drei Teilen: der Pyramide, die aus Steinen, später aus gebrannten Ziegeln erbaut wurde, dem Totentempel, der vor dem Eingang zur Pyramide errichtet wurde und meist reich mit Reliefs verziert war, und schließlich den eigentlichen Grabkammern, die unter der Pyramide lagen; innerhalb der Pyramidenbauten der meroitischen Periode befinden sich niemals Räume. Für Könige waren drei Grabkammern vorgesehen, für Königinnen lediglich zwei.

Vorbild für die meroitischen Pyramiden waren vermutlich nicht die ägyptischen Pharaonenpyramiden. Vielmehr lassen der steile Neigungswinkel und die Tatsache, dass sie deutlich enger aneinander gebaut wurden als die Pyramiden von Gizeh, den Schluss zu, dass als Vorbilder die wesentlich jüngeren ägyptischen Privatpyramiden aus dem thebanischen Raum dienten. Der steile Neigungswinkel hatte außerdem technische Gründe: Die Baumeister von Kusch setzten beim Bau einen so genannten Schaduf, eine Art Kran, ein. Dies belegt eine Ritzzeichnung auf einem Mauerstück, das in den Ruinen von Meroe gefunden wurde. Die Länge des Auslegers dieses Baukrans begrenzte die Seitenlänge der Pyramiden. Entsprechend steil fiel der Neigungswinkel der Pyramiden aus.

In den Jahren 25 und 24 v. Chr. kam es zu einem militärischen Konflikt mit Rom. Die römischen Truppen des Kaisers Augustus griffen die ehemalige Hauptstadt Napata an, zerstörten und plünderten sie, wurden jedoch schließlich von den Nubiern geschlagen und zurückgeworfen. In den folgenden Jahren erlebte das Reich von Kusch eine weitere Blütezeit. Seine überragenden kulturellen Ressourcen und sein intensiver Handel über die wichtigsten Karawanenrouten mit Ägypten und Arabien verhalfen dem Reich von Meroe noch einmal in der Geschichte zu Größe, Macht und Einfluss.

Im 1. und 2. Jahrhundert n. Chr. allerdings setzte der endgültige Niedergang des Reiches von Kusch ein. Die Gründe für den Untergang des florierenden Reiches sind bis heute ungewiss. Die letzten meroitischen Könige werden schließlich um das Jahr 300 n. Chr. erwähnt. Danach verliert sich die Spur des einst mächtigen Reiches von Kusch und der Herrscher von Meroe.

DATEN

✻ 1000/750 v. Chr.: Gründung des Staates Kusch

✻ um 700 v. Chr.: Eroberung Ägyptens durch die Nubier

✻ um 660 v. Chr.: Unabhängigkeit Ägyptens von Nubien

✻ um 300 v. Chr.: Verlegung der Hauptstadt von Napata nach Meroe

✻ um 270 v. Chr.: König Ergamenes

✻ 150 v. Chr.: Eigene meroitische Schrift und Sprache

✻ 25/24 v. Chr.: Römische Truppen überfallen das Reich von Kusch.

✻ 1. und 2. Jh.: Erneute Blütezeit des Reiches von Kusch

✻ Um 300: Niedergang und Zerfall des Reiches

NORDAFRIKA

Sahara

FASZINIEREND, BEDROHLICH, UNWIRTLICH, WUNDERSCHÖN, EINZIGARTIG, GIGANTISCH. MAN KÖNNTE DIE REIHE BESCHREIBENDER ADJEKTIVE UNENDLICH FORTSETZEN UND DOCH WÜRDE MAN DIE „GROSSE WÜSTE" – DIE SAHARA – NIE TREFFEND CHARAKTERISIEREN.

Die größte Wüste der Erde wird im Westen vom Atlantik, im Osten vom Roten Meer und der Sinai-Halbinsel, im Norden vom Atlasgebirge und dem Mittelmeer und schließlich im Süden von der Sahelzone und dem Becken des Niger begrenzt. Sie war Schauplatz unzähliger kriegerischer Auseinandersetzungen und Schlachten, Dramen und Tragödien, die sich in ihren weiten Ebenen und felsigen Höhenzügen abgespielt haben. In jüngster Zeit war sie auch Bühne für faszinierende Sportereignisse und Kulisse opulenter Hollywoodproduktionen. Sie ist ein Faszinosum, ein Welterbe der Menschheit.

Mit einer West-Ost-Ausdehnung von annähernd 6000 km und einer Nord-Süd-Erstreckung von rund 2000 km bedeckt die Sahara mit einer Gesamtfläche von mehr als 9 Mio. km² etwa ein Drittel der gesamten Landfläche des afrikanischen Kontinents. Der größte Teil der Sahara ist Stein-, Fels- und Geröllwüste, nur der kleinste Teil der „Großen Wüste" besteht aus Sand. Über 200 000 km² sind fruchtbares Oasenland. Der trockenste Teil des „Meers ohne Wasser", wie die Araber die Sahara nennen (arab.: Bahr bela ma), ist die Libysche Wüste. Der tiefste Punkt der Sahara liegt auf 133 m unterhalb des Meeresspiegels. Die Kattara-Senke markiert damit den tiefsten Punkt Afrikas. Ihren höchsten Punkt

Rechts: Die Oase des Um-Al-Ma-Salzsees nahe Ubari in der Libyschen Wüste.

Unten: Das Ahaggar-Massiv. Die schroffen Felsformationen erheben sich bis zu einer Höhe von 3400 m.

erreicht die Sahara in den Ahaggar-Massiven. Überragende Gipfel sind u. a. der Emi Koussi (3415 m) und der Tahat (3003 m).

Elf Länder haben Anteil an der Sahara: Marokko, Algerien, Tunesien, Libyen, Ägypten, Westsahara, Mauretanien, Mali, Niger, Tschad und der Sudan. Die Grenzen der Sahara können jedoch nicht eindeutig festgelegt werden: denn „die Wüste lebt". Klimaveränderungen, die Auswirkungen der extensiven Nutzung durch den Menschen sowie die Überweidung des empfindlichen Ökosystems Wüste durch Viehhaltung haben in den vergangenen Jahrtausenden nachhaltig dazu beigetragen, dass sich die Sahara im Vormarsch befindet, sich immer weiter ausdehnt (Desertifikation): An ihrem Südrand wuchs die Sahara im Lauf der vergangenen 50 Jahre um ein Gebiet von der Größe Somalias.

Trotz widriger Lebensbedingungen setzte bereits um etwa 1000 v. Chr. ein reger und lukrativer Trans-Sahara-Handel ein. Zu dieser Zeit durchquerten mutige Karawanen die Wüste mit Ochsen, Karren und zweirädrigen Streitwagen. Im 3. Jahrhundert v. Chr. erlebte der Handel durch die Karthager einen ersten Aufschwung. Ein wahrer Boom brach drei Jahrhunderte später aus, als die Römer das Kamel als Lasttier einführten. Mit dem zunehmenden Einfluss der Araber gewann der Handel in der Sahara ab dem 8. Jahrhundert sehr an Bedeutung. Zwischen dem 13. und dem 16. Jahrhundert erreichte er schließlich einen Höhepunkt: Die Sahara wurde von einem regelrechten Gewirr von Handelsrouten und Karawanenpfaden durchzogen, die die nord- mit den zentralafrikanischen Handelszentren verbanden. Bemerkenswert bei aller Handelstätigkeit: Im Gegensatz zu anderen Hochkulturen bildeten sich im Einflussbereich der Araber keine Städte als befestigte Handelsplätze aus.

Ein Hauch von Tausendundeiner Nacht weht über die Dünen und Oasen der „Großen Wüste". Die Regionen an der Mittelmeerküste verlangten nach Edelmetallen, vornehmlich Gold, und billigen Arbeitskräften. Der Sklavenhandel war zu jener Zeit ein ebenso einträgliches wie grausames Geschäft. In der Gegenrichtung zogen endlose Karawanen beladen mit Salz, Kaurischnecken (zu jener Zeit die wichtigste Währungseinheit) und – schon damals – Waffen gen Süden. Die Karawanen führten aber auch zahlreiche Luxuswaren mit sich: edelste Stoffe, Pfeffer, Elfenbein, Kolanüsse, Lederwaren und – vor allem im 19. Jahrhundert – Straußenfedern für die Couturiers und mondänen Salons in Europa. Das Ende des regen Handelstreibens in der Wüste begann mit der Ankunft der Europäer in Westafrika.

FAKTEN

* **Name:** Sahara
* **Max. West-Ost-Ausdehnung:** ca. 6000 km
* **Max. Nord-Süd-Ausdehnung:** ca. 2000 km
* **Fläche:** über 9 Mio. km² – das entspricht 26-mal der Fläche Deutschlands und etwa einem Drittel der afrikanischen Landfläche.
* **Anrainerstaaten:** Marokko, Algerien, Tunesien, Libyen, Ägypten, Westsahara, Mauretanien, Mali, Niger, Tschad und der Sudan
* **Etymologie:** Die Bezeichnung Sahara leitet sich von dem arabischen Wort Sahhra ab, der Übersetzung des alten Tuareg-Wortes Teneré (Wüste, Sand). Die Römer nannten sie Terra Deserta (unbewohntes, verlassenes Land). Im Mittelalter hieß sie nur die „Große Wüste". Erst im Lauf des 19. Jahrhunderts setzte sich der Name Sahara durch. Die Araber nennen sie beinahe poetisch „Meer ohne Wasser" (arab.: Bahr bela ma).

TANSANIA

Nationalpark Serengeti

SERENGETI! SYNONYM FÜR EINE INTAKTE NATUR, FÜR EINES DER LETZTEN NATURPARADIESE DER ERDE. WER DENKT DABEI NICHT AN DEN OSCAR-PRÄMIERTEN DOKUMENTARFILM DES TIERFILMERS PROF. DR. BERNHARD GRZIMEK AUS DEM JAHR 1959?

Serengeti bedeutet in der Sprache der Massai „weites Land". Es ist ein unvergleichliches Naturparadies, das dem steten Rhythmus von Trocken- und Regenzeit folgt. Im Süden der Serengeti dehnen sich flache Grassteppen bis zum Horizont. Gegen Norden gehen sie in eine sanfte Hügellandschaft über, in der Akazienwälder wachsen. Die Savanne im Zentrum der großen Ebene ist beinahe baumlos. Im Südosten schließlich ragen die Kraterränder des Ngorongoro-Schutzgebiets auf. Die Serengeti gehört mit einer Fläche von 14 763 km^2 zu den größten Nationalparks der Welt.

Der Artenreichtum in der Serengeti ist grandios. Vor allem rund um die wenigen Wasserlöcher scheint es, als hätte Noah seine Arche in der Serengeti entladen. Weißbartgnus, Zebras, Giraffen, Gazellen, Antilopen und Elefanten drängen sich am Ufer. Aber auch zahlreiche Raubtiere wie Löwen, Leoparden, Geparden, Schakale und Hyänen zieht es zum lebensspendenden Nass. Und der Vogelreichtum ist ebenfalls unbeschreiblich: 500 Vogelarten leben in der Serengeti. Die weiten baumlosen Ebenen sind die bevorzugten Weidegründe für Millionen Grasfresser: Gnus, Gazellen, Antilopen und Zebras. Hier lauern auch die Jäger. 3000 Löwen leben in der Serengeti und bedienen sich an dem von der Natur reich gedeckten Tisch.

Der Nationalpark Serengeti in Tansania ist ein Paradies für unzählige Tierarten. Etwa 1 Mio. Weißbartgnus durchstreifen auf ihren ausgedehnten Wanderungen die Savannen.

FAKTEN

✻ Name: Nationalpark Serengeti

✻ Fläche: 14 763 km²

✻ Status: größtes Schutzgebiet Afrikas

✻ Population: ca. 1 Mio. Weißbartgnus, 7000 Giraffen, 150 000 Thomsongazellen, mehr als 1000 Elefanten, rund 3000 Löwen, über 500 Vogelarten sowie zahlreiche weitere Tierarten

✻ höchste Erhebung: Ngorongoro-Krater, 2300 m über NN, Kraterdurchmesser: 27 km

✻ Besonderheit: Am Rand des Kraters wurden Michael Grzimek (1959) und sein Vater Bernhard (1987) begraben.

Doch auch der Löwe hat starke Konkurrenz: Geparden bringen ihre Opfer bei wilden Hetzjagden über die Steppe zur Strecke. Dabei können die getüpfelten Jäger Spitzengeschwindigkeiten von bis zu 100 km/h erreichen. In den Savannen, die mit hohem Steppengras dicht überwuchert sind, lauern Leoparden auf Beute. Die eleganten Katzen wurden lange Zeit wegen ihres großartig gezeichneten Fells gnadenlos gejagt und beinahe ausgerottet. Dank der rigorosen Schutzmaßnahmen hat sich ihr Bestand in der Serengeti jedoch erfreulicherweise wieder gut erholt.

Was die Großkatzen nach ihrer Mahlzeit hinterlassen, entsorgen die Aasfresser: Hyänen, Schakale und Geier kämpfen um die Kadaver. Die Aasfresser erfüllen eine wichtige Aufgabe: Sie sind die „Hygienepolizei" der Serengeti, sie beseitigen die Abfälle.

In den Tümpeln der „weiten Ebene" tummeln sich große Nilpferdherden. Den ganzen Tag über suchen sie Schutz im Wasser vor der sengenden Sonne. Die Haut der „Hippos" ist extrem empfindlich und anfällig für Sonnenbrand. Nachts machen sie sich auf Futtersuche. Auf dem Weg zu saftigem Weideland legen die Feinschmecker dabei nicht selten Entfernungen bis zu 10 km zurück.

Besonders gefährdet ist der Bestand der Nashörner im Nationalpark. Schonungslose Jagd und Wilderei haben den Bestand der „Dickhäuter" bedrohlich schrumpfen lassen.

Uneingeschränkte Herrscher der Serengeti sind jedoch schon aufgrund ihrer beeindruckenden Größe die Elefanten. 1000 Exemplare der normalerweise sanften „grauen Riesen" durchstreifen in Familien die Savannen und Hügel der Serengeti auf der Suche nach Nahrung. Und der Appetit der riesigen Pflanzenfresser ist enorm: Ein ausgewachsener Elefant benötigt bis zu 200 kg Pflanzennahrung pro Tag.

Während der Wirtschaftskrise in Tansania in den 1970er-Jahren hatte auch der Nationalpark schwer zu leiden. Die Wilderei nahm ungeahnte Ausmaße an. Durch die illegale Jagd nach Elfenbein wurde der Bestand der Elefanten auf etwa 100 Tiere reduziert. Noch schlimmer erging es den Nashörnern. Sie wurden beinahe gänzlich ausgerottet. Lediglich zwei Tiere überlebten das sinnlose Schlachten. Von dem wirtschaftlichen Aufschwung des Landes in den 1980er-Jahren profitierte auch der Serengeti-Nationalpark. Die Populationen von Elefanten und Nashörnern konnten sich nachhaltig erholen.

Mitte: Nach dem großen Regen: Der Ngorongoro-Krater am Rand der Serengeti. Wegen seiner einmaligen Flora und Fauna wurde der Naturpark 1979 von der UNESCO zum Weltnaturerbe erklärt.

Unten: Serengeti bedeutet in der Sprache der Massai „weites Land" – und das nicht ohne Grund.

ÄGYPTEN

Sueskanal

ZWISCHEN DEN ÄGYPTISCHEN HAFENSTÄDTEN PORT SAID IM NORDEN AM MITTELMEER UND SUES IM SÜDEN AM ROTEN MEER ERSTRECKT SICH EINE DER BEMERKENSWERTESTEN WASSERSTRASSEN DER WELT: DER SUESKANAL.

Bereits in vorchristlicher Zeit waren ägyptische Herrscher von der Idee eines Verbindungskanals zwischen Mittelmeer und Rotem Meer erfüllt. Doch erst im 17. Jahrhundert erweckte der deutsche Philosoph und Wissenschaftler Gottfried Wilhelm Leibniz die Idee von der Wasserstraße durch die Wüste wieder zu neuem Leben. Napoléon Bonaparte ließ 1798 im Rahmen seiner Ägyptenexpedition Vermessungen für einen Kanalbau vornehmen. Jedoch dauerte es noch einmal über 50 Jahre, bis endlich der Franzose Ferdinand de Lesseps in dem ägyptischen Vizekönig Said einen Verbündeten für das Unternehmen Sueskanal fand. De Lesseps griff dabei auf die Pläne des Österreichers Alois Negrelli aus dem Jahr 1838 zurück. Am 25. April 1859 schließlich wurde der erste Spatenstich zum Bau des Sueskanals in Port Said ausgeführt.

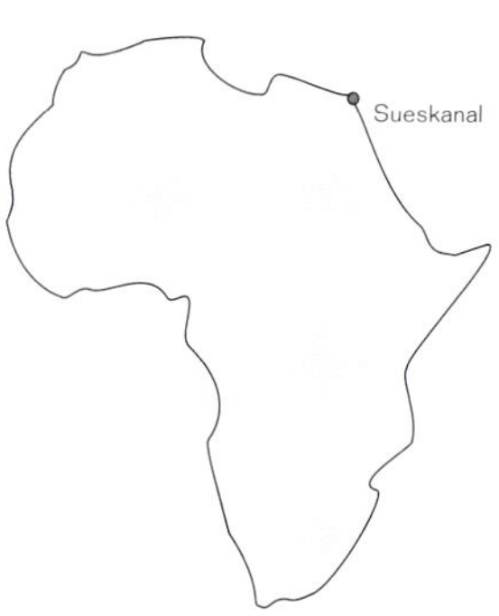

Trotz aller Euphorie wusste de Lesseps vom ersten Spatenstich an um die großen Schwierigkeiten, die es zu überwinden galt. Zunächst musste alles notwendige Material aus Europa herangeschafft werden, vor allem Bauholz. Hinzu kam das Problem der Versorgung der 25 000 Arbeiter auf der gigantischen Baustelle. 1862 mussten 1600 der insgesamt 1800 Lastkamele für den täglichen Trinkwassertransport eingesetzt werden. Die Kosten erreichten – für dama-

FAKTEN

✻ Länge: 162,5 km

✻ Breite des Kanals: 300 – 365 m

✻ Breite der Sohle: 180 m

✻ Tiefe: 21 m

✻ Bauzeit: 1859 – 1869

✻ Baukosten: 19 Mio. Pfund Sterling

✻ Einnahmen pro Jahr: 20 Mrd. US-Dollar (Der Kanal ist eine der wichtigsten Geldquellen Ägyptens.)

✻ Kapazität: Schiffe mit bis zu 200 000 Bruttoregistertonnen, so genannte „Suesmax“, können den Kanal passieren.

Kriegsschiffe passieren den Sueskanal. Im Vordergrund der US-Flugzeugträger „George Washington“ auf seinem Weg in den Persischen Golf.

lige Zeiten – astronomische Höhen: 8000 Franken pro Tag kostete allein der Transport des Trinkwassers! Zunächst also musste der Trinkwasserkanal fertig gestellt werden. Mit Hochdruck begann der Bau. Am 29. Dezember 1863 waren die Arbeiten an dem Versorgungskanal abgeschlossen. Von da ging das Projekt voran. Und nach einer Bauzeit von zehn Jahren wurde schließlich am 17. November 1869 der Sueskanal feierlich eröffnet.

Der Kanal beginnt im Norden im Hafen von Port Said. Von hier aus tritt er seinen Weg gen Süden an, mündet zunächst in den Menzaleh-See ein, verlässt den See wieder bei Kilometer 45, erreicht die Bodenerhebung von El Kantara, die er durchschneidet, und fließt 4 km weiter in den Ballah-See ein. Der Kanal passiert danach die Stationen El Ferdane und El Gisr, durchfließt den Timsah-See und durchquert die Felsenschwelle des Serapeums. Bei Kilometer 95 erreicht der Sueskanal den Bittersee, eine 220 km^2 große Wasserfläche, die ringsum von Wüsten umgeben ist. Beim Austritt am Südende machen sich im Kanal bereits die Gezeiten des Roten Meeres bemerkbar, das er bei Kilometer 156 in Sues schließlich erreicht. Nach den Auseinandersetzungen in den 1960er- und 1970er-Jahren zwischen den Anrainerstaaten ist der Sueskanal heute die wichtigste Schiffsroute der Welt. Bis zu 15 000 Schiffe benutzen die Wasserstraße pro Jahr. Rund 15 % der jährlich weltweit transportierten Frachttonnage wird über den Kanal verschifft. Die Durchfahrt ist nur im Einbahnverkehr möglich. Die Passage dauert rund 15 Stunden im Konvoi. Supertanker können den Kanal nur durchfahren, wenn ein Teil ihrer Ladung in Sues gelöscht, über Pipelines nach Port Said transportiert und dort wieder an Bord gepumpt wird. Zeit- und Kostenersparnis sind dennoch enorm. Ab 2010 sollen auch Tanker mit bis zu 22 m Tiefgang den Kanal passieren können.

Oben: Fast möchte man glauben, der Frachter sei auf Grund gelaufen. Doch hinter den Dünen verbirgt sich die Wasserstraße des Sueskanals.

Links: Schiffe im Sueskanal. Die Passage erfolgt im Einbahnverkehr und ausschließlich im Konvoi.

ÄGYPTEN

Tal der Könige

THEBEN! EINST STRAHLENDE HAUPTSTADT ÄGYPTENS, ÜBER VIER JAHRHUNDERTE HINWEG MITTELPUNKT DES PHARAONENREICHES. THEBEN WURDE ZUM HAUPTKULTORT ÄGYPTENS UND SEINE GRABSTÄTTEN ZUR GRÖSSTEN NEKROPOLE IM LEGENDÄREN TAL DER KÖNIGE.

Seine Blütezeit erlebte Theben im Neuen Reich (etwa 1532 – 1070 v. Chr.) während der 18. bis 20. Dynastie. Die Pharaonen jener Periode verschwendeten ihren beinahe unglaublichen Reichtum, ihre nahezu unermesslichen Schätze zum Ausbau und zur Verschönerung ihrer Residenzstadt an beiden Ufern des Nils. Großartige Tempel und Paläste entstanden. Sagenumwoben sind die Funde, die hier von berühmten Archäologen im Lauf der Jahrhunderte gemacht wurden.

Geschichten und Legenden umranken das Tal der toten Könige und verweben sich zu einem schier unentwirrbaren Geflecht aus Legenden und Fakten. Das „hunderttorige Theben" wuchs im Neuen Reich zu enormer Größe heran. Seine weltberühmten, fantastischen Bauwerke und Monumente haben die Jahrtausende überdauert und zeugen noch heute vom Glanz und vom Reichtum der riesigen Palast- und Tempelstadt und seiner Pharaonen: der Luxor-Tempel, die gigantische Tempelstadt von Karnak, der Amun-Tempel, der Tempel der Hatschepsut, und nicht zuletzt die Grabanlagen im Tal der Könige. Der Aufstieg und Ausbau Thebens zum Zentrum und zur größten Nekropole Ägyptens ist untrennbar verbunden mit dem wahrscheinlich bedeutendsten Pharao, den das Land am Nil je hatte: Ramses II. (ca. 1298 – 1213 v. Chr.).

Rechts: Der Eingang zu einer in den Fels geschlagenen Grabkammer.

Unten: Die großartige Totenmaske des Pharaos Tutanchamun. Der Fund seines Grabes gilt als ein Meilenstein in der Archäologie.

Wie kein anderer Herrscher vor oder nach ihm bestimmt er das Schicksal des Landes. 66 Jahre lang (1279–1213 v. Chr.) regiert er Ägypten.

In dieser Zeit entwickelt sich Ägypten zu beinahe unglaublicher wirtschaftlicher und kultureller Blüte, die danach nie mehr erreicht wurde. Sein diplomatisches Geschick beschert Ägypten einen fast 50-jährigen Frieden mit seinen Nachbarvölkern. Ramses kann seine Energie voll und ganz für die Verschönerung und den Ausbau seiner Hauptstadt einsetzen. Und der Pharao ist ehrgeizig. Sein Vermächtnis soll einzigartig werden. Mit seinem Berater erstellt er die Pläne für seinen Grabpalast, das Ramesseum. Bevor er selbst jedoch dort zur letzten Ruhe gebettet wird, muss er zahlreiche Familienmitglieder in der größten Nekropole Ägyptens zu Grabe tragen.

Der Amun-Tempel von Karnak. Ramses II. lässt das Werk, das unter Sethos begonnen wurde, vollenden und zwar prachtvoller, als Sethos es je zu träumen wagte. 134 Säulen, jede 24 m hoch, stützen und schmücken den großen Säulensaal. Ramses setzt Zeichen seiner uneingeschränkten Macht. Auch der Luxor-Tempel soll vom Ruf des großen Pharaos künden. Ramses lässt die Anlage um einen weiteren, noch größeren Hof erweitern. Statuen mit dem Abbild des Pharaos schmücken den riesigen Platz. Ramses besucht den Tempel der Hatschepsut. Die Königin regierte Ägypten rund 200 Jahre vor Ramses. Eine Frau als Herrscherin – für Ramses undenkbar. Er lässt sämtliche Inschriften, die an die Herrscherin erinnern, aus dem Tempel entfernen.

Etwa um das Jahr 1253 v. Chr. stirbt Ramses' Lieblingsfrau Nefertari. Für sie lässt Ramses das prächtigste Grabmal im Tal der Königinnen errichten, das sich südlich an das Tal der Könige anschließt. Hier ruhen in über 90 Gräbern die Überreste der Frauen der Pharaonen. Das Grabmal der Nefetari soll eines Pharaos würdig sein: die Pharaonin an der Seite des größten Pharaos.

Im Jahr 1213 v. Chr. schließlich stirbt Ramses II. im Alter von 92 Jahren. Er hinterlässt über 100 Kinder, ein wohlhabendes und prosperierendes Land und eine Hauptstadt, deren Bauwerke bis heute nichts von ihrer Schönheit und Anziehungskraft verloren haben. Das Vermächtnis des größten aller Pharaonen beeindruckt und fasziniert noch immer.

Das legendäre Tal der toten Herrscher, das Tal der Könige am westlichen Nilufer, ist die bekannteste und größte Nekropole Ägyptens. Über 60 Grabstätten hat man bislang hier gefunden. Insbesondere ägyptische Herrscher des Neuen Reichs wurden in diesem Wüstental bestattet. Bereits während der 18. Dynastie

DATEN

*** 1506–1494 v. Chr.:** Pharao Thutmosis I. errichtet hier als erster Herrscher sein Grab.

*** 1708:** Pater Claude Sicard besucht das Tal und deutet es richtig als Begräbnisstätte der Könige.

*** 1739, 1768 und 1792:** Richard Pococke, James Bruce und William George Brown lokalisieren etwa 20 Gräber.

*** 1875:** Die Gebrüder Abd el-Rassul entdecken in Deir el-Bahari ein Grab mit 40 Mumien von Mitgliedern ägyptischer Königsfamilien.

*** 9. März 1898:** Victor Loret öffnet das Grab des Amenophis II. und findet dort ein weiteres Versteck mit königlichen Mumien.

*** 4. November 1922:** Howard Carter öffnet das noch fast unversehrte Grab des Pharaos Tutanchamun.

*** 1995:** Der Amerikaner Kent Weeks legt mehr als 120 Grabkammern frei.

*** Frühjahr 2006:** Grabkammer mit sieben hölzernen Sarkophagen wird entdeckt.

Der Tempel der Königin Hatschepsut. Traurige Berühmtheit erlangte das großartige Bauwerk am 17. November 1997, als bei einem Terroranschlag über 60 Menschen getötet wurden.

entstanden zahlreiche Totentempel im Tal der Könige. Die Ägypter bezeichneten die monumentalen Grablegen ihrer Herrscher als „Millionenjahrhäuser".

Die bekanntesten Grabstätten im Tal der Könige sind die Grabstelle Nummer 7 – hier ruht Ramses II. –, die Grabstelle Nummer 42, der Totentempel der Hatschepsut, und Nummer 62, das erst 1922 entdeckte Grab des berühmten Pharaos Tutanchamun. Das jüngste Grab im Tal der Könige stammt von Pharao Ramses XI. (20. Dynastie). In der Tradition seiner Vorgänger ließ auch er hier seinen Totentempel errichten. Er wurde jedoch nicht dort bestattet. Ein Grund hierfür wird heute darin vermutet, dass bereits zur Zeit Ramses XI. Grabräuberei ein einträglicher und expandierender „Wirtschaftszweig" war. Ganze Banden plünderten und schändeten die Grablegen ihrer verstorbenen Herrscher und verkauften die wertvollen Grabbeigaben an zwielichtige Hehler und obskure Händler.

Über viele Jahrhunderte hinweg blieb das Tal der Könige im Verborgenen. Erst im Jahr 1708 entdeckte der französische Pater und Missionar Claude Sicard eher zufällig die ersten Grabstätten im Tal der Könige und löste damit eine Welle archäologischer Expeditionen aus. Wissenschaftler aus allen Herren Ländern machten sich nach der sensationellen Entdeckung auf, um die Geheimnisse des Tals der Könige zu erforschen. Mit Napoleons Ägypten-Expedition beginnt schließlich die systematische Erforschung des Tals.

Die berühmteste bislang entdeckte Grablege ist sicherlich die des Pharaos Tutanchamun. Als Pharao zu Lebzeiten eher unbedeutend, versetzte der Fund seines Grabmals die wissenschaftliche Welt in Erstaunen. Der prachtvolle Grabschmuck und die geradezu verschwenderischen Grabbeigaben aus purem Gold, z. B. die Totenmaske des Pharaos, sind einzigartige Zeugnisse für die fantastischen Kunstfertigkeiten, den enormen Reichtum und die großartige Bedeutung des ägyptischen Reiches. Am 4. November 1922 brach der britische Archäologe Howard Carter (1874–1939) das unversehrte Grab Tutanchamuns auf. Am 17. Februar 1923 stieß er schließlich in die Grabkammer des Pharaos vor und öffnete den prachtvollen Sarkophag. Die wertvollen Grabbeigaben, u. a. der Goldsarg des Pharaos, Goldmasken und Schmuckstücke aus dem Totentempel, können heute im Ägyptischen Museum in Kairo besichtigt werden.

Rechts: Die einzelnen Höfe im Tempel von Karnak waren durch prächtige Alleen verbunden.

Unten: Die Überreste des Ramesseums, des Totentempels von Pharao Ramses II.

Viel wird seitdem im Zusammenhang mit mehr oder weniger mysteriösen Todesfällen, die augenscheinlich alle in enger Verbindung mit der Öffnung des Grabes des Pharaos Tutanchamun stehen, über den Fluch des Pharaos gemunkelt und orakelt. Gibt es diesen Fluch des toten Herrschers tatsächlich? Verursachten geheimnisvolle Gase oder Dämpfe, die angeblich aus dem Grab bei seiner Öffnung entwichen, die zahlreichen Todesfälle? Wird der „Fluch der Mumie" jemals enden?

Angeblich war über dem Eingang zur Grabkammer des Tutanchamun eine Tontafel mit der Inschrift „Der Tod wird auf schnellen Schwingen zu demjenigen kommen, der die Ruhe des Pharaos stört" angebracht. Tatsächlich hat es derartige Hinweis- oder Warntafeln in den Totentempeln gegeben. Dies belegen auch Funde in anderen Grabstellen im Tal der Könige. Der sagenhafte „Fluch der Mumie" diente jedoch in erster Linie zur Abschreckung allzu gieriger Grabräuber.

Auch wenn es in den folgenden Jahren nach der Entdeckung des Grabmals Tutanchamuns zu einigen überraschenden Todesfällen unter den Expeditionsteilnehmern kam, so gibt es für beinahe alle eine nachvollziehbare und vernünftige Erklärung. So waren die meisten der etwa 30 Opfer zum Zeitpunkt ihres Todes bereits zwischen 70 und 80 Jahre alt. Lord Carnarvon, der Howard Carters Expedition finanzierte, beispielsweise starb an den Folgen einer Blutvergiftung, die durch die Infektion eines Mückenstichs durch ein Rasiermesser entstanden war. Der tödliche Fluch des Pharaos gilt heute wissenschaftlich als eindeutig widerlegt und entsprang wohl eher der übersprudelnden Fantasie eines übereifrigen britischen Feuilletonjournalisten.

Eine rationale Erklärung für die zahlreichen Todesfälle unter den Expeditionsteilnehmern glaubte die moderne Wissenschaft dann im Jahr 1973 entdeckt zu haben. Im Grab des Pharaos wurden hohe Konzentrationen von Sporen des Schimmelpilzes Aspergillus flavus gefunden. Die Stoffwechselprodukte des Schimmelpilzes sind sehr giftig und für den Menschen höchst gefährlich. Denn bei Menschen mit einem geschwächten Immunsystem kann Aspergillus flavus allergische Reaktionen verursachen oder Organe befallen. Der Pilz gilt heute als Auslöser für die Krankheiten, die zum Tod der Expeditionsteilnehmer führten.

FAKTEN

*** Tal der Könige:**
Nekropole mit Grabstätten von 63 ägyptischen Pharaonen (Stand: März 2006). Das Tal befindet sich in Theben-West, gegenüber von Karnak. Entdeckt wurde es 1708 von dem französischen Pater Claude Sicard.

*** Tal der Königinnen:**
Hier gibt es über 90 Gräber mit den Überresten der Frauen und der Familienangehörigen der Pharaonen. Bedeutendstes Grabmal ist das Grab der Nefertari.

*** Ramesseum:**
Grabmal Ramses' II. Offizieller Name: „Palast des Ramses II., vereint mit Theben im Reich des Amun"

*** Tempelstadt von Karnak:**
Größte Tempelanlage Ägyptens

*** Tempel des Amun-Re:**
Größtes Sakralbauwerk der Welt

*** Luxor-Tempel:**
„Südlicher Harem des Amun" – er war dem Gott Amun, seiner Gemahlin Mut und ihrem Sohn, dem Mondgott Chons, geweiht.

SAMBIA

Victoria-Fälle

DER GRÖSSTE WASSERFALL DER ERDE STÜRZT SICH AN DER GRENZE ZWISCHEN SAMBIA UND SIMBABWE IN DIE TIEFE: DIE VICTORIA-FÄLLE. IN DER SPRACHE DER EINHEIMISCHEN BEVÖLKERUNG HEISSEN DIE FÄLLE „MOSI-OA-TUNYA" – „DONNERNDER RAUCH".

Auch ihr Entdecker, der schottische Missionar und Afrikaforscher David Livingstone (1813–1873) war beeindruckt, als er am Morgen des 16. November 1855 zum ersten Mal den „donnernden Rauch" des Sambesi sah. Es scheint, als versinke der Sambesi in einer Wolke feinster Gischt, die bis zu einer Höhe von 300 m weithin sichtbar aufsteigt, urplötzlich in einem Schlund der Erde. Hinzu kommt das Grollen und Donnern der Wassermassen: Das Getöse der reißenden Fluten, die sich auf einer Breite von rund 1,7 km bis zu 110 m tief in eine enge Schlucht stürzen, ist ohrenbetäubend.

Während der Regenzeit im Februar und März, wenn der Sambesi Hochwasser führt, fließen bis zu 600 Mio. Liter Wasser pro Minute den Wasserfall hinunter.

Britische Forscher des 19. Jahrhunderts hatten die Unsitte, jedes neue Stückchen Land, jeden Flusslauf und jeden Berg mit einem englischen Namen zu belegen. Livingstone hielt es in den meisten Fällen nicht mit seinen Zeitgenossen. Beim Anblick des überwältigenden Schauspiels, das sich ihm hier bot, machte er jedoch eine Ausnahme und benannte die majestätischen Wasserfälle zu Ehren seiner Königin „Victoria Falls".

Die Entstehung der Fälle war dem Wissenschaftler Livingstone jedoch schon nach kurzem klar. Er notier-

Der Entdecker der Wasserfälle: David Livingstone (1813–1873), der als erster Europäer die „Mosi-oa-Tunya"-Wasserfälle entdeckte und ihnen den Namen „Victoria Falls" gab, zu Ehren der englischen Königin Victoria.

FAKTEN

* **Name:** Victoria-Fälle
* **Entdecker:** David Livingstone, Missionar und Afrikaforscher
* **Besonderheit:** längster einheitlich herabstürzender Wasserfall der Erde
* **Breite:** ca. 1,7 km
* **Höhe:** max. 110 m
* **Wasserdurchfluss:** max. 600 Mio. l/min
* **Fluss:** Sambesi, viertgrößter Fluss Afrikas (2574 km), entspringt auf der Luandaschwelle, Sambia, ca. 1500 m über NN, Einzugsgebiet von rund 1,6 Mio. km²

te sachlich in sein Reisetagebuch: „Die Fälle sind nichts weiter als ein Riss in den harten Basaltfelsen vom rechten nach dem linken Ufer des Sambesi. Die ganze erstaunliche Szene ist das Werk einer ehemaligen Bodenerhebung, infolge derer sich ein tiefer Sprung in dem unten liegenden harten Basaltfelsen aufgetan hat. In diesen Schlund stürzt sich der Strom in einer Breite von wenigstens 1000 Schritten tief hinunter."

Neuere geologische Forschungen kommen zu dem Schluss, dass die Basaltfläche, die der Sambesi heute quert, in der Zeit des Oberen Jura entstanden ist. Im weiteren Verlauf der Erdgeschichte änderte der Sambesi immer wieder seinen Lauf, Bewegungen in der Erdkruste unterbrachen sein Flussbett und hinterließen tiefe Ost-West-Risse, die das Wasser über 500 000 Jahre freispülte und so die im Zickzack verlaufenden Schluchten sichtbar machte. Die Längskanten dieser Schluchten markieren die Lage der sieben Vorgänger der heutigen achten Wasserfälle. Wobei der neue Nord-Süd-Einschnitt bereits entsteht und die Bildung der neunten Fälle ankündigt. In einigen Jahrtausenden wird es einen Wasserfall mit so imposanter Breite wie heute hier nicht mehr geben.

Seit 1934 existiert der grenzüberschreitende Mosi-oa-Tunya-Nationalpark, der seit 1972 offiziell als Nationalpark ausgewiesen ist. Die Anrainerstaaten Sambia und Simbabwe haben sich den besonderen Schutz des rund 69 km² großen Gebiets zur Aufgabe gemacht. Seit 1989 gehört der Park zum Weltnaturerbe der UNESCO. Kein Wunder also, dass trotz der Bemühungen der beiden Staatsregierungen um den Erhalt dieses Naturwunders immer wieder Konflikte hinsichtlich der möglichen Nutzung des hydroelektrischen Energiepotenzials des Sambesi auftreten. Die Erschließung des Flusses als Energiequelle ist für beide Anliegerstaaten von großer Bedeutung. So plant die Sambesi River Authority unterhalb der Fälle den Bau eines Staudamms an der Batoka-Schlucht. Dies wäre neben dem Kariba-Staudamm und dem Cabora-Bassa-Staubecken das dritte große Stauprojekt am Sambesi. Von Naturschützern aus aller Welt wird warnend auf die einmalige Flora und Fauna in der bisher unberührten Schlucht unterhalb der Victoria-Fälle hingewiesen. Mit dem Aufstauen des Flusses so nahe an den Fällen befürchtet man neben dem Verlust von einmaliger Naturlandschaft auch Veränderungen der reizvollen Schluchten unterhalb der Fälle.

Mitte: Schon lange bevor man die Victoria-Fälle erreicht, kann man den „donnernden Rauch" erkennen.

Unten: Über die Abbruchkante stürzen die Wassermassen des Sambesi 110 m tief hinab und „versinken" in einer gigantischen Schlucht.

Asien, der größte Kontinent der Erde, ein Kontinent der Kontraste. Europäisch-mediterranes Flair in Istanbul, wunderbarer Orient aus Tausendundeiner Nacht, geheimnisvolle Exotik Ostasiens, das riesige Reich der Mitte, die Inselstaaten des Indischen Ozeans. Großartige Kulturen und Religionen haben grandiose Bauwerke hinterlassen, die Naturgewalten für einzigartige Paradiese gesorgt.

ASIEN

JAPAN

Akashi-Kaikyo-Brücke

SIE IST DIE GRÖSSTE BRÜCKE DER WELT, DIE AKASHI-KAIKYO-HÄNGEBRÜCKE. SIE ÜBERSPANNT DIE STRASSE VON AKASHI, DIE MEISTBEFAHRENE MEERENGE JAPANS, ZWISCHEN DEN HAUPTINSELN HONSHU UND SHIKOKU.

Die Brücke verbindet Naruto auf der Insel Shikoku mit Kobe auf Honshu. Die Konstrukteure des gigantischen Brückenbauwerks standen von Beginn an vor enormen Herausforderungen.

Alle Voraussetzungen sprachen eigentlich von Anfang an gegen ein Brückenbauprojekt an dieser Stelle: Das Gebiet gilt als eines der tektonisch aktivsten der Erde. Kleinere Erdstöße gehören beinahe zur Tagesordnung. Taifune mit Spitzenwindgeschwindigkeiten von bis zu 290 km/h sind in der Region keine Seltenheit. Zudem ist die Straße von Akashi die meistbefahrene Schifffahrtsstraße Japans.

Im Mai 1988 begannen die Bauarbeiten an der Brücke. Zunächst wurden die beiden Stahlsockel für die Brückenpfeiler gebaut. Jeder Stahlmantel ist rund 15000 t schwer. Die hohlen Stahlkolosse wurden im Meer versenkt und mit Spezialbeton gefüllt. Die Besonderheit des Betons: Er härtet auch unter Wasser vollständig aus. Insgesamt ein Jahr dauerte das Verfüllen der Stahlsockel. Anschließend wurden die Fundamente für die Verankerungen der Brücke aus jeweils 140000 m^3 (ca. 350000 t) Beton gegossen.

Dann begann man mit der Errichtung der beiden riesigen Pylonen, an denen später die Brücke aufgehängt werden sollte. Man entschied sich für eine Stahlkonstruktion mit Fachwerkverstrebungen. Stäh-

FAKTEN

✻ Name: Akashi-Kaikyo-Brücke

✻ Standort: Meerenge von Akashi

✻ Grundsteinlegung: April 1986

✻ Baubeginn: Mai 1988

✻ Fertigstellung: April 1998

✻ Gesamtlänge: 3911 m

✻ Spannweite: 1991 m

✻ Gesamthöhe: 283 m

✻ Breite zwischen den Tragseilen: 35,5 m

✻ Breite am Sockel: 46,5 m

✻ Fahrbahnhöhe über NN: 71 m

✻ Länge der Tragekabel: je ca. 4000 m

✻ Durchmesser der Tragekabel: über 1 m

✻ Gewicht der Fahrbahn: über 120000 t

Der Hafen der Millionenmetropole Kobe auf der Insel Honshu.

lerne Pylonen sorgen für die notwendige Stabilität, sind jedoch gleichzeitig flexibler und elastischer als Betonpfeiler. Sie können einem Erdbeben bis Stärke 8,5 unbeschadet widerstehen. Jeder Pylon besteht aus 90 jeweils 160 t schweren Stahlsegmenten, die wie Bauklötze aufeinander gestapelt wurden. In jedem der beiden Pfeiler sind 20 riesige Schwingungsdämpfer integriert. Die gigantischen Pendel können in jede Richtung schwingen und so Bewegungen der Brücke unmittelbar ausgleichen und das Bauwerk stabilisieren. Die Pylonen haben eine Höhe von je 283 m.

Die aufwändige Konstruktion der Pylonen hat sich bereits während der Bauarbeiten als richtig erwiesen: Am 17. Januar 1995 erschütterte ein verheerendes Erdbeben der Stärke 7,2 die Region um die Millionenstadt Kobe. Dabei fanden über 6500 Menschen den Tod, mehr als 27000 wurden zum Teil schwer verletzt, etwa 200000 Gebäude wurden völlig zerstört. Die im Bau befindliche Akashi-Kaikyo-Brücke hielt dem Beben unbeschadet stand, obwohl das Epizentrum des Bebens in unmittelbarer Nähe der Baustelle genau zwischen den beiden Brückenpfeilern lag!

Die Stahlseilkonstruktion der Akashi-Kaikyo-Brücke verdient den Zusatz „mega". Mit einer Länge von beinahe 4000 m und einer Stärke von über 1 m sind die Tragekabel in jeder Hinsicht Weltrekord. Die Tragekabel bestehen aus 290 Drahtbündeln, so genannten Litzen. Jede Litze besteht aus 127 Drähten aus hochfestem Spezialstahl. Jedes Tragekabel setzt sich also aus 36830 Einzeldrähten zusammen. Würde man die einzelnen Drähte aneinander reihen, könnte man sie siebenmal um den Äquator wickeln!

Die Last, die beide Hauptkabel der Brücke tragen müssen, ist gigantisch: 120000 t hängen an den Megakabeln, die über die beiden Pylonen von Ufer zu Ufer gespannt sind. Insgesamt wurden 261000 t Stahl in der größten Brücke der Welt verbaut.

Oben: 1995 wurden bei einem Erdbeben große Teile der Stadt Kobe zerstört. Die Akashi-Kaikyo-Brücke hielt den Naturgewalten stand.

Links: Die Akashi-Kaikyo-Brücke bei Nacht. So filigran und zerbrechlich das kühne Brückenbauwerk auf den ersten Blick auch anmutet, es ist für höchste Belastungen ausgelegt.

KAMBODSCHA

Angkor

ANGKOR, GEHEIMNISVOLLE TEMPELSTADT IM DSCHUNGEL KAMBODSCHAS, IST ÜBERRAGENDES ZEUGNIS DER KULTUR DER HINDUISTISCHEN KHMER. ÜBER 1000 PRACHTVOLLE TEMPEL KÜNDEN VON DER EINSTIGEN GRÖSSE UND MACHT DES KHMER-KÖNIGREICHES.

Im Zentrum, weltberühmt: das größte religiöse Bauwerk der Welt, die riesige Tempelanlage von Angkor Vat. Jeder Herrscher der Khmer, Gottkönigen gleich, ließ einen Tempel zu Ehren einer Gottheit errichten, mit der er sich nach seinem Tod vereinen wollte. Der Tempelkomplex ist gigantischer architektonischer Ausdruck dieser hinduistischen Tradition. Der Khmer-König Suryavarman II., den man den „Schützling des Sonnengottes" nannte, ließ Angkor Vat im 12. Jahrhundert zu Ehren keines Geringeren als Vishnu, dem Weltenherrscher, erbauen. Die Tempelanlage von Anglor Vat spiegelt das Weltbild der Khmer wider, das sich an die indische Kosmologie anlehnt. Angkor Vat ist ein genaues Abbild des himmlischen Kosmos.

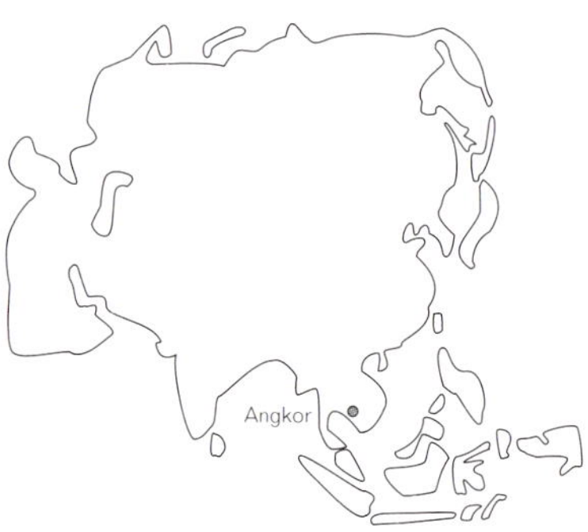

Die Tempelstadt von Angkor bildet das Zentrum des Khmer-Reiches. In ihrem Haupttempel Angkor Vat verschmelzen materielle und spirituell-religiöse Prinzipien der Khmer-Kultur. Architektonisch und künstlerisch erreichte die Khmer-Kultur mit der Errichtung des Tempelberges Angkor Vat ihren schöpferischen Höhepunkt.

Das Herzstück des Tempelkomplexes, der himmlische Palast, ist umgeben von einem beinahe 200 m breiten Wassergraben. Sinnbild für das Urmeer, das die bewohnte Erde umgibt.

Die zentralen Türme des Tempels von Angkor Vat. Der Hauptturm erhebt sich 65 m über die Anlage.

DATEN

✱ um 889/890: Machtergreifung des Königs Yasovarman I. und Gründung der Hauptstadt Yasodharapura

✱ 1002–1050: König Suryavarman I.

✱ 1113–1150: unter König Suryavarman II. Anlage von Angkor Vat im südöstlichen Viertel von Yasodharapura

✱ 1177–1181: Eroberung von Angkor durch die Cham

✱ 1181: Vertreibung der Cham

✱ um 1200: Anlage der „großen königlichen Stadt", Angkor Thom

✱ 1353, 1393 und 1431: Plünderung der Königsstadt Angkor

✱ 1907: Gründung der Conservation d'Angkor

✱ 1992: Ernennung zum Weltkulturerbe der UNESCO

✱ 1998: internationale Hilfe zum Erhalt von Angkor

Angkor Vat, Symbol des Berges Meru und des Universums. Gottkönig Suryavarman II., „Schützling des Sonnengottes", ließ die Tempelstadt erbauen. Eine überdimensionale Vishnu-Statue in der Galerie des Hauptportals belegt dies eindrucksvoll. Suryavarman II. indes war sich seiner Position als Gottkönig der Khmer wohl bewusst: Die Statue des Vishnu von Angkor Vat trägt die Gesichtszüge des Khmer-Herrschers.

Die Gebäude des riesigen Tempelkomplexes selbst sind nach strengen geometrischen Prinzipien als dreistufige Pyramide mit fünf überragenden Türmen auf der obersten Ebene angeordnet. Im zentralen und höchsten Turm thront über allem der Geist des verstorbenen Gottkönigs.

Hervorstechend in der Tempelanlage von Angkor Vat sind die opulenten Verzierungen und üppigen Ornamente an den Wänden. Als Leitmotiv fungieren Reliefdarstellungen von Apsaras und Devatas, den schönen himmlischen Tänzerinnen, die den Gottheiten die Freuden des Paradieses bereiten sollen. Die Tänzerinnen sind nackt bis zur Hüfte, nur mit einem langen Rock bekleidet, und tragen fantasievolle Frisuren. Über 1500 derartiger Darstellungen hat man in Angkor Vat gezählt. Jede Figur ein einzigartiges Meisterstück. Kein Relief gleicht dem anderen. „Ihr schlanker, anmutiger, leuchtender Leib, den die schönsten und prunkvollsten Gewänder bedecken, übertrifft an Glanz die ganze Schönheit des Gottes der Blütenpfeile – des Liebesgottes – und erfreut die Erde wie die Sichel des zunehmenden Mondes", so steht es geschrieben im Tempel von Angkor Vat.

Die Wände der untersten Galerie des Tempels sind mit Flachreliefs bedeckt. Die figürlichen Darstellungen erzählen in einer fortlaufenden Bilderchronik die hinduistische Kosmologie. Die Reliefs erstrecken sich über eine Gesamtlänge von über 800 m und bedecken eine Fläche von 2000 m^2.

Das Quirlen des Milchozeans nimmt in der hinduistischen Mythologie einen zentralen Platz ein. Die bildliche Darstellung des Mythos ist in vielen Tempeln von Angkor zu finden. Ihm liegt die hinduistische Vorstellung zugrunde, dass der Weltleib einem mit Milch gefüllten Butterfass gleicht.

Der Tempel Angkor Vat gilt als das herausragende nationale Symbol Kambodschas. Wie kein anderes Bauwerk steht Angkor Vat für die Kultur der Khmer und das Volk der Kambodschaner.

Mitte: Flachreliefdarstellungen von Apsaras und Devatas, den schönen himmlischen Tänzerinnen, schmücken an vielen Stellen die Tempelmauern.

Unten: Die riesige Tempelanlage von Angkor Vat ist das größte religiöse Bauwerk der Welt.

THAILAND

Ayutthaya

DIE STADT AYUTTHAYA, „DIE GESEGNETE STADT DER ENGEL UND KÖNIGE", DIE AUF EINE GRÜNDUNG DER KHMER ZURÜCKGEHT, ENTSTAND MITTE DES 14. JAHRHUNDERTS. RAMA (KÖNIG) THIBODI MACHTE AYUTTHAYA ZUR HAUPTSTADT SEINES KÖNIGREICHS.

Wie eine Kulisse aus dem Hollywoodstreifen „Anna und der König von Siam" mutet das Panorama der mittelalterlichen Stadtanlage von Ayutthaya im heutigen Thailand an. Hoch aufragende Chedis (Tempeltürme), prächtige Tempelanlagen und mächtige Buddha-Statuen erheben sich bis zu 80 m hoch. Mehr als 400 Jahre lang sollten von da an die Könige von Ayutthaya – 35 an der Zahl – große Gebiete Siams regieren und beherrschen. Ayutthaya wuchs zu einer der größten und wohlhabendsten Metropolen Südostasiens heran. In ihrer Blütezeit lebten etwa 1 Mio. Menschen in der Stadt.

Das Ende der Hauptstadt Ayutthaya wurde mit der Eroberung durch burmesische Truppen im 18. Jahrhundert besiegelt. Heute leben noch etwa 65 000 Menschen in der Provinzhauptstadt.

Ihren Aufstieg im 14. Jahrhundert verdankt die Stadt Ayutthaya dem Niedergang der damaligen Hauptstadt Sukhothai. Rama Thibodi verlegte seinen Amts- und Regierungssitz um 1351 kurzerhand in die alte Khmer-Gründung auf der Insel zwischen den Flüssen Maenam Chao Phraya, Pasak und Lopburi, heute etwa 70 km nördlich von Bangkok. Die fruchtbare Flussebene, reiche Ernten sowie ein ausgeklügeltes Steuer- und Abgabensystem bildeten die Grundlage für Wohlstand und Reichtum Ayutthayas und

Rechts: Das rituelle Zentrum der Stadt: Wat Mahathat.

Unten: Der Tempel Wat Phra Si Sanphet in Ayutthaya gilt als der schönste Sakralbau der Stadt.

seiner Bewohner. Rege Handelsbeziehungen mit anderen Ländern entstanden. Der Handel mit China, Java, Malaysia, Indien, Ceylon, Japan und Persien, aber auch mit Portugal, Frankreich, Holland und England florierte. Tempel, Paläste und riesige Buddha-Statuen wurden errichtet und opulent und prächtig ausgeschmückt. Besonders prunkvoll wurden die Chedis ausgestattet: Die Kuppeln der Tempeltürme wurden vollständig mit Blattgold überzogen.

Im ausgehenden 17. Jahrhundert beginnt der Glanz der Stadt zu bröckeln. Die Könige von Ayutthaya verstricken sich zusehends in kriegerische Auseinandersetzungen mit dem benachbarten Burma. Mehreren Belagerungen durch burmesische Truppen hält die Stadt, seit dem 16. Jahrhundert von einer massiven Stadtmauer aus gebrannten Ziegeln umgeben und geschützt, stand. Am 7. April 1767 jedoch fällt Ayutthaya. Die Burmesen erobern die Stadt, plündern die Schätze aus den Tempeln und zerstören weite Teile der prächtigen Stadt. Die Legende berichtet davon, dass aus den Augen der großen Buddha-Statue nach dem Fall der Stadt Tränen flossen …

Ayutthaya lag in Schutt und Asche. Zaghafte Versuche des Wiederaufbaus misslangen. Und nur kurze Zeit nach der Niederlage gegen die burmesischen Truppen zog sich König Rama I. mit seinem Hofstaat aus Ayutthaya zurück und gründete die neue Hauptstadt Bangkok.

Heute weht lediglich ein Hauch einstiger Pracht und vergangenen Glanzes durch die Ruinen der Stadt. Die Chedis, die imposanten glockenförmigen hoch aufragenden Türme, und die mächtigen Tempel- und Klosterbauten lassen noch Größe und Reichtum der mittelalterlichen Stadt Ayutthaya erahnen. In den Kammern unter den Türmen der Chedis und Tempel befanden sich Reliquien heiliger Männer sowie die sterblichen Überreste der Könige und ihrer Familien. Der Turm des Tempels Mahathat soll der Aufbewahrungsort des historischen Buddhas gewesen sein.

Während der Blütezeit Ayutthayas gab es in der Stadt drei Königspaläste, 375 Tempelbauten, 94 Stadttore und 29 Verteidigungsforts. Der schönste Tempel von Ayutthaya ist ohne Zweifel Wat Phra Si Sanphet. Seine drei alles überragenden Chedis aus dem 15. Jahrhundert, in denen sowohl die Asche von König Rama Thibodi II. als auch seinem Vater aufbewahrt wird, sind die weithin sichtbaren Wahrzeichen der Stadt.

Die Ruinen von Ayutthaya sind ein prächtiges Vermächtnis einer einst großartigen Kultur. Die Einflüsse der Khmer und auch aus Indien und Ceylon haben einen bemerkenswerten Formen- und Stilreichtum entstehen lassen.

DATEN

✱ 1350–1767: Königreich Ayutthaya mit fünf Dynastien

✱ 1350: unter Rama (König) Thibodi Gründung als Haupt- und Residenzstadt

✱ 1350–1488: Blütezeit der Ayutthaya-Kunst

✱ 1492–1532: Bau der Chedis von Wat Phra Si Sanphet

✱ 1569: Errichtung des 80 m hohen Chedi Phu Kao Thong

✱ 1590–1605: König Naresuan

✱ 1656–1688: König Narai

✱ 7. April 1767: Zerstörung durch die Burmesen

✱ 1956: erste Restaurierungsmaßnahmen

✱ 1958: Wiederentdeckung der Kunstschätze des Wat Ratchaburana

✱ 1971: Restaurierung des Wat Putthai Sawan

✱ 1991: Ernennung zum Weltkulturerbe der UNESCO

IRAK

Babylon

BABYLON, EINST GROSSARTIGE HAUPTSTADT BABYLONIENS, LAG ETWA 90 KM SÜDLICH VON BAGDAD AN DEN UFERN DES EUPHRAT IM HEUTIGEN IRAK. SAGENHAFTE BAUWERKE SOLLEN DIE STADT GESCHMÜCKT HABEN.

Sie gelten als eines der sieben antiken Weltwunder, die Hängenden Gärten der Königin Semiramis. Doch: Wer hat sie gebaut? Wie konnte im Backofen der Wüste ein blühender Garten mit Blumen und Bäumen gedeihen? Und: Hat es die Hängenden Gärten der Semiramis tatsächlich jemals gegeben? Bis heute sind sich Archäologen und Historiker darüber nicht einig. Die Entstehung der Gärten wird auf die Regierungszeit des glorreichen Königs Nebukadnezar II. datiert, während dessen Regentschaft (605 – 552 v. Chr.) Babylon seine Blütezeit erlebte.

Die Bezeichnung „Hängende Gärten“ dürfte, so Experten, auf einen antiken Übersetzungsfehler zurückzuführen sein. Die Konstruktion der Anlage auf einem Gewölbeunterbau ist wohl am wahrscheinlichsten. Dabei soll es sich bei den Hängenden Gärten der Semiramis um ein riesiges quadratisches Gewölbe mit einer Seitenlänge von bis zu 120 m gehandelt haben. Ein wahrhaft gigantischer Bau. Allerdings schwanken die Angaben hinsichtlich der Ausmaße je nach Quelle beträchtlich.

Das Mauerwerk des Gewölbes aus gebrannten oder luftgetrockneten Ziegeln musste mit einer Isolationsschicht gegen Feuchtigkeit geschützt werden. Zu diesem Zweck wurden wahrscheinlich mehrere Schichten

FAKTEN

* Bis heute ist es der modernen Geschichtsforschung und Archäologie nicht gelungen, einen eindeutigen und unumstößlichen Beweis für die tatsächliche Existenz der Hängenden Gärten zu erbringen. So werden Wissenschaftler und Experten auch weiterhin forschen und graben. Bis sie jedoch – vielleicht – den erhofften Beweis erbringen werden, bleiben die Hängenden Gärten der Semiramis, was sie seit Jahrtausenden sind: das zweite der sieben antiken Weltwunder.

Sahen sie tatsächlich so aus? Eine historische Illustration der sagenumwobenen Hängenden Gärten der Semiramis.

aus Blei, Asphalt und gebrannten Kacheln aufgebracht. Um die Stabilität des tragenden Gewölbes zu erhalten, musste der Schutz des tragenden Gewölbes vor Feuchtigkeit unbedingt gewährleistet sein. Bei den normalerweise vorherrschenden klimatischen Bedingungen in der Wüste Mesopotamiens in aller Regel keine allzu große Herausforderung. Im Falle der Hängenden Gärten indes schon: Schließlich musste der Garten bewässert werden.

Auf die isolierende Schicht wurde Muttererde geschichtet. Die Stärke der Erdschicht muss beträchtlich gewesen sein. Legenden berichten, dass auf Geheiß des Königs auch Bäume im Garten gepflanzt werden sollten. Nebukadnezar wies seine Generäle an, von ihren Expeditionen und Feldzügen Pflanzenproben mit nach Babylon zu bringen. Errichtet der sagenumwobene Herrscher gar den ersten botanischen Garten der Menschheit inmitten der Wüste?

Die größte Herausforderung dürfte jedoch die Bewässerung der Gärten gewesen sein. Im heißen trockenen Wüstenklima Mesopotamiens muss die Verdunstung beträchtlich gewesen sein. Entsprechend waren gigantische Wassermengen nötig, um das Überleben der Pflanzen zu sichern.

Das Wasser wurde dem nahen Fluss Euphrat entnommen. Wie aber kam es in die Gärten? Das Wasser könnte mit einer Art Förderband in Krügen zur obersten Terrasse transportiert und von dort aus über ein Netz von Röhren oder Kanälen auf die Terrassen verteilt worden sein. Eine andere Theorie geht davon aus, dass das lebensnotwendige Nass an verschiedenen Punkten in ein Bewässerungssystem eingeleitet wurde. Über die Antriebsquelle des Fördermechanismus lässt sich ebenfalls spekulieren, wenngleich die Antwort auf diese Frage recht eindeutig sein dürfte: Als „Energiequelle" wurden wie damals üblich Lasttiere oder Sklaven eingesetzt.

Oben: Auf der Prozessionsstraße fanden einst prächtige Umzüge und religiöse Prozessionen statt.

Links: Bei Ausgrabungen wurden die Fundamente des Palastes von König Nebukadnezar II. entdeckt. Glaubt man den Forschern, dann könnte er der Erbauer der Hängenden Gärten der Semiramis gewesen sein.

MYANMAR

Bagan

DIE HISTORISCHE KÖNIGSSTADT BAGAN IN MYANMAR ZÄHLT MIT ÜBER 2000 ERHALTENEN TEMPELN UND PAGODEN AUS ZIEGELSTEINEN ZU DEN WICHTIGSTEN UND BEMERKENSWERTESTEN ARCHÄOLOGISCHEN STÄTTEN IN SÜDOSTASIEN.

Die einstigen Herrscher von Bagan begründeten ihre Herrschaft auf der engen Verknüpfung von weltlicher und geistlicher Macht. Schon Mitte des 9. Jahrhunderts entwickelte sich Bagan zum wirtschaftlichen und herrschaftlichen Zentrum Oberbirmas. Ihre Blütezeit erlebte die Stadt schließlich in den Jahren zwischen 1044 und 1112. Zu dieser Zeit regierten König Anawratha und – ab 1084 – sein Sohn Kyanzittha. Die beiden Regenten nutzten den buddhistischen Glauben als hegemoniale Religion und als Instrument des Machterhalts. Anawrahta wurde von einem Mönch für den buddhistischen Glauben gewonnen. Im Jahr 1056 vertrieb er die Priester des vorherrschenden Schlangenkults aus seiner Hauptstadt Bagan.

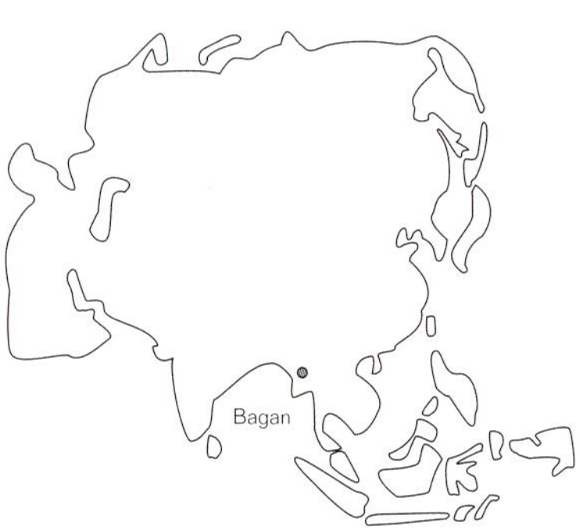

Unter König Anawrahta und König Kyanzittha wuchsen Herrschafts- und Einflussbereich Bagans ständig an. Die Stadt erstreckte sich während dieser einmaligen Blütezeit auf einer Fläche von mehr als 40 km^2, was sie zu einer der größten Städte des Mittelalters machte, etwa fünfzehnmal größer als das mittelalterliche London. Zwischen Mitte des 9. und Beginn des 12. Jahrhunderts herrschte Frieden in Bagan. Die Stadt konnte sich ungestört entwickeln. In den rund 250 Jahren ließen die frommen Könige etwa 6000 Sakralbauten errichten. Etwa 2000 der Pagoden und

Der Dhamm-yan-gyi-Pahto ist der größte Tempel in der Stadt Bagan. Er wurde im 12. Jahrhundert erbaut.

DATEN

✱ **9. Jh.:** Bagan wird zum wirtschaftlichen und herrschaftlichen Zentrum Oberbirmas.

✱ **1044–1084:** König Anawratha

✱ **1056:** Ende des Schlangenkults

✱ **1084–1112:** König Kyanzittha

✱ **1105:** Bau des Ananda-Tempels

✱ **1287:** Der Mongolenherrscher Kublai Khan besetzt Bagan. Das Reich zerfällt in Kleinstaaten.

✱ **1975:** Ein Erdbeben zerstört große Teile Bagans.

Tempel sind heute noch erhalten. Zahlreiche Gebäude wurden bei einem verheerenden Erdbeben im Jahr 1975 schwer beschädigt bzw. zerstört.

Den Jahren der Blüte, des Friedens und des Wohlstands folgten die Jahre des Niedergangs. Die expansive Bautätigkeit hatte die Kassen der Herrscher nahezu vollkommen geleert. Tempel und Klöster waren per königlichem Gesetz von der Steuerlast befreit. Die Verwalter der eroberten Provinzen und Gebiete verweigerten den Herrschern in Bagan zudem die Gefolgschaft und die Abgaben. Die Finanzkrise des Königs schwächte die Armee und damit die Verteidigungsfähigkeit Bagans. Im Jahr 1287 fiel der gefürchtete Mongolenherrscher Kublai Khan in Bagan ein. Der König musste fliehen. Der Mythos von Bagan war zerstört, und das Reich zerfiel daraufhin in zahlreiche Kleinstaaten.

Heute, rund 700 Jahre später, zählt Bagan zu den bedeutendsten archäologischen Stätten Südostasiens. Neben den herausragenden Architekturdenkmälern beherbergen die Mauern Bagans die ältesten erhaltenen Wandmalereien Südostasiens. Die Gemälde stammen aus der Zeit zwischen dem 11. und dem 13. Jahrhundert.

Einer der schönsten Tempel Bagans, der Ananda-Tempel, wurde bei dem Erdbeben 1975 schwer beschädigt und musste vollständig restauriert werden. Den Tempel ließ König Kyanzittha um 1105 zu Beginn der so genannten mittleren Periode erbauen. Im Tempelinneren stehen vier große Buddha-Statuen aus Holz. Zwei Buddhas verändern ihren Gesichtsausdruck, wenn man auf sie zugeht. Der größte Tempel in Bagan ist der Dhamm-yan-gyi-Pahto. Der pyramidenartige Bau wurde im 12. Jahrhundert während der Regentschaft von Kalagya Min errichtet. Der riesige Backsteinbau wurde ohne Zement erbaut: Der Legende nach ordnete König Kalagya Min an, die Backsteine so dicht aneinander zu setzen, dass nicht einmal eine Nadel dazwischenpassen durfte. Arbeitern, die sich nicht an diese königliche Anweisung hielten, wurde die Hand abgeschlagen.

Der berühmteste Tempel unter den rund 2000 erhaltenen Sakralbauten ist zweifellos die Shwezigon-Pagode. Der Tempel mit seiner goldglänzenden riesigen Stupa wurde unter der Herrschaft von König Anawratha begonnen und nach seinem Tod schließlich während der Regentschaft seines Sohnes, König Kyanzittha, zu Beginn des 12. Jahrhunderts vollendet.

Mitte: Die Shwezigon-Pagode ist der wohl berühmteste Tempel Bagans. Er markiert die Nordgrenze der Stadt.

Unten: Der Ananda-Tempel wurde bei dem Erdbeben von 1975 schwer beschädigt und musste komplett restauriert werden.

PHILIPPINEN

Reisterrassen von Banaue

AUF DER INSEL LUZON IM NORDEN DER PHILIPPINEN BEFINDEN SICH DIE WELTBERÜHMTEN REISTERRASSEN VON BANAUE. VOR MEHR ALS 2000 JAHREN WURDEN DIE REISFELDER VON INDONESISCHEN BAUERN ANGELEGT.

Wohin man auch blickt – Reisfelder. Wie „Stufen zum Himmel" erheben sich die durch kleine Mauern abgetrennten Reisterrassen von Banaue über der Talsohle. Manche bis hinauf in eine Höhe von 1500 m. Vor mehr als 2000 Jahren haben Bauern vom Stamm der Ifugao, einem vermutlich aus Indonesien eingewanderten Volk, die Reisfelder hier im gebirgigen Norden der Insel Luzon angelegt. Würde man die Steinmauern und Lehmwälle der Reisterrassen aneinander reihen, würden sie die halbe Erdkugel umspannen. Die Reisfelder in der unwegsamen Gebirgsregion sind eine einzigartige Kulturlandschaft, ein Meisterwerk der Bewässerungstechnik und eine architektonische Ausnahmeleistung. Die Terrassen sind das älteste Bauwerk der Philippinen und werden häufig als achtes Weltwunder bezeichnet.

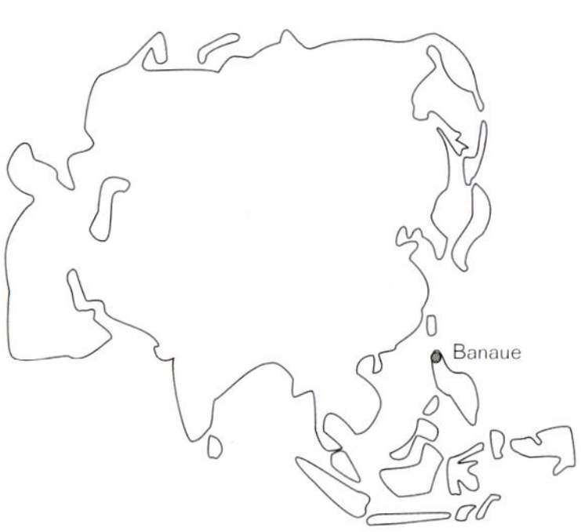

Die Legende berichtet, dass schon vor Urzeiten Menschen an den steilen Hängen der Kordilleren siedelten. Eines Tages fand ein Jäger bei einem seiner Streifzüge eine seltsame Pflanze. Er säte die Körner aus und bewässerte sie. Seither leben die Menschen im Norden der Philippinen vom Segen des Gottes Mah-Nongan – so erzählt es die Legende. Die Realität freilich sieht etwas anders aus.

Mit bloßen Händen und einfachen Werkzeugen bauten die Ifugao ihre Reisfelder treppenartig an den

FAKTEN

* **Name:** Reisterrassen von Banaue
* **Lage:** Insel Luzon, Philippinen
* **Alter:** über 2000 Jahre
* **Fläche:** 250 m^2
* **Länge der Mauern:** rund 20 000 km
* **Höhe:** bis 1500 m über NN

Reisbauern bei der Arbeit auf den Reisfeldern von Banaue. Die Arbeit ist äußerst anstrengend und bringt nur noch wenig Ertrag.

steilen Kordilleren-Hängen. Dabei mussten sie Steigungen von bis zu 70 % überwinden. Erschwert wurde die Arbeit der Bauern zudem durch den harten felsigen Untergrund. Dennoch bauten die Ifugao ihre Reisfelder immer weiter hinauf. Die höchstgelegenen Reisterrassen befinden sich auf einer Höhe von über 1500 m. Die kleinen Parzellen wurden optimal an das unwegsame Gelände angepasst. Jeder verfügbare Meter wurde genutzt, um dem kargen Boden das Grundnahrungsmittel abzuringen. Manche Reisfelder sind nur wenige Quadratmeter groß.

Reisfelder benötigen viel Wasser. Niemals dürfen die Terrassen trockenfallen. Ansonsten droht die ohnehin spärliche Ernte zu verderben. Über ein ausgeklügeltes Bewässerungssystem werden die Reispflanzen mit dem lebensnotwendigen Nass versorgt. Ein Netz von Kanälen, Bambusrohren und Gräben leitet das aus den Bergen herabfließende Wasser zunächst in die am höchsten gelegenen Terrassen. Ist eine Ebene bis zum oberen Rand der umgrenzenden Mauer komplett geflutet, läuft das Wasser kaskadenartig durch kleine Aussparungen am oberen Rand der Mauern eine Etage tiefer. So werden sämtliche Terrassen von oben nach unten nacheinander mit Wasser versorgt.

Die Arbeit auf den Reisfeldern ist hart und beschwerlich. Die Erträge reichen gerade einmal aus, um die Familien der Reisbauern zu ernähren. Der Reisanbau wurde von den Bauern einst als Partnerschaft zwischen Göttern und Menschen betrachtet. 2000 Jahre lang waren die Reisterrassen Lebensgrundlage der Menschen in der Region. Sie begründeten eine eigene, ganz besondere Identität ihrer Bewohner. Heute verliert der Reisanbau im Norden der Philippinen immer mehr an Bedeutung. Die jungen Menschen verlassen die Region und ziehen in die größeren Städte. Immer mehr Reisfelder liegen brach, die Terrassen verfallen. Ihr Fortbestand ist akut bedroht.

Oben: Das bescheidene Häuschen eines Reisbauern in Banaue.

Links: Die Reisterrassen sind über 2000 Jahre alt. Seit 1995 zählen sie zum Weltkulturerbe der UNESCO.

INDONESIEN

Tempel von Borobudur

MITTEN IM INSELDSCHUNGEL JAVAS LIEGT DAS GRÖSSTE TEMPELBAUWERK SÜDOSTASIENS, DER TEMPEL VON BOROBUDUR. RÄTSELHAFT IST DIESER ORT. WARUM WURDE EIN DERARTIGES BUDDHISTISCHES HEILIGTUM IN DIESER ABGESCHIEDENHEIT ERRICHTET?

Wozu diente der riesige Tempel? Viele Fragen sind bis heute ungeklärt. Jahrhundertelang verbrachte der Tempel von Borobudur in einem Dornröschenschlaf. Erst im 19. Jahrhundert wurde die Anlage wieder entdeckt. Heute ist der Tempel von Borobudur Anziehungspunkt und Wallfahrtsort für buddhistische Pilger und Attraktion für viele Besucher. Dieser heilige buddhistische Ort verströmt eine einzigartige Aura der Ruhe und Zufriedenheit. Fast glaubt man, den Atem Buddhas zu spüren.

Der Bau der Tempelanlage fiel vermutlich in die Zeit der Shailendra-Dynastie (750–850), etwa um das Jahr 800. Exaktere Angaben lassen sich bis heute nicht machen. Über den Fundamenten eines aufgegebenen Baus errichteten Anhänger Buddhas den „Berg der tausend Skulpturen". Warum wurde der Tempel von Borobudur gebaut? Auch darüber herrscht in Expertenkreisen bislang Uneinigkeit. Als sicher gilt hingegen das Datum der Fertigstellung des größten Tempels in Südostasien, das Jahr 830. Bis 919 war der Tempel buddhistisches Zentrum Javas. Danach gerieten die Heiligtümer Zentraljavas in Vergessenheit. Sie wurden größtenteils auf- und dem Verfall preisgegeben. Auch Borobudur erging es so: Vulkanische Eruptionen setzten dem Bauwerk schwer zu. Was nach den Vulkanausbrüchen

Überall auf der Stufenpyramide des Tempels von Borobudur finden sich große Stupas und Buddha-Figuren.

noch übrig war, überwucherte im Lauf der Jahre der Dschungel mit einem grünen Teppich.

1814 entdeckte eine Expedition unter Führung des Gouverneurs von Java, Sir Thomas Stamford Raffles, den Tempelhügel im Dschungel. Er ließ jedoch nur eine Karte der Region anfertigen. Erst 1835 wurden erste Teile der Anlage freigelegt. Hinzugezogene Archäologen und Experten erkannten, welch großer Schatz hier unter Vulkanschuttbergen, Bäumen und dichtem Gestrüpp verborgen lag. Sie drängten darauf, die komplette Anlage ausgraben und restaurieren zu dürfen. Doch erst nach langwierigen diplomatischen Konsultationen verständigten sich die Regierung Indonesiens und die UNESCO im Jahr 1955 darauf, die Tempelanlage von Borobudur freizulegen und zu restaurieren. 1973 konnten die Arbeiten endlich beginnen. 1983 wurden sie erfolgreich abgeschlossen: Borobudur erstrahlt in altem Glanz. Der Geist Buddhas scheint wieder allgegenwärtig.

Borobudur erinnert zunächst stark an eine Stufenpyramide. Das Bauwerk umfasst insgesamt neun Stockwerke: eine nahezu quadratische Basis (etwa 15 000 m^2), sechs ebenfalls quadratische Galerien, die sich nach oben verjüngen, darüber drei kreisrunde Terrassen mit 72 Stupas und der Hauptstupa, einer Pagode mit einem Durchmesser von annähernd 11 m. Die sechs Galerien sind verziert mit figürlichen Flachreliefs, die das Leben und Wirken Buddhas darstellen. Die Gesamtlänge beträgt über 5 km.

Der Tempel von Borobudur ist das zentrale, das höchste Symbol der buddhistischen Lehre. Der Tempel symbolisiert das Universum. Die buddhistische Kosmologie unterteilt das Universum in drei Teile: Kamadhatu ist die außergewöhnliche Welt für die Menschen, die Welt der Wünsche. Rupadhatu, die Übergangswelt, in der die Menschen von ihrer körperlichen Form und den weltlichen Dingen erlöst werden. Und schließlich Arupadhatu, die Welt der Götter, die Welt der Perfektion und der vollkommenen Erleuchtung. Borobudur ist in Übereinstimmung mit dieser Kosmologie erbaut. Jeder Teil der Tempelanlage ist einer dieser drei Welten gewidmet.

Damit die Magie dieses heiligen buddhistischen Pilgerortes auch weitere 1000 Jahre überdauern kann, werden heute seitens offizieller Stellen große Anstrengungen unternommen. So existiert seit 1995 ein Plan zur Steuerung des immensen Besucherstroms und zur Bewahrung dieses unschätzbaren Kulturdenkmals.

FAKTEN

✻ **UNESCO-Weltkulturerbe:** Borobudur (oder: Borobodur) steht seit 1991 auf der Liste des Weltkulturerbes.

✻ **Buddha:** Der Erleuchtete ist ein Wesen, das aus eigener Kraft die Reinheit und Vollkommenheit seines Geistes und eine grenzenlose Entfaltung aller seiner Potenziale erreicht hat: vollkommene Weisheit und unendliches Mitgefühl mit allem Lebendigen.

✻ **Stupa:** Ein halbkugelförmiger Hügel, der über den Überresten einer toten Person errichtet wurde und die vollkommene Balance der Energie im Universum symbolisiert.

✻ **Sir Thomas Stamford Raffles:** 1781–1826, britischer Forscher und Gründer der Stadt Singapur. 1811 Gouverneur von Java. 1814 entdeckte er die buddhistische Tempelanlage von Borobudur. Er erforschte u. a. auch Pflanzen. Die Rafflesie trägt seinen Namen.

Mitte: Über 500 Buddha-Statuen schmücken den Tempel.

Unten: Flachreliefs zieren die Wände der aufsteigenden Galerien. Insgesamt haben die Reliefs eine Länge von über 5 km.

JAPAN

Fujiyama

DER FUJIYAMA IST DAS ZENTRALE SYMBOL JAPANS. SEIN „KONTERFEI" FINDET SICH AUF BANKNOTEN, BRIEFMARKEN, UNZÄHLIGEN KUNSTWERKEN UND TUSCHEZEICHNUNGEN. ALS HAUPTSITZ DER SHINTOISTISCHEN GOTTHEITEN IST ER ZUGLEICH JAPANS HEILIGER BERG.

Der Fujiyama oder Fuji-san, wie er in Japan bezeichnet wird, ist einer der berühmtesten Vulkane der Welt und der höchste Berg Japans. Der markante, beinahe symmetrische Vulkankegel erhebt sich völlig frei stehend 3776 m hoch auf der Hauptinsel Honshu im Fuji-Hakone-Izu-Nationalpark, etwa 100 km von der Hauptstadt Tokio entfernt. Einer alten japanischen Legende zufolge soll sich das Vulkanmassiv während eines Erdbebens in nur einer Nacht aus der Ebene erhoben haben. In Japan gelten Berge als heilig. Der Fujiyama ist eines der bedeutendsten Symbole des japanischen Volkes.

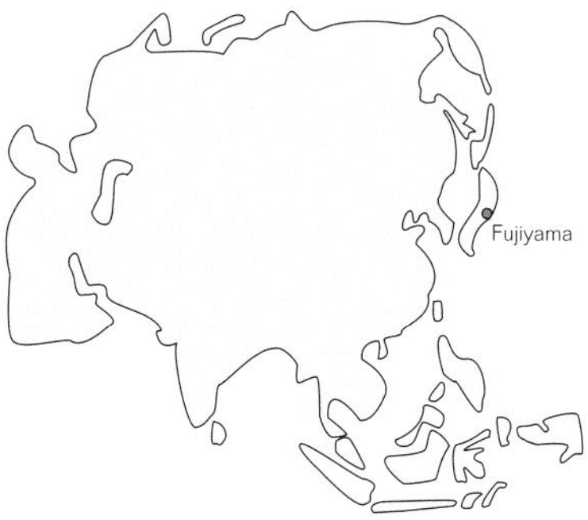

Der Fujiyama steht exakt an der Stelle der Erdkruste, an der sich die Eurasische, die Nordamerikanische und die Philippinische Platte treffen. Der mächtige Fujiyama ist ein klassischer Schichtvulkan des so genannten pazifischen Feuerrings. Vulkanologen geben seinen Status als „aktiv mit geringem Ausbruchsrisiko" an. Nachweislich ist der Fujiyama seit 781 insgesamt sechzehnmal ausgebrochen. Der letzte Ausbruch ereignete sich vor beinahe 300 Jahren während der Edo-Zeit. Zwischen dem 24. November 1707 und 22. Januar 1708 spie der Vulkan Feuer, Lava und Rauch aus einem zweiten Krater, der sich auf halber Höhe gebildet hatte und noch heute als zweiter Gipfel, dem Hoei-zan-Gipfel, deutlich erkennbar ist. Dieser

Rechts: Moderne trifft Tradition. Japanischer Hightech-Zug vor dem heiligen Berg der Japaner.

Unten: Gläubige Shintoisten pilgern mit Fackeln hinauf zu den Schreinen auf den Hängen des Fujiyama.

Ausbruch war derart heftig, dass selbst die Straßen und Häuser der über 100 km entfernten Hauptstadt Tokio unter einer dicken Schicht aus Asche begraben wurden. Wissenschaftlichen Erkenntnissen zufolge ist der Ur-Fujiyama bereits vor mehreren 100000 Jahren entstanden. Seine ursprüngliche Form erhielt der heilige Berg der Japaner vor etwa 10000 Jahren.

Der Vulkan ist der heilige Berg des Shintoismus. Für die Gläubigen der japanischen Religion ist der Fujiyama der Hauptsitz der Götter. Auf dem Gipfel des Vulkans wird Ainu, die Göttin des Feuers, verehrt. Seine Hänge sind gesäumt von zahlreichen Tempeln und Schreinen. Während der Wallfahrtszeit im Juli und August pilgern zehntausende Gläubige zu den Gebetsstätten am Fujiyama.

Die Erstbesteigung des Fujiyama erfolgte im Jahr 663 durch einen unbekannten Mönch. Jahr für Jahr kommen seitdem etwa 2 Mio. Besucher, Bergsteiger und Pilger zum Fujiyama. Davon erklimmen rund 200000 Menschen den Hauptgipfel und wagen den atemberaubenden Blick in den etwa 200 m tiefen Schlund des Hauptkraters. Der Fujiyama ist aufgrund seiner regelmäßigen Form im Vergleich zu anderen Dreitausendern relativ leicht zu besteigen. Dennoch warnt ein altes japanisches Sprichwort vielsagend: „Nur Narren klettern zweimal auf den Fujiyama." Drei Routen führen hinauf zum Vulkangipfel. An schönen Tagen während der Saison im Juli und August, wenn sich die Bergsteiger bereits früh am Morgen aufmachen, um den Gipfel zu erklimmen und den Sonnenaufgang über dem Pazifik vom höchsten Punkt Japans aus zu erleben, drängen sich bis zu 3000 Menschen auf dem Gipfel des Fujiyama. Frauen war bis zur Meiji-Zeit (1868–1912) das Betreten des Gipfels des heiligen Berges untersagt.

Aufgrund seiner vollkommen symmetrischen Form gilt der Vulkankegel des Fujiyama als einer der schönsten Berge der Welt. Für japanische Künstler ist er eines der beliebtesten Motive im Land der aufgehenden Sonne. Kein Motiv in Japan wurde und wird derart häufig fotografiert, abgedruckt, gemalt oder gezeichnet wie der heilige Berg Fujiyama. Die berühmteste Arbeit dürfte wohl der Bilderzyklus „36 Ansichten des Berg Fuji" von Katsushika Hokusai (1760–1849) sein. Seine Farbholzschnitte sind ein Meisterwerk der japanischen Druckgrafikkunst, des Ukiyo-e. Neben der darstellenden Kunst haben auch Literatur und Lyrik den heiligen Berg längst für sich entdeckt. Der Fujiyama steht häufig im Mittelpunkt japanischer Erzählungen und Romane und ist beliebtes Thema vieler Gedichte aus dem Land der aufgehenden Sonne.

FAKTEN

* **Name:** Fujiyama oder Fuji-san
* **Höhe:** 3776 m
* **Status:** aktiver Schichtvulkan mit geringem Ausbruchsrisiko
* **Lage:** Insel Honshu, ca. 100 km westlich von Tokio
* **Entstehung:** vor mehreren 100000 Jahren, heutige Form vor etwa 10000 Jahren
* **Erstbesteigung:** 663 durch einen unbekannten Mönch
* **Ausbrüche:** 16 seit 781
* **letzte Eruption:** 24. November 1707 bis 22. Januar 1708

CHINA

Große Chinesische Mauer

DIE GROSSE CHINESISCHE MAUER IST DAS GRÖSSTE BAUWERK, DAS JE VON MENSCHENHAND GESCHAFFEN WURDE. ES IST DERART GIGANTISCH, DASS MAN ES BEI OPTIMALEN ATMOSPHÄRISCHEN BEDINGUNGEN MIT BLOSSEM AUGE AUS DEM ALL ERKENNEN KANN.

China, geheimnisvolles „Reich der Mitte". Sagen und Mythen, Geschichten und Legenden ranken sich seit Jahrtausenden um das bevölkerungsreichste Land der Welt. Ebenso geheimnisvoll und sagenumwoben wie beeindruckend und beeinflussend ist von jeher die Kultur Chinas, sind die Menschen, sind die chinesischen Bauwerke. Filigrane Porzellankunst, feinste Seidenmalereiarbeiten, großartige pompöse Paläste, monumentale Bauwerke, weltbewegende Erfindungen und das größte Bauwerk der Welt: die Große Chinesische Mauer. China ist damals – zur Zeit chinesischer Herrscherdynastien – wie heute – zur Zeit, da Maos Enkel das Land regieren – ein Land voller Widersprüche. Weltoffen und verschlossen, fortschrittlich und traditionell, diplomatisch und imperialistisch, friedlich und kriegerisch. Vor mehr als 2200 Jahren begann der Bau der Großen Mauer als Schutzwall gegen heranstürmende Nomadenvölker aus dem Norden und zur Abschottung der eigenen Kultur und Zivilisation.

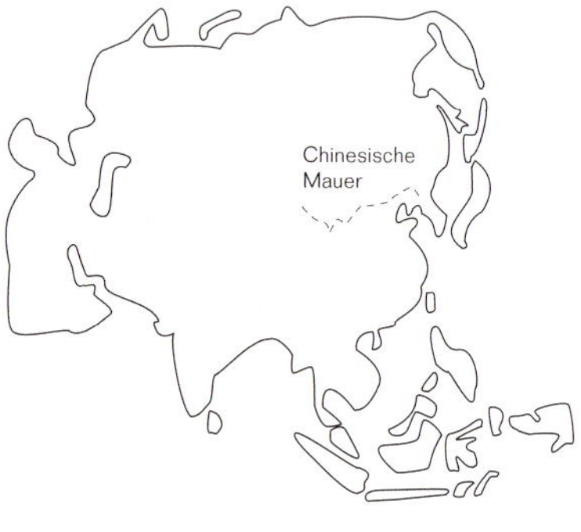

Mauern haben in China eine lange Tradition. Bereits in vorchristlicher Zeit schützten Bauern ihre Weiden und Felder mit Mauern aus aufgeschichteten Steinen gegen wilde Tiere und den unaufhörlich blasenden Wind. Chinesische Städte wurden stets mit einer schützenden Mauer umgeben, ja selbst Häuser

FAKTEN

✻ Länge:
ca. 6000 – 6500 km

✻ Breite:
ca. 6 – 7 m

✻ Höhe der Mauer:
ca. 8 m

✻ Höhe der Türme:
ca. 12 m

✻ Anzahl der Türme:
ca. 20 000 – 25 000

✻ Bauzeit:
ca. 200 Jahre

Die Große Mauer zieht sich über Höhen und Täler bis hinein in die Gebirgsregionen Nordchinas. Ihr Bau dauerte über 200 Jahre und kostete hunderttausende Menschen das Leben.

und Gärten innerhalb der Stadtmauer waren mit Mauern und Mäuerchen umkränzt. Im 3. Jahrhundert v. Chr. drangen chinesische Truppen über den Gelben Fluss. Zur Sicherung der eroberten Gebiete ließen die Generäle Schutzmauern errichten. Ab etwa 220 v. Chr. begann auf Geheiß des ersten chinesischen Kaisers, Qin Shi Huang Di (221 – 210 v. Chr.) der Bau einer ersten einheitlichen Verteidigungsanlage entlang der Nordgrenze des Kaiserreichs. Qin Shi Huang Di sah sein Reich durch heranstürmende mongolische Nomadenvölker aus dem Norden bedroht.

Vor allem die wilden Horden der Hunnen fürchteten der Kaiser und seine Minister. So ordnete der Kaiser an, die schon bestehenden Mauern weiter zu befestigen und miteinander zu einem durchgängigen Schutzwall zu verbinden. Ein gewaltiges Vorhaben! Die Große Mauer war dies indes noch nicht. Dennoch dauerte die Bauzeit dieser ersten Mauer zehn Jahre. Sie bestand aus Erdwällen, Felsbrocken und Palisaden. In den folgenden Jahrhunderten wurde sie von verschiedenen Herrschern weiter befestigt und ausgebaut, ehe sie von den wilden Reiterhorden des finsteren Mongolenfürsten Dschingis Khan im 13. Jahrhundert überrannt und geschleift wurde: 446 n. Chr. wurden 300 000 Arbeiter zur Errichtung eines weiteren Abschnitts der Verteidigungsmauer zwangsverpflichtet. 555 n. Chr. befahl Kaiser Tian Bao rund 1,8 Mio. Bauern zum Bau an der Mauer und ab 607 n. Chr. wurde das Bollwerk unter der Sui-Dynastie weiter befestigt. Bis zu 2 Mio. Arbeiter sollen während dieser Bauphase an der Mauer gearbeitet haben. Rund die Hälfte der Arbeiter starb dabei.

Ihre heutige bekannte Gestalt erhielt die Große Mauer schließlich während der Regentschaft der Ming-Dynastie (1368 – 1644), nachdem sie die Nachfahren des Mongolenführers Dschingis Khan wieder aus dem Norden des Landes vertrieben hatten. Die

Oben: Einer der ursprünglich etwa 25 000 Türme entlang der Mauer. Sie dienten als Signal- und Wachtposten und boten bis zu 50 Soldaten Platz.

Links: Die Wolkenterrasse am Juyongguan-Pass.

Die Türme der Großen Mauer dienten bis zu 50 schwer bewaffneten Soldaten als Aussichtspunkte und Verteidigungsfestungen.

Große Chinesische Mauer verläuft seitdem mit einer Länge von rund 6000 km quer durch den Norden Chinas. Die Angaben über ihre tatsächliche Länge variieren. Dies liegt u. a. daran, dass die Mauer teilweise aus mehreren parallel angeordneten Schutzwällen und zahlreichen Abzweigungen besteht. Dennoch: Sie ist das größte Bauwerk der Welt! Und das einzige Bauwerk der Erde, das mit bloßem Auge aus dem All zu erkennen ist – ideale Witterungsbedingungen vorausgesetzt.

Zur Zeit der Ming-Dynastie begann also der Ausbau zur Großen Chinesischen Mauer. Die blutigen Schatten der jüngsten Vergangenheit reichten noch bis ins 14. Jahrhundert hinein: Die Ming-Herrscher hatten nur allzu gut in Erinnerung, wie Dschingis Khan die damals nur unzureichend befestigte Mauer überwand und große Teile des Landes besetzte. Dies sollte zukünftig unmöglich sein. Das Bauvorhaben der Ming gilt als das größte aller Zeiten. Rund 200 Jahre wurde an der Großen Chinesischen Mauer bis zu ihrer Fertigstellung gebaut. 200 Jahre arbeiteten abkommandierte Soldaten, strafgefangene Zwangsarbeiter und zum Frondienst gezwungene Bauern an dem gigantischen Projekt.

Die Mauer besteht aus zwei starken gemauerten Ziegelstein- bzw. Bruchsteinmauern, die im Abstand von etwa 6 bis 7 m auf der ganzen Länge der Großen Mauer parallel zueinander verlaufen. Der Zwischenraum wurde mit Sand, Steinen, Felsbrocken und abgeholzten Bäumen, die der Mauer im Weg standen, verfüllt – und mit den Leichnamen der Arbeiter, die auf der Baustelle zu Tode kamen. Hunderttausende hat der Bau der Großen Mauer das Leben gekostet.

Die Krone der Mauer wurde schließlich mit drei bis vier Schichten aus Ziegelsteinen gedeckt, die Fugen sorgfältig mit Kalk ausgegossen und ein ausgeklügeltes Rinnensystem angelegt, das dafür sorgte, das Regenwasser abzuleiten. Dadurch entstand sozusagen eine befestigte Hochstraße, auf der sich sogar Soldaten schnell fortbewegen konnten; bei einer durchgängigen Breite der Mauerkrone von 5 bis 6 m bis zu fünf Kavalleristen oder zehn Infanteristen nebeneinander. Zum Schutz der Soldaten wurde die Mauerkrone auf der Nordseite, der nach außen gewandten Seite, mit 2 m hohen Zinnen bewehrt; auf der Südseite, der Innenseite, haben die Zinnen eine Höhe von maximal 1 m.

Die Ming-Herrscher wollten nicht nur einen massiven Schutzwall errichten. Vielmehr wollten sie

DATEN

* **um 220 v. Chr.**: unter Qin Shi Huang Di – Regierungszeit 221–210 v. Chr. – Anlage eines geschlossenen Verteidigungsgürtels gegen Invasoren aus dem Norden
* **1345**: Bau der Wolkenterrasse, eines Tunneltores mit Inschriften in Sanskrit, Tibetisch, Mongolisch, Uigurisch, Chinesisch und Tangutisch
* **1368–1644**: Während der Ming-Dynastie Ausbau zur massivsten Verteidigungsanlage der Welt
* **1957**: Restaurierung eines Teils der Großen Mauer bei Badaling
* **1985**: Restaurierung der teilweise mehr als 10 m hohen und 5 m breiten Großen Mauer bei Mutianyu
* **1987**: Aufnahme der Großen Mauer in die Liste des Weltkulturerbes der UNESCO

Die Mauer besteht aus zwei starken Ziegel- bzw. Bruchsteinmauern, die im Abstand von etwa 6 bis 7 m auf der ganzen Länge parallel zueinander verlaufen.

eine starke Verteidigungsanlage und ein effektives Kommunikationssystem schaffen: Auf der Mauer konnten Reiter und Soldaten deutlich schneller vorwärts kommen als im hügeligen Gelände.

In regelmäßigen Abständen von wenigen hundert Metern wurden zudem Wach- und Mannschaftstürme errichtet. Mit 12 m Höhe überragten sie die Mauerkrone – durchschnittlich 6 bis 8 m hoch – deutlich, sodass Flaggen- oder Rauchsignale problemlos von einem Turm zum nächsten weitergegeben werden konnten. Die Türme waren überdies wie kleine Festungen oder Bastionen angelegt. Sie lagen auf exponierten Anhöhen im Verlauf der Mauer, waren mit bis zu neun zusätzlichen Mauern befestigt und boten einer ständigen Besatzung von bis zu 50 Soldaten Platz.

Die Große Mauer hat im Lauf der Jahrhunderte an vielen Stellen schwere Schäden genommen. In zahlreichen Abschnitten ist sie komplett zerfallen, in anderen Bereichen hat sich die arme Landbevölkerung der Mauer als Steinbruch für preiswertes Baumaterial bedient.

Am Juyongguan-Pass unweit von Beijing (Peking) hat sich einer der ältesten Mauerabschnitte bis heute erhalten, die so genannte Wolkenterrasse. Lamaistische Buddhisten haben das Tor in der Zeit der Yuan-Dynastie errichtet. Die alten Inschriften in den unterschiedlichsten Sprachen künden vom friedlichen Nebeneinander verschiedenster Kulturen. Sprüche, Lehren und Gebete sind hier eingraviert. Die Wolkenterrasse war einem Gott geweiht, der sie beschützen sollte, dem „König des Himmels".

Die Große Chinesische Mauer, das größte Bauwerk aller Zeiten, wurde 1987 in die Liste des Weltkulturerbes der UNESCO aufgenommen.

Oben: Mauer, so weit das Auge reicht! Ihre Länge kann nicht exakt angegeben werden. Man schätzt sie auf 6000 bis 6500 km.

Links: Auf der „Hochstraße" konnten sich Soldaten sehr schnell fortbewegen. Bis zu zehn Infanteristen oder fünf Kavalleristen hatten hier nebeneinander Platz.

CHINA

Karstberge von Guilin

WIE EIN BLAUES SEIDENBAND SCHLÄNGELT SICH DER LI-FLUSS DURCH DIE MALERISCHE LANDSCHAFT RUND UM DIE MILLIONENSTADT GUILIN IM NORDEN DER SÜDCHINESISCHEN PROVINZ GUANGXI. AN SEINEN UFERN ERHEBEN SICH MARKANTE FELSFORMATIONEN.

Die Kulturstadt Guilin blickt auf eine lange Geschichte zurück. Erstmals wird sie vor etwa 2100 Jahren in der Qin-Dynastie erwähnt. Guilin liegt an den Ufern des Li-Flusses, der hier durch eine Landschaftsformation fließt, die vor mehr als 200 Mio. Jahren entstand. Durch tektonische Erhebungen und Verwerfungen des Meeresbodens wich das Urmittelmeer zurück und hinterließ zahlreiche markante und bizarre Erhebungen, die Karstberge.

Karstlandschaften entstehen durch Erosionsvorgänge. Typische Merkmale von Karstlandschaften sind zerklüftete Felsen, Einsturztrichter und Höhlen. Der Untergrund in diesen Gebieten besteht vorwiegend aus Gips oder Kalkstein. Im Verlauf der Zeit wird die Oberfläche des Gesteins durch Niederschläge langsam ausgewaschen und weggespült. Das Wasser, das über die Hänge und Flanken der Felsen und Steilhänge abfließt, hinterlässt tiefe Furchen und Rinnen, so genannte Karren. In dem porösen Gestein versickert das Wasser und frisst weit verzweigte Gänge und größere Hohlräume hinein. So entstehen Höhlen mit zum Teil riesigen unterirdischen domartigen Hallen. Charakteristische Kennzeichen einer Karstlandschaft in feuchtwarmen tropischen und subtropischen Regionen sind markante Felskuppen, -kegel und -türme, die sich weithin sicht-

Rechts: Stalaktiten und Stalagmiten in der Schilfrohrflötenhöhle von Guilin.

Unten: Der Elefantenrüsselberg (Xiangbishan) erinnert an einen trinkenden Elefant.

bar aus der Landschaft erheben (Kegel- oder Turmkarst). Sie sind das Ergebnis einer sehr intensiven Korrosion. Die Landschaft entlang des Li-Flusses bei Guilin ist gekennzeichnet durch bizarre Felsen, kristallklares Wasser, weit verzweigte Höhlen und Grotten und prächtige Gesteinsformen. Die Felsformationen der Karstberge von Guilin gehören zu den schönsten ihrer Art. Für die Chinesen ist die Region um Guilin ohnehin der Inbegriff einer schönen Landschaft. Im Volksmund heißt es: „Die Landschaft um Guilin ist die schönste unter dem Himmel."

Am Zusammenfluss des Yangjiang und des Lijiang ragt das Wahrzeichen der Stadt Guilin, der Elefantenrüsselberg (Xiangbishan), in die blauen Wasserfluten hinein. Seinen Namen erhielt der natürliche Felsenbogen, da er einem Elefanten ähnelt, der halb im Wasser stehend mit seinem Rüssel Wasser aus dem Li-Fluss trinkt. Östlich des Stadtzentrums liegt der 40 ha große Park der sieben Sterne (Qixingyan). Im Park gibt es sieben Berge, die der Sternformation im Sternbild des Großen Bären ähneln. Die Höhle der sieben Sterne, der Kamelberg (Luotuoshan), die Blumenbrücke, der Wald der Gedenksteine und der Longyingfelsen sind die herausragenden Naturerscheinungen des Parks. Die größte und beeindruckendste Höhle in den Karstfelsen von Guilin ist die so genannte Schilfrohrflötenhöhle (Ludiyan). Die einzigartige u-förmige Tropfsteinhöhle befindet sich tief hineingegraben im Berg des Lichts (Guangming), nordwestlich der Stadt. Die 240 m tiefe Höhle beherbergt ein Meer aus Stalagmiten und Stalaktiten. Die größte Grotte der Höhle, der „Kristallpalast des Drachenkönigs" bietet Platz für 1000 Menschen. Ihren Namen verdankt die Schilfrohrflötenhöhle dem üppig wuchernden Schilfrohr rund um den Eingang zur Kaverne. Aus ihm werden noch heute traditionelle Flöten gefertigt.

Mitten in der Millionenmetropole Guilin erhebt sich der Gipfel der einzigartigen Schönheit (Du Xiu Feng) über die Dächer der Stadt. Mehr als 300 in den Fels gehauene Stufen führen auf den 152 m hohen Felsen. Der Gipfel der einzigartigen Schönheit liegt auf dem Areal des ehemaligen Palastes des Südchina-Königs, des Wangcheng. An die Palastanlage erinnern allerdings nur noch ein paar Ruinen der Wehrmauer und die Überreste der vier Palasttore.

Die Kalksteinformationen des Bergs der aufgehäuften Seidenbündel (Die Cai Shan) sind wie Bündel verschiedenfarbiger Seidenfäden übereinander angeordnet. Auf seinem Gipfel wurden in der Ming-Dynastie fünf chinesische Schriftzeichen in den Kalkstein gemeißelt: „Jiang Shan Hui Jing Chu" – Treffpunkt der fantastischen Landschaften.

FAKTEN

* **Typ:** Karstlandschaft, Turm- und Kegelkarst
* **Region:** Südchina
* **Alter:** ca. 200 Mio. Jahre
* **Sehenswürdigkeiten:** Schilfrohrflötenhöhle, Elefantenrüsselberg, Gipfel der einzigartigen Schönheit, Wellenreiterberg, Berg der farbigen Schichten

VIETNAM

Halong-Bucht

IN DER HALONG-BUCHT IM NORDEN VIETNAMS HAT DIE NATUR EINE DER AUSSERGEWÖHNLICHSTEN KARSTLANDSCHAFTEN DER WELT GESCHAFFEN. BEINAHE 2000 KLEINE INSELN BILDEN IN DER BUCHT EINE EBENSO GRANDIOSE WIE BIZARRE LANDSCHAFT.

Geradezu poetisch schwärmte ein vietnamesischer König im 15. Jahrhundert von der Inselwelt in der Halong-Bucht im Golf von Tonkin: „Hunderte von Wasserströmen umfließen die Berge – verstreute Inseln, ein Schachbrett des Meeres, das sich mit dem Himmel verbindet." Ganz im Norden Vietnams haben die Urkräfte der Natur eine der schönsten Insellandschaften der Welt geschaffen. Auf rund 1500 km² wuchsen vor mehr als 300 Mio. Jahren rund 2000 kleine Felseninseln aus Muschelkalk aus dem Meer und bildeten ein Labyrinth aus Höhlen, Grotten und Meereswindungen.

Die Legende erzählt die Geschichte von Ha Long, dem „herabsteigenden Drachen", der von den Göttern geschickt wurde, um die Bewohner der Region gegen Feinde aus dem Norden zu verteidigen. Ha Long trieb die Eindringlinge mit heftigen Schwanzschlägen durch das Gewirr der Inseln in der Bucht. So entstanden die bizarren Felsformationen, die tiefen Kerben und die unzähligen Grotten und Höhlen. Die Feinde waren für immer vertrieben. Die Felsen und Höhlen blieben bestehen. Aus Dankbarkeit verliehen die Bewohner der Bucht den Namen des hilfreichen Drachens: Halong. Noch heute soll der Drachen irgendwo draußen im Meer leben und über das Wohlergehen der Bewohner der Bucht wachen.

Überall in den Felsen gibt es riesige Tropfsteinhöhlen: Hier ein Blick aus der Hang-Trong-Grotte hinaus auf die Fischerboote in der Bucht.

FAKTEN

* **Name:** Halong-Bucht
* **Lage:** Golf von Tonkin, Vietnam
* **Besonderheit:** ca. 2000 Felseninseln aus Muschelkalk
* **Fläche:** ca. 1500 km²
* **Entstehung:** vor 300 Mio. Jahren
* **Weltnaturerbe:** seit 1994

Etwa 300 Fischerfamilien, die in der Bucht leben, muss der Drache Ha Long beschützen. Die Dörfer der Fischer kennen keine Straßen und keinen Dorfplatz. Die vietnamesischen Fischer leben in schwimmenden Dörfern auf dem Wasser. Meist sind es kleine Hausboote mit Bambusdächern, an denen sie ihre Fischerboote vertäuen und die ihnen als Wohnung dienen, manchmal sind es regelrechte schwimmende Häuser. Niemals verlassen sie „ihre" Bucht. Die Fischer von Halong verbringen ihr ganzes Leben auf dem Wasser. Viele von ihnen leben seit Generationen mit dem Auf und Ab der Gezeiten in der Bucht, gehen hier zwischen den Felsinseln ihrer täglichen Arbeit nach.

Ihr Zuhause ist die Bucht. Sie bietet ihnen Nahrung, Wohnung und Schutz. Zieht ein Sturm vom südchinesischen Meer gen Norden in die Bucht, suchen die Fischer Zuflucht in einer der zahlreichen Grotten in den schroffen Felseninseln. Tunnel führen zu geschützten Seen im Inneren der meist unbewohnten Felsformationen. In den Höhlen und Grotten haben sich im Lauf von Jahrmillionen bizarre Tropfsteinformationen gebildet. Stalaktiten bedecken die hallenartigen Gewölbe, Stalagmiten säumen die Ufer der Höhlenseen.

Seit 1994 gilt ein generelles Siedlungsverbot auf den Inseln in der Halong-Bucht. Die Fischer und ihre Familien sind in der Region allerdings offiziell geduldet: Denn sie sorgen dafür, dass die Spuren und die Hinterlassenschaften des zunehmenden Tourismus in der Bucht beseitigt werden. Das Ökosystem in der Halong-Bucht ist – bislang – intakt. Flora und Fauna über wie unter Wasser entwickeln sich üppig und variantenreich. Die Inseln sind ein ideales Brut- und Jagdrevier für zahlreiche tropische Land- und Seevogelarten. Reiher und Seeadler ziehen ihre Kreise über den fischreichen Gewässern. Viele der Inseln werden von Papageien bevölkert. Die Unterwasserwelt rund um die Inseln ist ein wahres Paradies für Fische, Krustentiere und Korallen. Über 150 Korallenarten konnten bislang in der Halong-Bucht identifiziert werden. Über 1000 Fischarten tummeln sich in den Korallenriffen. Langusten, Riesengarnelen und Krabben suchen Schutz in den Höhlen und den Spalten der zerklüfteten Unterwasserberge.

Doch das Naturparadies in der Halong-Bucht ist bedroht. Die UNESCO unterstützt die Maßnahmen der vietnamesischen Regierung nach Kräften.

Mitte: Die vietnamesischen Fischer dürfen im Naturschutzgebiet ihrer Arbeit nachgehen. Im Gegenzug beseitigen sie die „Hinterlassenschaften" des Tourismus.

Unten: Über 300 Fischerfamilien leben ständig in der Halong-Bucht. Sie wohnen auf Hausbooten und schwimmenden Häusern.

INDIEN

Hawa Mahal

HAWA MAHAL, DER „PALAST DER WINDE" IST DAS WAHRZEICHEN DER MILLIONENMETROPOLE JAIPUR, ETWA 300 KM SÜDWESTLICH VON DELHI. OBWOHL NICHT MEHR ALS EINE FASSADE, GEHÖRT DER PALAST ZU DEN MEISTFOTOGRAFIERTEN GEBÄUDEN INDIENS.

Die prächtige fünfstöckige Fassade des Hawa Mahal schimmert rötlich in der untergehenden Abendsonne. Die Altstadt von Jaipur scheint in einen Hauch von Rot getaucht zu sein. Die ganze Stadt leuchtet in sanftem Rosa. Häufig wird die Hauptstadt des indischen Bundesstaats Rajasthan deshalb auch die „rosarote Stadt" genannt. Die Altstadt der erst 1727 gegründeten Stadt ist ein architektonisches Kleinod indischer Baukunst. Die Häuser der Stadt wurden aus rötlichbraunen Ziegeln errichtet. Großartige Gebäude, die den Besucher die Exotik eines längst vergangenen Indiens verspüren lassen. Diese Mauern könnten sicherlich wunderbare Märchen aus Tausendundeiner Nacht erzählen.

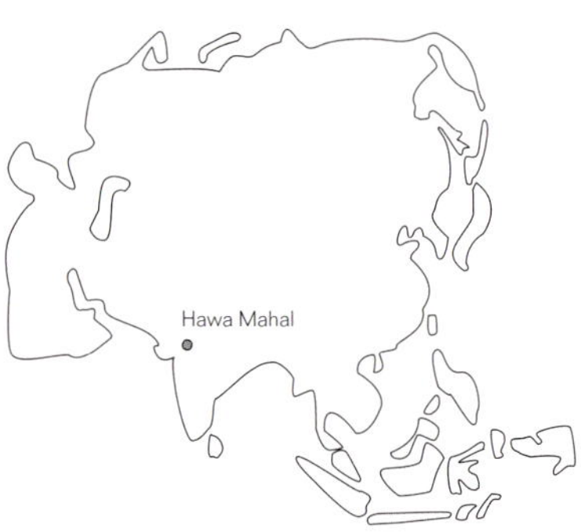

Im Herzen der Altstadt befindet sich der „Palast der Winde". Hawa Mahal ist ein Meisterwerk indischer Architektur. Und dabei ist der großartige fünfstöckige Palast doch nur Fassade. Ein Luftschloss im wahrsten Sinn des Wortes.

Im Jahr 1799 ließ der damalige Herrscher über Jaipur, Maharadscha Pratap Singh II., das Hawa Mahal erbauen. Der „Palast der Winde" bildete den Ostflügel seines märchenhaften Palastes. Wie Bienenwaben wurden die fünf Stockwerke übereinander errichtet. Ungehindert kann der Wind durch die steinernen Fenstergitter wehen. Über 950 Fenster und Erker ver-

FAKTEN

* **Name:** Hawa Mahal („Palast der Winde")
* **Lage:** Altstadt von Jaipur, Bundesstaat Rajasthan, Indien
* **Bauherr:** Maharadscha Pratap Singh II.
* **Architekt:** Lad Chand Usta, Astrologe
* **Bau:** 1799
* **Nutzung:** Haremspalast
* **Besonderheit:** 953 Fenster und Erker in der Fassade

Wie Bienenwaben wirken die Erker mit den kleinen Fenstern, hinter denen die Haremsdamen unbemerkt das quirlige Treiben auf den Straßen vor dem Palast verfolgen konnten.

leihen der fantastischen Palastfassade die Anmutung eines feingliedrigen überdimensionierten Fächers. Und wirklich: Der Palast sollte die Aufgabe eines Fächers erfüllen. Die Fassade sollte etwas vor den Augen des gemeinen Volks verbergen: den Harem des Maharadschas.

Pratap Singh II. ließ Hawa Mahal für seine zahlreichen Haremsdamen errichten. Die Hofdamen sollten dem geschäftigen Treiben auf der Straße, vor allem aber den pompösen und farbenschillernden Festumzügen des Maharadschas beiwohnen können, ohne den neugierigen Blicken der Menschen auf der Straße offen ausgesetzt zu sein. Geschützt, hinter einer fantastischen Fassade. Entsprechend gibt es auch kein Tor in der Gebäudefront: Das Hawa Mahal konnte nur von der Rückseite, vom Palast des Maharadschas aus betreten werden. Zieht man die Anzahl der Fenster, Nischen und Erker des Hawa Mahal in Betracht – 953 –, lässt sich erahnen, welch ausufernden und verschwenderischen Lebensstil der Herrscher von Jaipur pflegte. Und mit welcher Pracht und welchem Pomp der Maharadscha seine Feste zu feiern pflegte.

Zahlreiche Geschichten und Legenden ranken sich um den sagenumwobenen „Palast der Winde". Eine Legende erzählt vom größten und wertvollsten Schatz Indiens, dem Kronjuwel des Maharadschas Sawai Jai Singh, der in den Grundmauern des Hawa Mahal eingemauert sein soll. Der Architekt Pratap Singhs II., der berühmte Astrologe Lad Chand Usta, der die Pläne für den Bau des Hawa Mahals entworfen hatte, soll zum Schutz des Juwels eine Giftschlange in der Gruft des Palastes versteckt haben. Nur ein einziger Hauch ihres tödlichen Atems könne, so die Legende, Eindringlinge auf der Stelle ins Jenseits befördern. Vielleicht ist diese Legende auch der Grund dafür, dass viele Schlangenbeschwörer ihrem Gewerbe auf der Straße vor dem „Palast der Winde" nachgehen.

Oben: Heute bevölkert eine Kolonie Affen den einstigen Haremstrakt des Palastes des Maharadschas von Jaipur.

Links: Fünf Stockwerke ist das Hawa Mahal hoch. Über 950 Fenster und Erker schmücken die prächtige Fassade.

TÜRKEI

Istanbuls Schätze

EINE STADT, ZWEI KONTINENTE, DREI WELTREICHE. MÖGEN DIE EINEN SIE AUCH NOCH IMMER BYZANZ, DIE ANDEREN KONSTANTINOPEL UND WIEDER ANDERE ISTANBUL NENNEN, DIE STADT AM BOSPORUS HAT NICHTS VON IHRER FASZINATION VERLOREN.

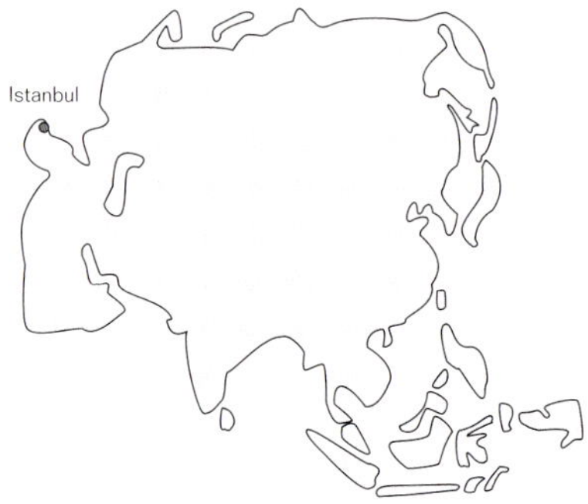

Verändert hat sie sich gleichwohl. Boten die Mauern von Byzanz noch einer halben Million Menschen Schutz, so zählt die Stadt heute über 10 Mio. Einwohner. Als Byzanz war sie glorreiche und berühmte Haupt- und Kaiserstadt des gleichnamigen Reiches, als Konstantinopel Hauptstadt aller Osmanenführer und Zentrum des osmanischen Reiches, als Istanbul ist sie weltberühmte Millionenstadt und geistig-kultureller Mittelpunkt des modernen Staates Türkei an der Schnittstelle zwischen Orient und Okzident. Hier im Schmelztiegel der Kulturen treffen östliche und westliche Hemisphäre aufeinander, gehen eine einzigartige Synthese ein und formen eine faszinierende Stadt, in der Tradition und Moderne lebendig sind.

Hier am Bosporus begegnen sich Asien und Europa. Istanbul breitet sich auf beiden Seiten der Meerenge, auf beiden Kontinenten aus. Architektonisch zusammengehalten wird die Stadt durch das dünne Band filigraner Brückenbauwerke. Hinsichtlich Kultur und Tradition ist sie seit vielen Jahrhunderten untrennbar eins.

Das Orakel von Delphi gab dem Griechen Byzas von Megara auf, die Stadt Byzantion zu gründen. Byzas folgte dem Orakel und schritt zur Tat. Um das Jahr 658 v. Chr. gründete er an der berühmten Meerenge,

Rechts: Die „Kirche der Heiligen Weisheit" (auch „Sophienkirche") ist ein monumentales Beispiel byzantinischer Architektur.

Unten: Ein Blick in die Haupthalle der Hagia Sophia.

die Mittelmeer und Schwarzes Meer verbindet, die griechische Kolonie Byzantion. Schon bald entwickelte sich die Stadt zu einem bedeutenden Handelszentrum. Sie sollte Weltbedeutung erlangen bei Römern, Byzantinern und Osmanen.

330 verlegt der römische Kaiser Konstantin I., Förderer des Christentums und gleichzeitig tief verwurzelt in der römischen Tradition, seinen Regierungssitz von Rom hierher. „Nova Roma" – später Konstantinopel – wird von Konstantin zum neuen Rom auf sieben Hügeln ausgerufen. Über den Ruinen antiker Tempel wird im 6. Jahrhundert unter Justinian I. die monumentale Hauptkirche Konstantinopels, die „Kirche der Heiligen Weisheit", die Hagia Sophia errichtet. In nur fünf Jahren entsteht ein einzigartiger Sakralbau im Stil byzantinischer Architektur.

Das Jahr 1203. Ein dunkles Jahr für die „Perle am Bosporus": die Zeit der Kreuzzüge. Kreuzfahrer fallen in die Stadt ein, plündern und richten unter der Bevölkerung ein grässliches Blutbad an. Hunderttausende müssen ihr Leben lassen. Zahlreiche einzigartige Kunstwerke von unschätzbarem Wert werden zerstört und gehen unwiderruflich verloren. Ein Schicksalsschlag, von dem sich die blühende Stadt nur langsam wieder erholt. Im 14. Jahrhundert hat die Stadt zu altem Glanz zurückgefunden.

Im Jahr 1453 gelingt es dem osmanischen Sultan Mehmet – der Eroberer –, die Stadt einzunehmen. Unter osmanischer Herrschaft erblüht die Stadt. Das Leben pulsiert, Kunst und Architektur erreichen ihren Höhepunkt. Den Traum der Byzantiner von der ewigen Stadt am Bosporus vollenden die Osmanen. Fast 500 Jahre lang bis hinein ins 20. Jahrhundert prägen die Osmanen das Bild Konstantinopels und lenken die Geschicke der Stadt.

Die „Kirche der Heiligen Weisheit" (auch „Sophienkirche") ist monumentales und einzigartiges Beispiel spezifisch byzantinischer Architektur. Errichtet wurde das Meisterwerk sakraler Baukunst in den Jahren zwischen 532 und 537. Als „oberster Bauherr" agierte kein Geringerer als Kaiser Justinian I. Der Hagia Sophia fühlte sich der Kaiser von Beginn an verantwortlich. Kein Tag soll vergangen sein, an dem er sich nicht persönlich auf der Baustelle einen Überblick über den Fortgang der Bauarbeiten verschafft hat. Rund 10000 Arbeiter waren an dem Bau beteiligt. Mit der Leitung des Baus hatte der Kaiser Isidorius von Milet beauftragt, einen erfahrenen Architekt der griechischen Spätantike.

Trotz erheblicher Schwierigkeiten beim Bau der Kirche – mehrmals stürzten Wände der Hagia Sophia infolge von Erdbeben und des schnellen Baufort-

FAKTEN

*** Weltkulturerbe:**
Die historischen Bereiche der Stadt und ihre berühmten Bauwerke, allen voran die Hagia Sophia, die Blaue Moschee und das Topkapi-Serail, wurden 1985 von der UNESCO auf die Liste des Weltkulturerbes aufgenommen.

*** Demütiger Sultan:**
Im oberen Teil des westlichen Hofeingangs der Blauen Moschee wurde eine Eisenkette an der Decke aufgehängt. So musste der Sultan zwangsläufig beim Durchreiten des Tores sein Haupt neigen. Ein symbolischer Akt der Demut und des Respekts, der auch dem Sultan beim Betreten eines islamischen Gotteshauses abverlangt wurde.

Die Fassade der prächtigen Blauen Moschee: Ihren Namen hat das muslimische Gotteshaus von den prachtvollen blau-weißen Fließen, die die Kuppel und die oberen Mauerpartien schmücken.

schritts wieder ein (der Mörtel zwischen den Ziegeln konnte aufgrund der Geschwindigkeit, mit der der Bau vorangetrieben wurde, nicht abbinden und aushärten) – gelang dem Kaiser und seinem Baumeister ein großartiges Bauwerk. Überragendes Kennzeichen der Hagia Sophia: die prächtige 56 m hohe Kuppel, die den Hauptraum der Kirche überspannt. Im Inneren der Kirche besticht zunächst das Licht, das durch die Kuppel dringt und dem riesigen Bau das Gefühl unglaublicher Leichtigkeit verleiht. Beeindruckend: die prächtigen Mosaiken, Säulen und Emporen. Außergewöhnlich: Die Hagia Sophia hat vier Minarette. Diese wurden nachträglich von den osmanischen Herrschern über Konstantinopel errichtet, die die Hagia Sophia, bis 1453 religiöser Mittelpunkt der Orthodoxie in Byzanz, in eine Moschee umwandeln ließen. Bis 1932 diente die Hagia Sophia als Hauptmoschee Konstantinopels. Auf Anregung von Präsident Atatürk wurde die Hagia Sophia schließlich in ein Museum umgewandelt und die moslemischen Insignien wieder durch christliche ersetzt.

Auf der Landspitze der Halbinsel errichten die Osmanen im 15. Jahrhundert die Sultansstadt, in der fortan ihre Herrscher residieren und regieren werden – beinahe 500 Jahre lang. Im Zentrum der Anlage: das Topkapi-Serail mit seinem sagenumwobenen und märchenhaften Harem. Das Areal umfasst etwa 70 ha und bildete eine eigene Stadt in der Stadt. Bis zu 40 000 Menschen lebten im Topkapi-Palast. Die Pläne und der Bau des Topkapi-Palastes wird dem berühmtesten osmanischen Baumeister, Mimar Sinan, zugeschrieben. Er perfektionierte die byzantinische Kuppelbauweise. Das Serail zeigt seine Baukunst nahezu in Vollendung.

Kaum ein Privatbereich einer großen Herrscherfamilie hat in der Geschichte so viel Anlass zu – erotischen – Spekulationen gegeben wie der „Verbotene Ort“, der Harem des Sultans von Konstantinopel. Indes, hier wurden Mädchen und Frauen in erster Linie in Musik, Tanz und Kunst unterrichtet. Nur die Favoritinnen, die Auserwählten, durften dem Sultan Nachwuchs schenken. Die Konkurrenz war groß und der Sultan hatte die Qual der Wahl. Bis zu 2000 Mädchen und Frauen lebten im Harem, ge- und beschützt von einem Heer Eunuchen.

Die Einrichtung des Palastes zeugt vom unermesslichen Reichtum der Osmanen. Edelste Baumaterialien für die Innenausstattung, teuerstes Mobiliar,

Rechts: Der berühmte Harem des Sultans von Konstantinopel: Bis zu 2000 Frauen bevölkerten ihn.

Unten: Der Topkapi-Palast: Das Areal umfasst etwa 70 ha. Bis zu 40000 Menschen lebten hier.

kostbarste Teppiche und zarteste Wandbehänge finden sich in den Räumen des Palastes. Für die opulenten Verzierungen wurde Gold in verschwenderischen Mengen verarbeitet. Herausragend im Topkapi-Serail, vor allem in den Haremsgemächern, ist die Gestaltung der Wände: Sie sind mit prächtigen Iznik-Kacheln geschmückt – Paradiesgärten auf Ton gebrannt.

Zu Beginn des 17. Jahrhunderts erteilt der Sultan Mehmet Aga, einem Schüler Mimar Sinans, den Auftrag zum Bau einer prächtigen Moschee. Das muslimische Gotteshaus sollte direkt gegenüber der Hagia Sophia errichtet werden. Ihren Namen Blaue Moschee hat das muslimische Gotteshaus von den prachtvollen blau-weißen Fliesen, die die Kuppel und die oberen Mauerpartien schmücken. Kunsthistorisch bedeutsamer sind indes die Fliesen, die die unteren Mauerteile verkleiden. Sie stammen aus der Blütezeit der berühmten Iznik-Fayencen, bekannt durch das einzigartige Rotbraun aus der Osttürkei.

Sechs Minarette – nur eines weniger als die Große Moschee in Mekka – zeugen von der großen Bedeutung der Blauen Moschee innerhalb der muslimischen Religionsgemeinschaft. Glaubt man dem Hofchronisten, so beruhen die sechs Minarette auf einem Missverständnis zwischen dem Sultan und seinem Architekten: Der Sultan soll gefordert haben, die Spitzen der Minarette zu vergolden. Die notwendige Menge Blattgold jedoch hätte das Budget bei weitem überschritten. Also „verhörte" sich Mehmet Aga geflissentlich und machte aus dem türkischen Wort „altin" (Gold) kurzerhand die Zahl „alti" (sechs). Ob dieses „Missgeschick" Folgen für den klugen Architekten hatte, verschweigt der Chronist …

Bis zum Ende des 19. Jahrhunderts bleibt Konstantinopel blühendes und lebendiges Zentrum des Osmanenreiches. Dann werden die Auswirkungen der verfehlten Politik der Sultane spürbar. Die Osmanenherrscher haben den Anschluss an die Industrialisierung verpasst. Das Reich bröckelt. Das osmanische Reich endet im Staatsbankrott. 1923 verliert Konstantinopel seinen Status als Hauptstadt des Landes. Die neue Republik will sich vom überkommenen Osmanenreich abgrenzen. Sultanat und Kalifat werden abgeschafft, die arabische Schrift durch die lateinische ersetzt. Am 28. März 1930 veranlasst der erste Präsident der türkischen Republik Kemal Atatürk die Umbenennung der Stadt: Istanbul soll die Stadt fortan heißen. Die Stadt am Bosporus zwischen Asien und Europa behauptet bis heute ihre kulturelle und wirtschaftliche Bedeutung. Die Stadt gilt als Motor für die Öffnung der Türkei Richtung Westen. Istanbul, das Tor nach Europa.

DATEN

* **um 658 v. Chr.:** Gründung von Byzanz als griechische Kolonie
* **196 n. Chr.:** Eroberung durch römische Verbände von Septimius Severus
* **324:** Einzug Kaiser Konstantins I.
* **11. Mai 330:** Einweihung der neuen Stadt „Nova Roma", des späteren Konstantinopels
* **395:** Hauptstadt des Oströmischen Reiches
* **532:** Bau der Hagia Eirene
* **532–537:** Bau der Hagia Sophia
* **1203:** Kreuzfahrer plündern die Stadt und ermorden viele Einwohner.
* **1453:** Eroberung durch die Osmanen
* **1609–1616:** Bau der Sultan-Ahmet-Moschee, genannt „Blaue Moschee"
* **1923:** Ankara wird Hauptstadt der Türkei.
* **1934/35:** Umgestaltung der Hagia Sophia in ein Museum

JAPAN

Itsukushima-Schrein

SHINTO, „DER GÖTTLICHE WEG“, IST JAPANS URRELIGION, IST AHNEN- UND GÖTTERKULT ZUGLEICH. JEDER MENSCH, DER STIRBT, WIRD EIN KAMI, EIN GOTT. ER WIRD EINS MIT DER GÖTTLICHEN NATUR. DIE VEREHRUNG DER KAMI STEHT IM FOKUS DES SHINTOISMUS.

Jeder Baum, jeder Strauch, jedes Tier kann Heimstatt eines Kami sein. Ehrfürchtige Verehrung finden die Kami in den für sie errichteten Schreinen. Orte, die von dem Kami in Besitz genommen wurden, gelten als göttliche, als unberührbare Orte. Menschen dürfen sie eigentlich nicht betreten – ginge es nach den Shinto-Priestern. Einer dieser göttlichen Orte ist der Shinto-Schrein auf der Insel Itsukushima (auch Miyajima) unweit der Stadt Hiroshima. Für Menschen war die Insel, Heimstatt zahlreicher Kami, viele Jahrhunderte lang tabu. Der Schrein zur Verehrung und Anbetung der Kami wurde daher der Insel vorgelagert auf Pfählen errichtet. Der Schrein ist nur bei Flut mit dem Boot zu erreichen.

Nähert man sich der filigranen Holzkonstruktion mit seinen roten Säulen mit dem Boot, hat man den Eindruck, das ganze Bauwerk würde sanft auf den Wellen schwimmen. Die Gläubigen, die nicht wagten, die Insel Itsukushima zu betreten, errichteten den Schrein auf zahlreichen Pfählen im Uferschlamm wie ein Pier unmittelbar vor der Insel. Die Einfahrt zum Schrein erfolgt durch ein großes Tor (Torii), das vor dem Schrein mitten in der Bucht steht. Das 16 m hohe Torii steht bei Flut mitten im Wasser, bei Ebbe kann man es auch zu Fuß durchschreiten. Das Torii des Shinto-Schreins von Itsukushima ist eine der meistfo-

Das 16 m hohe Tor – Torii – am Eingang zur Bucht des Schreins. Das Torii stellt die imaginäre Grenze zwischen dem Weltlichen und Sakralen her. Das Torii von Itsukushima ist eines der Wahrzeichen Japans.

tografierten Sehenswürdigkeiten und ein Wahrzeichen Japans.

Das Gebäude des Schreins wurde im 6. Jahrhundert erstmals errichtet. In seiner heutigen Form existiert es seit etwa 1168. Finanziert wurde der Bau im 12. Jahrhundert durch den berühmten und gefürchteten Kriegsherren Taira no Kiyomori. Der Shinto-Schrein wird von zahlreichen roten Säulen getragen, hat keine festen Wände und ist nach allen Seiten offen. Das Innere des Schreins öffnet sich der göttlichen Natur. Die Kami können sich frei und uneingeschränkt bewegen.

Was den Shinto untersagt war, war gläubigen Buddhisten eine Herausforderung: das Betreten der verbotenen Insel Itsukushima. Der Zen-Buddhismus ist die zweite große Religion Japans und stand schon immer in Konkurrenz zum Shintoismus. So kam es, dass im Jahr 806 der buddhistische Mönch Kukai, der sich auf seinem Weg nach Kyoto, der alten Kaiserstadt befand, die Insel Itsukushima betrat. Der forsche Jünger des Gautama Buddha schnürte sein bescheidenes Ränzlein und bestieg den höchsten Punkt der Insel, den Berg Misen. Und trat dabei mit blanken Füßen mitten in das gläubige Herz der Shintoisten. Unbeirrt jedoch stieg Kukai hinauf auf den Berg Misen, denn: Dem Buddhisten ist das Irdische ebenso viel wert wie nichts. Oben auf dem Gipfel soll Kukai der Legende nach ein Feuer entzündet und in einem eisernen Topf Wasser gekocht haben. Seither, seit 1200 Jahren, wacht ein buddhistischer Mönch auf dem Gipfel des Berges Misen darüber, dass das Feuer des Mönchs Kukai niemals erlöscht und dass sich stets genug kochendes Wasser in dem eisernen Topf befindet.

Mag sein, dass der unbekümmerte buddhistische Mönch Kukai mit seiner ungebührlichen Aktion Unmut bei den Shintoisten hervorrief. Und ob sich sein Lehrmeister Gautama Buddha zu dieser provokanten Aktion seines Schülers äußerte, ihn gar maßregelte und in die Schranken wies, ist leider nicht überliefert. Sicher ist jedoch, dass sich Shintoisten und Zen-Buddhisten bis heute die Insel in friedlicher Eintracht neben- und miteinander zur Ausübung ihrer religiösen Rituale und Zeremonie teilen.

Im Shinto-Schrein herrscht die Leere des Raumes. Wer den Schrein betritt, steht nur vor sich selbst. In den buddhistischen Tempeln knien die Gläubigen in Demut vor einem Altar nieder und wenden sich der Figur Buddhas zu.

DATEN

* **592–628**: Regentschaft der Kaiserin Suiko
* **593**: vermutlich Bau des ersten Schreins
* **806**: Der buddhistische Mönch Kukai besteigt den Berg Misen auf der Insel.
* **881**: erstmalige urkundliche Erwähnung
* **1118–1181**: Taira no Kiyomori
* **1164**: Bau des Hauptschreins, Gabe von 33 buddhistischen Sutren-Rollen durch Taira no Kiyomori
* **1207 und 1223**: Zerstörung des Schreins durch Feuer
* **1325**: Beschädigung durch einen Wirbelsturm
* **1571**: Bau des heutigen Schreins
* **1587**: Stiftung der Großen Sutrenhalle
* **1874–1875**: achter Wiederaufbau des Torii
* **1996**: Ernennung zum Weltkulturdenkmal der UNESCO

Mitte: Der Shinto-Schrein bei Flut. Die filigranen, nach allen Seiten offenen Gebäude scheinen im Wasser zu schwimmen.

Unten: Der Shinto-Schrein wird von roten Säulen getragen, hat keine festen Wände und ist nach allen Seiten offen.

ISRAEL

Jerusalem

JERUSALEM, DIE EINZIGARTIGE! DREI GROSSE WELTRELIGIONEN BETRACHTEN DIE STADT ALS RELIGIÖSES ZENTRUM. URUSCHALIM WURDE DIE STADT IM 18. JAHRHUNDERT V. CHR. GENANNT, „STADT DES SCHALIM", „STADT DES FRIEDENS".

Den Christen gilt die Altstadt von Jerusalem, der Ort der Leidensgeschichte, Kreuzigung und Auferstehung Jesu Christi, als heilig. Den Juden ist sie als Hauptstadt des ersten jüdischen Königreichs heilig. Und den Muslimen ist sie heilig, weil die Stadt in Verbindung gebracht wird mit der Himmelfahrt des Propheten Mohammed. Über Jahrhunderte hinweg sollte die Stadt jedoch stets im Fokus von Zwistigkeiten, Kriegen und gewalttätigen Auseinandersetzungen der verschiedenen Religionen, Regierungen und ihrer Führer stehen. Nur kurze Phasen in ihrer langen Geschichte kann die Stadt Jerusalem, die so vielen Menschen überall auf der Welt so viel bedeutet, als friedlich bezeichnen. Dabei sind sich die Religionen – und auch die Menschen – so nah: Frieden heißt Shalom auf Hebräisch, Salam auf Arabisch.

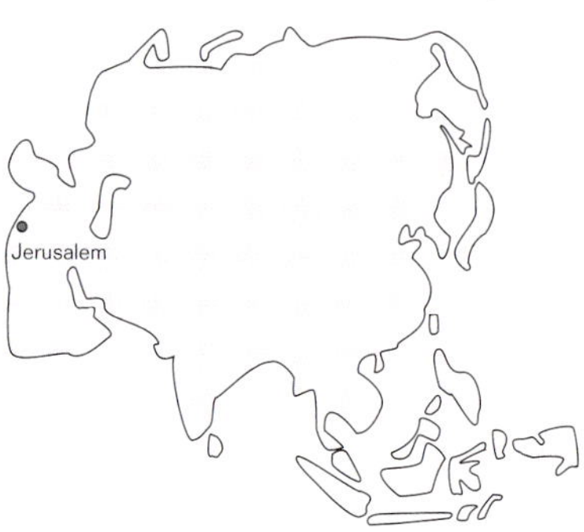

Jerusalem zählt zu den ältesten urbanen Siedlungen der Menschheit. Seit rund 5000 Jahren leben im Gebiet der heutigen Stadt durchgehend Menschen. Ägyptische Quellen belegen die Existenz Jerusalems seit dem 18. Jahrhundert v. Chr. Ihr damaliger Name lautete Uruschalim, „Stadt des Friedens". 997 v. Chr. eroberte sie der legendäre König David und machte seine „Davidsstadt" zum Zentrum des Israelitenreiches. Seither gilt Jerusalem als religiöser und kultu-

Rechts: Die Grabeskirche, die als wichtigstes Heiligtum der Christenheit gilt, wird von sechs christlichen Konfessionen verwaltet.

Unten: Die Westliche Mauer oder Klagemauer.

reller Mittelpunkt des Judentums. König Salomo (969–930 v. Chr.), Nachfolger Davids, ließ auf dem Tempelberg einen Tempel für Jahwe errichten, der in den folgenden Jahrhunderten immer wieder entweiht und zerstört wurde. Im Jahr 70 n. Chr. wurde der zweite Tempel, den Herodes der Große erbauen ließ, durch Titus zerstört. 637 eroberten Araber Jerusalem. Nach der freiwilligen Übergabe der Stadt durch den Patriarchen ließen die Araber die christliche Bevölkerung friedlich ziehen.

1099 eroberten Kreuzritter unter dem Befehl von Gottfried von Bouillon die heilige Stadt und richteten ein Blutbad unter der Zivilbevölkerung an: 20000 Bewohner wurden in nur drei Tagen niedergemetzelt. 1187 gelang es Saladin, dem Sultan von Ägypten, Jerusalem zu erobern. Zwischen 1229 und 1244 herrschte Kaiser Friedrich II. über Jerusalem.

Anschließend wechselten sich bis 1517 Mamluken, Tartaren, Mongolen und Ayybiden in der Herrschaft über Jerusalem ab. Die Stadt war damals mit lediglich 10000 Einwohnern ein eher unbedeutender Ort. Bürgerrechte erhielten ausschließlich Muslime. Juden und Christen wurden diskriminiert und ausgebeutet.

1516 übernahmen die Türken das Zepter der Stadt und es folgten Jahre des Aufschwungs. Sultan Süleyman I. ließ 1535 eine Mauer zur Verteidigung der Stadt errichten. So erhielt die Altstadt von Jerusalem ihre heutige Struktur. Die Unterdrückung der jüdischen und christlichen Bevölkerung hielt indes unvermindert an. Die Konflikte zwischen Muslimen auf der einen, Juden und Christen auf der anderen Seite verschärften sich zusehends, als ab Mitte des 19. Jahrhunderts – etwa ab 1860 – immer mehr Juden in die Stadt zogen und sich in den neuen Wohngebieten außerhalb der Stadtmauer ansiedelten. Während des Ersten Weltkriegs schließlich wurde Jerusalem von britischen Truppen besetzt (1917).

Die noch immer ungeklärte Frage um den Status der Stadt Jerusalem verschärfte den Konflikt zwischen den Religionsgemeinschaften weiter.

1947 unternahmen die Vereinten Nationen einen Schlichtungsversuch und – scheiterten. 1950 ging der junge Staat Israel in die Offensive und erklärte Jerusalem zur Hauptstadt. Die internationale Gemeinschaft verweigerte mit wenigen Ausnahmen die Anerkennung. Jerusalem wurde zum politischen Pulverfass.

Im Jahr 1967 eroberten israelische Fallschirmjäger unter massiven Verlusten – von 800 Soldaten starben während der Häuserkämpfe 183 – Ostjerusalem. Erstmals seit der Gründung des Staates Israel konnten jüdische Gläubige somit wieder an der „Westlichen Mauer“, der Klagemauer, beten. Die

DATEN

*** um 1000 v. Chr.:** Bergfeste Zion (Jerusalem)

*** 587 v. Chr.:** Eroberung durch Nebukadnezar und Zerstörung des Tempels

*** 164 v. Chr.:** Eroberung des Tempelberges durch die Makkabäer

*** 66:** Aufstand der Juden gegen die Römer

*** 70:** Zerstörung des zweiten Tempels

*** 135:** Zerstörung Jerusalems

*** 335:** Einweihung der Grabeskirche

*** 527–65:** Blüte des byzantinischen Jerusalems

*** 1187:** Eroberung durch das Heer Saladins

*** 1538–1539:** Bau des Jaffa-Tors, Restaurierung des Löwentors

*** 1887:** Bau des Neuen Tors als Zugang zum christlichen Viertel

Die al-Aqsa-Moschee wurde auf dem Tempelberg erbaut. Ein Affront der einstigen muslimischen Herrscher in Jerusalem gegen die jüdische und die christliche Kirche, der bis heute für Spannungen und Unstimmigkeiten zwischen den Glaubensgemeinschaften führt.

Annexion Ostjerusalems wurde von der UN für nichtig erklärt. Dennoch beharrte Israel auf dem Status quo. Heute ist Jerusalem Sitz der israelischen Regierung, des Präsidenten und des Parlaments, der Knesset.

Die gewaltsame Besetzung Ostjerusalems und der noch immer ungeklärte Status der Stadt sind die Haupthindernisse auf dem Weg zur Verständigung und zum Frieden zwischen Juden und Arabern in Israel und dem jungen Palästinenserstaat.

In Jerusalem findet sich eine große Anzahl von Religionen und religiösen Bewegungen. Christliche, jüdische und islamische Einflüsse und Strömungen haben die Stadt über Jahrhunderte hinweg geprägt. Überall finden sich großartige Spuren und grandiose Meisterwerke religiöser Kultur. Zahlreiche Bauwerke genießen religiösen und kunsthistorischen Weltrang. Jerusalem ist zweifelsohne die Heilige Stadt.

Inmitten der Altstadt Jerusalems steht die Grabeskirche, auch die Kirche zum Heiligen Grab genannt. Die orthodoxe Kirche bezeichnet sie als Auferstehungskirche. Sie wurde genau an der Stelle errichtet, an der Jesus Christus am Kreuz gestorben und wieder auferstanden sei. Der Altar der Grabeskirche steht direkt über dem Felsenloch, in dem das Kreuz gestanden haben soll. Die Kirche befindet sich heute im Besitz sechs christlicher Konfessionen: der griechisch-orthodoxen, der römisch-katholischen, der armenischen, der syrisch-orthodoxen, der koptischen und der äthiopischen. Zwischen den Konfessionen besteht auch heute noch ein argwöhnisches Verhältnis hinsichtlich der Anteile an dieser heiligsten Stätte der Christenheit.

Der Felsendom gilt als das älteste islamische Gebäude der Welt (erbaut 687–691). Der Felsendom ist keine Moschee. Er wurde als Schrein für den Felsen, auf dem der Legende nach Abraham seinen Sohn opfern wollte, und als Andenken an die Himmelfahrt des Propheten Mohammed, die von eben diesem Felsen aus stattgefunden haben soll, errichtet. Der Dom ist das älteste Zeugnis großartiger islamischer Architektur. Er zählt zu den bekanntesten Wahrzeichen Jerusalems, der dritten heiligen Stadt des Islam – nach Mekka und Medina. Der achteckige Grundriss hat einen stattlichen Durchmesser von 55 m. Die prächtige Kuppel des Felsendoms ist mit Blattgold beschichtet. Das Innere des Schreins ist mit prächtigen Mosaiken geschmückt.

Rechts: Der Felsendom gilt als das älteste islamische Gebäude der Welt.

Unten: Der berühmte Ölberg vor den Toren Jerusalems.

Die „westliche Mauer“, so bezeichnen jüdische Gläubige die Reste der ehemals etwa 400 m langen Mauer des Plateaus des zweiten Tempels, der sich an dieser Stelle befand. Der zweite Tempel wurde während der Regentschaft Herodes' des Großen erbaut und schließlich um 70 n. Chr. von den Römern niedergerissen. Die Klagemauer, wie sie von anderen Religionsgemeinschaften bezeichnet wird, ist das bedeutendste Heiligtum des Judentums.

Seit dem Sechstagekrieg von 1967 pilgern Tag für Tag wieder zahlreiche Gläubige an die Klagemauer, um zu beten. Viele Gläubige platzieren kleine Zettel mit Gebeten und Fürbitten in den Ritzen und Spalten der Mauer. Für die meisten Juden ist die Westliche Mauer ein Symbol für den untrennbaren Bund Gottes mit dem jüdischen Volk.

Die al-Aqsa-Moschee wurde auf dem Tempelberg in der Jerusalemer Altstadt errichtet. Sie gilt als das wichtigste islamische Heiligtum nach der Kaaba in Mekka und der Moschee des Propheten Mohammed in Medina. Die Moschee wurde etwa 30 Jahre nach der Fertigstellung des Felsendoms gebaut. 711 ließ der muslimische Herrscher der Stad, al-Walid I. (705–715), auf die christliche Kirche St. Maria, die sich damals an genau jener Stelle befand, kurzerhand eine Moscheekuppel aufsetzen. Die christliche Basilika wurde somit zur muslimischen Moschee. Dieser Affront und die Tatsache, dass die al-Aqsa-Moschee – und der Felsendom – auf dem Tempelberg erbaut wurde, machen das Spannungsverhältnis der unterschiedlichen Religionen – nicht nur – in Jerusalem deutlich.

Eine moderne Gedenkstätte, die an die schrecklichen Geschehnisse der jüngeren Geschichte erinnert, ist die „Gedenkstätte der Märtyrer und Helden des Staates Israel im Holocaust“, Yad Vashem. Die Gedenkstätte an die von den Nationalsozialisten ermordeten Juden ist Mahnmal und Denkmal zugleich. Die hebräische Bezeichnung Yad Vashem bedeutet „Denkmal und Name“: In der Halle der Namen befinden sich kleine Schilder mit den Namen der Opfer des Naziregimes. Der Name der Gedenkstätte geht auf den Bibelvers 56,5 aus dem Buch Jesaja zurück: „Ihnen allen errichte ich in meinem Haus und in meinen Mauern ein Denkmal, ich gebe ihnen einen Namen, der mehr wert ist als Söhne und Töchter: Einen ewigen Namen gebe ich ihnen, der niemals getilgt wird.“ – Der Ort ist beeindruckend und erschreckend, jedoch nicht anklagend, vielmehr aufrüttelnd.

DATEN

* **1926:** Beschädigung der Grabeskirche durch Erdbeben
* **1947:** Internationalisierung Jerusalems
* **1948:** partielle Zerstörung des jüdischen Viertels durch einen jordanischen Angriff
* **1948 – 1967:** Altstadt und Ost-Jerusalem unter jordanischer Verwaltung
* **1967:** Wiedervereinigung der Stadt
* **1981:** Ernennung zum Kulturdenkmal der UNESCO

TÜRKEI

Kappadokien

LAVA, WASSER UND WIND HABEN DIE BIZARREN GESTEINSFORMEN IN KAPPADOKIEN IM HERZEN ZENTRALANATOLIENS ÜBER JAHRTAUSENDE HINWEG GEFORMT. UND DIE NATURGEWALTEN ARBEITEN NOCH IMMER AN IHREM GESAMTKUNSTWERK KAPPADOKIEN.

Die fantastische Felsenlandschaft Kappadokiens ist einzigartig auf der Welt. Vor Jahrmillionen brodelte hier die Erde. Die Vulkane Erciyes und Hasan erfüllten die Luft mit schwefeligem Rauch und bedeckten das gesamte Land mit einer dicken Schicht aus Asche und glühend heißer Lava. Die Region erstarrte unter dem sich abkühlenden Auswurf der Feuer speienden Berge. Dann erloschen die Vulkane und das Land war den Launen von Wind und Wetter ausgesetzt.

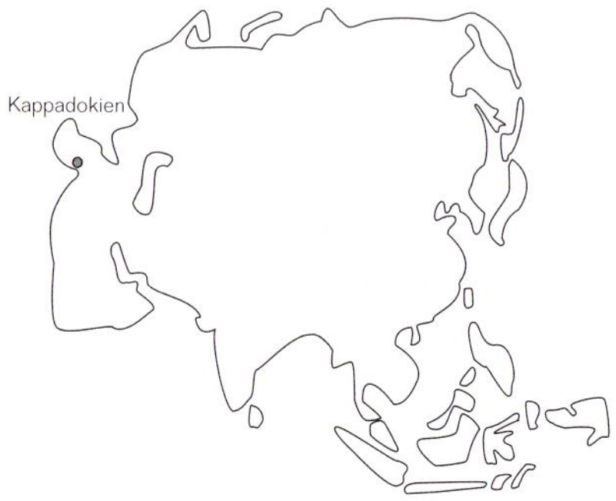

Regenfälle wuschen die Felsen im Lauf der Zeit aus, Flüsse und Bäche gruben sich tief in die weichen, unteren Gesteinsschichten hinein. Die härteren Schichten hielten der Erosion stand. Zurück blieben märchenhafte Riesenpilze und Berge, die aussehen, als hätte man ihnen eine Mütze aufgesetzt. „Peri bacalar" nennen die Türken diese sagenhaften, bizarren Felsformationen, „Feenkamine". Auf etwa 95 km^2 haben die Naturgewalten eine großartige Landschaft, einen Steinskulpturenpark geschaffen, der noch immer im Werden begriffen ist, sich ständig verändert und Neues hervorbringt. Die Erosion arbeitet stetig an ihrem Gesamtkunstwerk – und scheint mit dem bisherigen Ergebnis noch nicht zufrieden.

Dann entdeckte der Mensch die Region Kappadokien und ließ sich in der wilden Landschaft nieder.

DATEN

*** ca. 7000–6500 v. Chr.:** Erste Spuren menschlicher Siedlungen

*** ca. 1600–650 v. Chr.:** Hethiter, Phryger, Lyder und Meder besiedeln die Region.

*** 402 v. Chr.:** Der griechische Schriftsteller Xenophon berichtet erstmals von unterirdischen Lagerräumen.

*** 13. Jh. n. Chr.:** Der byzantinische Schriftsteller Skutariotes beschreibt Höhlenwohnungen in Kappadokien.

*** 1923:** Nach dem türkischen Freiheitskrieg verlassen die letzten griechisch-orthodoxen Christen die Region und siedeln nach Griechenland um.

„Peri bacalar" nennen die Türken diese Felsformationen, „Feenkamine".

Die ersten Spuren menschlicher Ansiedelungen in dem Gebiet stammen bereits aus dem Neolithikum. Die Menschen, die damals hier lebten, haben das Gesicht Kappadokiens geprägt. In der Antike galt Kappadokien als ein unwirtlicher Landstrich mit wilden, rauen Bewohnern.

Die Menschen indes haben die Landschaft geformt, untergraben, ausgehöhlt. Kunstvoll und handwerklich geschickt. Der vorherrschende Tuffstein konnte auch mit den ihnen zur Verfügung stehenden einfachen Werkzeugen relativ problemlos bearbeitet werden. So entstanden ganze Siedlungen aus Tuffsteinhöhlen. Tief in den Fels geschlagen, boten die versteckten Wohnhöhlen Schutz vor den Attacken fremder Völker, aber auch vor Wind und Wetter. Im Sommer blieben die Höhlen angenehm kühl, in den kalten Wintern des zentralanatolischen Hochlands hielt das Gestein die Temperaturen bei 10 bis 15 °C.

Hethiter, Phryger, Perser und Römer siedelten sich zeitweise in der Region an und hinterließen ihre Spuren. Kappadokien gilt als eines der wichtigsten Zentren der frühen Christenheit. Über die Jahrhunderte hinweg bis zum Jahr 1071 befand sich die Region unter byzantinischer Herrschaft. Über 1000 tief in den Fels hineingemeißelte Höhlenkirchen sind bis heute entdeckt und zeugen von der Hoch-Zeit der Christianisierung in Kappadokien. Die Innenräume der Kirchen sind oftmals mit satten Farben bemalt. Bunte, fröhliche, unbeschwerte Fresken schmücken Wände und Gewölbedecken. Formvollendete Säulen, Pfeiler und Bögen verzieren die Räume. Die teilweise riesigen Gewölbekirchen waren Orte, an denen die frühen Christen ihren Glauben leben konnten. Geschützt und versteckt in den Felswänden, die Eingänge unauffällig, meist nur kleine Einstiegsluken. Zeugen einer bewegten Vergangenheit, die noch heute nachhaltig beeindrucken.

Oben: Das Dorf Uchisar. In den Felspyramiden vorn kann man deutlich die in den Fels gemeißelten Eingänge zu den unterirdischen Wohnungen und Kirchen erkennen.

Links: Die bizarre Felsenlandschaft Kappadokiens. Die Erosion ließ einzigartige Felsformationen entstehen.

INDIEN

Khajuraho

BETRITT MAN DIE TEMPELANLAGE VON KHAJURAHO, SOLLTE MAN SICH VON WESTLICHEN MORAL- UND KULTURVORSTELLUNGEN FÜR EINEN MOMENT FREI MACHEN UND EINTAUCHEN IN DIE FREMDE UND FASZINIERENDE WELT DES HINDUISTISCHEN GLAUBENS.

Der britische Hauptmann T. S. Burt, der 1839 auf die Tempelanlage von Khajuraho stieß, berichtete zunächst überschwänglich, er hätte die „wahrscheinlich schönste Ansammlung von Tempeln in Indien" entdeckt, um im nächsten Augenblick in den Grundfesten seiner viktorianischen Moralvorstellungen erschüttert zu werden. Er schrieb: „Einige der Skulpturen sind extrem unzüchtig und anstößig … die schändlichsten Darstellungen zur Entweihung hinduistisch-religiöser Schöpfungen."

Die Tempelbauten von Khajuraho tragen die Handschrift einer ganz besonderen, einzigartigen Architekturschule. Die Anlage entstand unter dem Einfluss der Chandella-Könige in einem Zeitraum von etwa 200 Jahren zwischen 950 und 1150. Von den ursprünglich 85 kleinen und großen Tempeln sind heute noch 25 erhalten. Alle Tempel wurden dem Aufbau des menschlichen Körpers nachempfunden: das Fundament stellt die Beine dar. Die kleineren Türme sind in einer Ost-West-Achse angeordnet bis hinauf zum höchsten Turm, dem Kopf des Tempels, dem Shikara. Auf jedem Turm liegt eine Scheibe. Darauf steht Kalash, ein Topf, der den Nektar der Unsterblichkeit symbolisiert. Der Shikara liegt direkt über der Leibkammer, dem Sanktum innerhalb des Tempels. Hier residiert der hinduistische Gott,

Detail zweier Figuren an der Außenmauer des Parshvanatha-Tempels in Khajuraho: Gott Vishnu (links) und Göttin Laksimi in göttlicher Umarmung.

DATEN

* **9. Jh.**: Bau von Chausath Yogini mit ehemals 64 Kultzellen der Dienerinnen der Göttin Kali

* **930–950**: Bau des Lakshmana-Tempels

* **950–970**: Errichtung des Parshvanatha, des größten und schönsten der Jaina-Tempel

* **1000–1025**: Bau des Jagadambi-Tempels für die Verehrung der blutrünstigen Kali

* **um 1130**: Bau des Kandariya-Mahadewa-Tempels

* **1150**: Bau des Duladeo-Tempels

* **1870**: „Neubau" des jainistischen Shantinatha-Tempels

FAKTEN

* Die Hauptgötter der Hindus: Brahma, der Schöpfer und der Gott der Weisheit, Shiva, der Fruchtbarkeitsgott und der Zerstörer, Vishnu, der Erhalter und Erretter

dem der Tempel geweiht ist. Die meisten Tempel sind den drei hinduistischen Hauptgöttern, Brahma, Shiva und Vishnu, geweiht. Doch haben in der Tempelanlage von Khajuraho vielerlei Inkarnationen hinduistischer Gottheiten die Fantasie der Bildhauer beflügelt.

Die eindeutigen Darstellungen erschütterten den Entdecker der Tempel, Ihrer Majestät Queen Victoria treulich verpflichteten Hauptmann T. S. Burt, zutiefst. In einem Ausbruch kreativer Energie erschufen die Bildhauer der Chandella-Könige eine geradezu übersprudelnde Interpretation des Lebens: ein opulentes, sinnlich-heiteres und – zugegeben teilweise – ausschweifendes Aufeinandertreffen der göttlichen und der profanen Welt. Doch im Kontext hinduistischer Mythologie – den, dies sei zu seiner Ehrenrettung erwähnt, Hauptmann T. S. Burt seinerzeit sicherlich nicht kannte – müssen die erotischen Darstellungen angemessen interpretiert werden. Im Liebesakt sieht der Hinduismus nicht nur die bloße Vereinigung von Mann und Frau, sondern die des männlichen und weiblichen Prinzips schlechthin. Gleichzeitig symbolisiert der Zeugungsakt die Weltschöpfung durch die allmächtigen Gottheiten. Diese Verschmelzung zu einer universellen Einheit ist in den Darstellungen der Tempelfiguren in der Anlage von Khajuraho von der unbedingten Gleichberechtigung von Mann und Frau gekennzeichnet. Stilisierung und kreative Vielfalt verleihen dem Liebesakt eine spirituelle Würde und Selbstverständlichkeit, die weit jenseits des Verdachts der Vulgarität platziert sind.

Warum die Chandella-Könige die Tempelanlage von Khajuraho errichten ließen, ist bis heute ungeklärt. Doch sie sind ein großartiges Vermächtnis der hinduistischen Welt. Das Leben wird hier in seinen Darstellungen dem Gemeinen enthoben und als ein Aspekt des Absoluten, des Göttlichen interpretiert.

Der Kandariya-Mahadewa-Tempel ist Khajurahos größter Tempel. Sein Hauptturm misst 31 m. Über 800 Figuren aus Kaimur-Sandstein, der sich für feinziselierte Details besonders gut eignet, schmücken seine Mauern. Der Kandariya-Mahadewa-Tempel ist Gott Shiva geweiht. Das eindrucksvolle Eingangstor besteht aus vier Bögen, die auf mythischen Krokodilsköpfen ruhen: Das Tor wurde aus einem einzigen Sandsteinblock herausgearbeitet.

Ebenso beeindruckend sind die aus Granit gehauenen Rosetten, die die Decken der Innenräume des Tempels schmücken.

Mitte: Erotische Figurengruppen an der Außenfassade des Kandariya-Mahadewa-Tempels.

Unten: Die Tempel von Khajuraho tragen die Handschrift einer ganz besonderen Architekturschule. Die Anlage entstand unter dem Einfluss der Chandella-Könige zwischen 950 und 1150.

MALEDIVEN

Malediven

„ISLAND IN THE SUN" – AUF KEINEN STAAT DER WELT TRIFFT DIESE BESCHREIBUNG WOHL SO EXAKT ZU WIE AUF DIE INSELGRUPPE DER MALEDIVEN IM INDISCHEN OZEAN. RUND 2000 KLEINE INSELN, VERTEILT AUF 20 KORALLENATOLLE, BILDEN DAS INSELPARADIES.

Etwa 450 km südwestlich von Indien und rund 700 km südwestlich von Sri Lanka liegt die Inselgruppe der Malediven mitten im Indischen Ozean. Der Inselstaat besteht aus 20 Korallenatollen, die sich auf einer Länge von gut 800 km in Nord-Süd-Richtung wie eine Perlenschnur aneinander reihen. Die südlichste Insel liegt nur wenige Kilometer nördlich des Äquators. Rund 90 % des Staatsgebiets bestehen aus Wasser. Von den 2000 Inseln werden 200 von Einheimischen bewohnt, 87 Inseln sind ausschließlich für Touristen reserviert. Traumstrände und wunderbare Unterwasserreviere haben die Malediven zu einem Anziehungspunkt für Wassersportler und Taucher aus aller Welt gemacht.

Endlose weiße Sandstrände, kristallklares Wasser, azurblauer Himmel und ständiger Sonnenschein – das Bild der Malediven in den Hochglanzmagazinen der Reiseveranstalter scheint perfekt. Tatsächlich sind die Malediven ein wahres Naturparadies. Vor allem unter Wasser: Taucher finden in den fisch- und artenreichen Gewässern rund um die Korallenriffe des Inselstaates wahre Taucherparadiese vor. Hier tummeln sich nahezu alle Bewohner der tropisch-warmen Meeresregion. Die Wassertemperaturen sinken das gesamte Jahr über selten unter 27 °C. Die Lufttemperatur schwankt im jährlichen Mittel

Rechts: Ein Walhai durchkreuzt eines der großartigsten Tauchreviere der Welt.

Unten: Traumstrände, kristallklares Wasser und Sonnenschein.

zwischen 25 °C in den Monsunmonaten – Nordost-Monsun von November bis März, Südwest-Monsun von Juni bis Ende August – und über 30 °C. Die Naturschönheiten und touristischen Highlights, die die Malediven zu bieten haben, übertünchen allerdings ein klein wenig die mitunter bewegte Geschichte – und Gegenwart – der „Inselrepublik".

Bereits im 5. Jahrhundert v. Chr. wurden die Malediven von buddhistischen Fischern aus Indien und Ceylon (Sri Lanka) besiedelt. Im 12. Jahrhundert errichteten arabische Händler und Kaufleute ein Sultanat auf den Inseln und führten den Islam als Staatsreligion ein. Im 16. Jahrhundert scheiterten die Portugiesen beim Versuch, eine Kolonie auf den Malediven zu etablieren, in einem blutigen Krieg am Widerstand der Inselbewohner. Im 17. Jahrhundert geriet der Inselstaat unter niederländische Verwaltung. 1796 übernahmen die Briten die Administration. Von 1887 bis 1965 blieben die Malediven britisches Protektorat. 1953 wurde die Republik ausgerufen, nach einer Volksabstimmung jedoch wieder das Sultanat eingeführt und Mohammed Farid Didi wurde erneut Sultan.

Am 26. Juli 1965 schließlich wurden die Malediven in die Unabhängigkeit entlassen. Per Verfassungsänderung wurde das Sultanat endgültig in eine Republik umgewandelt. Seitdem hat sich auf den Malediven eine Präsidialrepublik etabliert. Der Staatspräsident und Regierungschef hat uneingeschränkte Exekutivmacht. Es gibt keine Parteien westlicher Prägung. Religionsfreiheit ist ausdrücklich ausgeschlossen. Alle maledivischen Staatsbürger müssen der Glaubensgemeinschaft des Islam – sunnitische Richtung – angehören. Seit vielen Jahren werfen internationale Menschenrechtsorganisationen der Staatsführung Menschenrechtsverletzungen vor. Heute gehören die Malediven trotz einer boomenden Tourismusindustrie zu den ärmsten Ländern der Welt. Viele Arbeitsplätze im Tourismussektor sind mangels qualifizierter einheimischer Arbeitskräfte von Ausländern besetzt. Barkeeper und Mitarbeiter in Hotels und der Gastronomie kommen aus Sri Lanka, Indonesien, Indien und anderen Ländern und sind nicht muslimischen Glaubens: Als Muslime dürfen Malediver keinen Alkohol ausschenken oder verkaufen.

Zudem steuert der Inselstaat der Malediven auf einen ökologischen Super-GAU zu. Der Treibhauseffekt und der damit einhergehende weltweite Klimawandel bedrohen das Inselparadies im Indischen Ozean. Hält die globale Erwärmung weiterhin an, könnte den Atollen der Malediven eine furchtbare Katastrophe bevorstehen: Den Trauminseln droht die Überflutung.

FAKTEN

* **Name:** Republik Malediven
* **Lage und Größe:** 20 Korallenatolle, 2000 Inseln, davon 200 von Einheimischen bewohnt, 87 touristisch genutzt
* **Landfläche:** 298 km²
* **Einwohnerzahl:** ca. 350 000
* **Hauptstadt:** Malé (ca. 77 000 Einwohner)
* **Staatsform:** Exekutive Präsidialverfassung
* **Staatsreligion:** Islam (sunnitische Richtung)
* **Hauptwirtschaftszweig:** Tourismus

SAUDI-ARABIEN

Große Moschee von Mekka

MEKKA! SCHON ALLEIN DER KLANG DIESES NAMENS LÖST BEI GLÄUBIGEN MUSLIMEN UNGEAHNTE SEHNSÜCHTE UND EMOTIONEN AUS. MEKKA, GEBURTSORT DES PROPHETEN MOHAMMED. DIE STADT IST JAHR FÜR JAHR PILGERZIEL MILLIONEN GLÄUBIGER MUSLIME.

Mekka, auch Al-Makka, liegt zwischen der Küstenebene und dem Hochland in einem wüstenartigen Becken. Mekka gilt als die heiligste Stadt des Islam. Jahr für Jahr pilgern Millionen von gläubigen Muslimen aus aller Welt in die Wüstenstadt, um hier am Geburtsort ihres Religionsstifters zu beten. Mekka ist die Geburtsstadt des Propheten Mohammed (um 570), des Begründers des Islam. Die Haddsch, wie die Wallfahrt der Muslime bezeichnet wird, sorgt jährlich für einen Massenandrang in der großen Moschee von Mekka, dem größten Gotteshaus der Muslime.

Ziel der Pilger ist die Kaaba, das zentrale Heiligtum des Islam. Die Kaaba befindet sich im riesigen Innenhof der großen Moschee von Mekka. Kaaba bedeutet Würfel oder Kubus. Sie ist das bedeutendste Heiligtum des Islam. Die Kaaba ist ein etwa 12 x 10 x 15 m großes Gebäude. Gläubigen Muslimen gilt die Kaaba als das Haus Gottes (Bayt Allâh). Sie ist vollständig umhüllt von der Kiswah, einem schweren, schwarzen Brokat. In der Südostecke der Kaaba sind Bruchstücke des „Schwarzen Steins" (al-Hadschar al-Aswad) in die Mauer eingelassen. Die Legende besagt, dass Abraham den Stein beim Erbauen der Kaaba als Geschenk vom Erzengel Gabriel empfangen habe. Wissenschaftler gehen davon aus, dass es sich um

FAKTEN
✱ **Name:** Mekka (Al-Makka)

✱ **Heiligtum:** Kaaba. Sie befindet sich im Innenhof der Großen Moschee von Mekka, dem größten islamischen Gotteshaus der Welt.

✱ **Nutzung:** Pilgerziel gläubiger Muslime

✱ **Einwohner in Mekka:** ca. 1,2 Mio. (ständig), zu Zeiten der Haddsch über 3 Mio.

✱ **Besonderheit:** Geburtsort des Propheten Mohammed (um 570), des Glaubensgründers des Islam

Muslimische Pilger am Tor zum Innern der Kaaba. Das Heiligtum ist gänzlich mit schwerem Brokat verhüllt, der mit Koranversen bestickt ist.

einen Meteoriten handelt. Allerdings ist dies eine reine Vermutung: Der Schwarze Stein wurde noch niemals wissenschaftlich untersucht.

Auf der Haddsch umrunden die gläubigen Pilger die Kaaba siebenmal gegen den Uhrzeigersinn und preisen dabei Allah. Diese Umrundungen werden Tawaf genannt. Dabei versuchen die Gläubigen, den „Schwarzen Stein" zu küssen oder zu berühren. Die Kaaba legt die Gebetsrichtung (Qibla) für jeden Ort der Erde fest: Muslime müssen sich beim täglichen Gebet stets in Richtung der Kaaba verneigen.

Die Kaaba gilt als erstes Gotteshaus, das vom ersten Propheten Adam errichtet wurde. Sie geriet jedoch in Vergessenheit und verfiel im Lauf der Jahrhunderte. Erst der Prophet Abraham und sein Sohn Ismaîl entdeckten sie der Überlieferung nach durch göttliche Fügung wieder und bauten sie erneut auf.

Seit dem Jahr 632 ist die Kaaba ein islamisches Heiligtum. Sie stand immer wieder im Zentrum kriegerischer Auseinandersetzungen der Muslime untereinander. 931 schließlich wurde der „Schwarze Stein" von Sektierern geraubt und nach Bahrain gebracht. Erst 20 Jahre später kehrte der Stein nach langwierigen diplomatischen Verhandlungen wieder nach Mekka zurück. Im 13. Jahrhundert eroberten die Ägypter die Stadt Mekka. Ab dem 16. Jahrhundert stand Mekka unter der Oberhoheit der Türkei. Im Jahr 1630 veranlasste der türkische Sultan Murad IV. einen Neubau. 1916 schließlich befreite sich der Großscherif Husain I. ibn Ali von der türkischen Herrschaft. 1924 besetzte Abd al-Aziz ibn Saud, der Sultan von Nadschd, Mekka. Er machte die Stadt zum religiösen Zentrum Saudi-Arabiens und der muslimischen Religionsgemeinschaft. Heute ist Mekka eine muslimische Metropole mit mehr als 1,2 Mio. Einwohnern. In den Pilgermonaten steigt die Einwohnerzahl Mekkas auf über 3 Mio. Menschen an.

Oben: Eine historische Darstellung der Kaaba und der großen Moschee aus der Mitte des 19. Jahrhunderts.

Links: Die Minarette der großen Moschee von Mekka, der größten Moschee der Welt. In ihrem Innenhof befindet sich die Kaaba.

NEPAL

Mount Everest

DER MOUNT EVEREST ERHEBT SICH AN DER GRENZE ZWISCHEN CHINA UND NEPAL 8848 METER IN DEN HIMMEL. LEGENDEN RANKEN SICH UM DEN HÖCHSTEN BERG DER ERDE. TRIUMPHE UND TRAGÖDIEN SPIELTEN SICH AUF SEINEN GLETSCHERN UND SEINEM GIPFEL AB.

Benannt ist der „Heilige Berg“ nach dem britischen Ingenieur George Everest, der im Auftrag der britischen Krone die Vermessungsarbeiten in Indien und im Himalaya um die Mitte des 19. Jahrhunderts leitete. Bezwungen wurde der Mount Everest erstmals am 29. Mai 1953: Damals erreichten der neuseeländische Bergsteiger Edmund Hillary und sein Begleiter und Freund, der Sherpa Tenzing Norgay, den Gipfel des Everest. Die Faszination und Anziehungskraft des Gipfels aller Gipfel ist ungebrochen. Jahr für Jahr versuchen tausende Bergsteiger die „Mutter des Universums“ zu bezwingen.

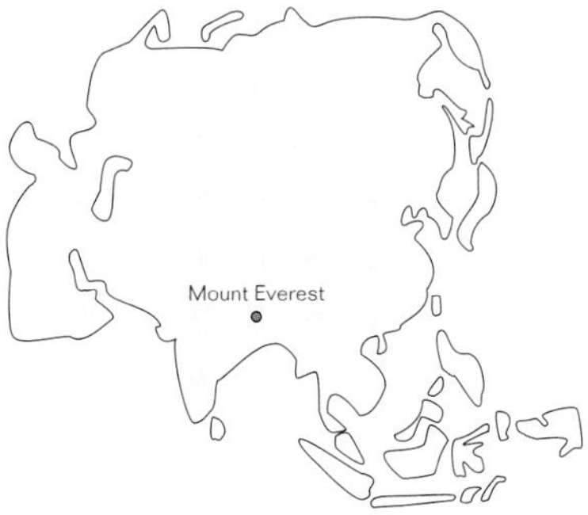

Schon lange bevor der Gipfel seinen heutigen Namen erhielt, spielte der Berg eine zentrale Rolle in der Lehre der buddhistischen Religion. Im Himalaya werden fünf Feengöttinnen, die „Fünf Schwestern des langen Lebens“ verehrt, die auf den Gipfeln des Gebirges wohnen. Die Chomolungma, die „Mutter des Universums“, wie die Einheimischen den Berg nennen, ist die Heimat der Feengöttinnen Chomo Miyo Langsangma und Tashi Tseringma. Die Feengöttinen halten die bösen Mächte des Berges, Dämonen und Geister, im Zaum, sofern man ihnen die notwendige Ehrerbietung entgegenbringt. So beginnt jede Expedition zum Mount Everest zunächst mit einer Opfer-, der so genannten Puja-Zeremonie. Nur wer demütig Opfer

Die Chomolungma und ihre kleineren Brüder, der Nuptse (7879 m) und der Lhotse (8501 m).

DATEN

✻ **1924:** Gipfelbesteigung durch Mallory und Irvine (nicht belegt)

✻ **1953:** Erstbesteigung durch Hillary und Norgay von Süden

✻ **1960:** Gipfelbesteigung einer chinesischen Expedition von Norden

✻ **1978:** Erste Besteigung ohne zusätzlichen Sauerstoff (Messner/Habeler)

✻ **1980:** Alleingang Messners ohne zusätzlichen Sauerstoff

✻ **1980:** Erste Winterbegehung über den Südsattel durch eine polnische Expedition

✻ **1996:** Mehrere Expeditionen scheitern; zwölf Tote

✻ **1996:** Aufstieg ohne zusätzlichen Sauerstoff und erste Abfahrt mit Skiern (Hans Kammerlander)

✻ **2004:** Schnellste Besteigung; nach dem Start im Basislager erreicht der Sherpa Pemba Dorje in nur etwas mehr als acht Stunden den Gipfel.

bringt, wird den Berg bezwingen und heil und wohlbehalten zurückkehren. Den Weg hinauf zum Basislager auf etwa 5400 m Höhe säumen vielerlei religiöse Symbole. Manisteine, ein Stupa mit bedruckten Gebetsfahnen und ein Friedhof, auf dem zum Andenken an jeden Toten ein „Steinmann", ein Stapel aufgetürmter Steine, errichtet wurde. 200 derartige Steinmänner sind es bisher.

Als Sir Edmund Hillary und der Sherpa Tenzing Norgay am Morgen des 29. Mai 1953 als erste Menschen auf dem Gipfel des Mount Everest standen, ahnten sie sicherlich nichts von der Lawine, die sie mit ihrer großartigen alpinistischen Tat auslösten. Die letzte große Herausforderung auf Erden, die Bezwingung des „dritten Pols", war erfolgreich bewältigt. Die Nachricht von der ersten bewiesenen Besteigung des Mount Everest ging wie ein Lauffeuer um die ganze Welt. Alpinisten und Bergsteiger aller Herrn Länder rüsteten Expeditionen aus, um es Hillary und Tenzing gleichzutun. Waren die politischen Verhältnisse rund um den Berg auch noch viele Jahre lang ungeklärt und bedurften Genehmigungen für Expeditionen oft diplomatischer Konsultationen auf höchster Ebene, der Run auf den Mount Everest hatte begonnen.

Nur sieben Jahre später bezwang eine chinesische Expedition den Mount Everest von der tibetischen Nordseite her. 1963 erklomm eine amerikanische Bergsteigergruppe den Gipfel des Everest. 1975 wurde die 2500 m hohe Südwestwand von einer britischen Expedition erstmals durchstiegen. Am 8. Mai 1978 erreichten Reinhold Messner und Petzer Habeler erstmals ohne zusätzlichen Sauerstoff den Gipfel. 1979 meisterten jugoslawische Alpinisten die wohl schwierigste Gratroute direkt über den Westgrat. Und 1980 gelang einer polnischen Seilschaft die erste Winterbegehung über den Südsattel.

In den 1980er-Jahren entwickelte sich ein regelrechter Everest-Tourismus. Für viel Geld lassen sich mehr oder weniger erfahrene und trainierte Hobbybergsteiger auf das Abenteuer Everest ein. Ein Abenteuer mit ungewissem Ausgang. Viele unterschätzen den Berg der Berge und überschätzen ihre eigenen Kräfte. Der geringe Sauerstoffgehalt der Luft, die extremen Witterungsbedingungen vor allem in der Todeszone oberhalb 7500 m Höhe und die enormen körperlichen Anstrengungen fordern immer wieder Opfer. 200 Bergsteiger und Bergsteigerinnen mussten bislang ihr Leben an der Chomolungma lassen.

Mitte: Selten hat man einen derart freien Blick auf den Gipfel des höchsten Bergs der Welt.

Unten: Der höchste Punkt der Erde: der Gipfel des Mount Everest (8848 m).

TÜRKEI

Nemrut Dag

TIEF IM SÜDOSTEN DER TÜRKEI ERHEBT SICH DER WEITHIN SICHTBARE KEGEL DES NEMRUT DAG AUS DER KETTE DES TAURUSGEBIRGES. AUF SEINEM GIPFELPLATEAU VERBIRGT SICH EIN LANGE VERBORGENER SCHATZ ANTIKER GRABBAUKUNST.

Mit einer Höhe von 2150 m ist der Nemrut Dag einer der höchsten Berge im nördlichen Mesopotamien. Lange Zeit barg der Berg ein Geheimnis, das erst im ausgehenden 19. Jahrhundert von dem deutschen Ingenieur Karl Sester gelüftet wurde. Viele Jahrhunderte lang blieb das Geheimnis des Kommagener-Königs Antiochos I. Theos unter den Geröllhalden des Nemrut Dag verborgen: eine einzigartige, geradezu monumentale Kombination aus Heiligtum und Grabstätte der großen Könige von Kommagene. 1987 wurde das Grabheiligtum zum Weltkulturerbe der UNESCO ernannt.

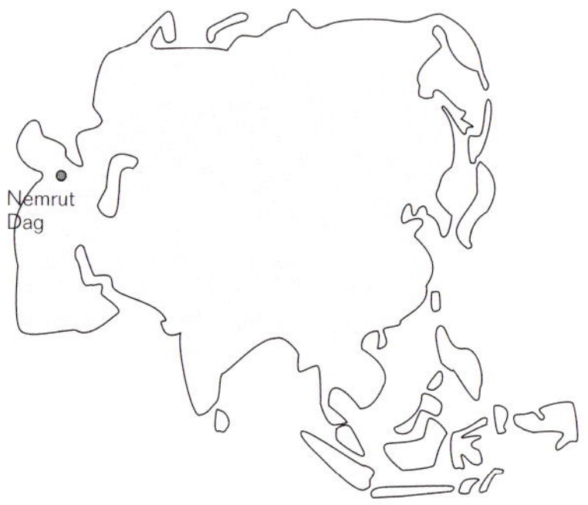

Das Hügelgrab auf dem Gipfel des Nemrut Dag ist die Grabstätte der Könige von Kommagene im Südosten Kleinasiens an den Ufern des Euphrats. Antiochos I. (69–36 v. Chr.), der sich bereits kurz nach seiner Krönung den unbescheidenen Namenszusatz „Theos" (Gott) gab, erteilte den Auftrag für den Bau eines gigantischen Grabmals. Das Grabmal sollte Heiligtum sein, Zentrum einer neuen, von Antiochos I. gestifteten Religion. Persische und griechische Mythologie sollte sie vereinen. Antiochos I. wählte den Gipfel des Nemrut Dag auf 2100 m Höhe als Bauplatz für seine Pläne. Ein prachtvolles Hügelgrab sollten seine Baumeister und Steinmetze hier errichten – den Göttern nah.

FAKTEN

✱ Kommagene: Im 9. und 8. Jahrhundert v. Chr. war Kommagene (Kummuch) selbstständiges Fürstentum, nach 708 v. Chr. assyrische Provinz, später ein Teil Ostarmeniens. Der bedeutendste König war Antiochos I. (69 – 36 v. Chr.). Nach dem Tod Antiochos' III. (17 n. Chr.) wurde Kommagene in das Römische Reich eingegliedert.

Der Kopf der Statue von König Antiochos I. Theos, der als Erbauer der Grabstätte gilt. Antiochos gab die Errichtung einer monumentalen Grablege in Auftrag als Zeichen seines Vertrages mit den Göttern.

Antiochos' Baumeister machten sich ans Werk. Zunächst musste Platz für die Errichtung des Heiligtums auf dem Gipfel geschaffen werden. 200 000 m³ massiver Fels wurden abgetragen. Das eigentliche Grabmal wurde schließlich auf dem künstlichen Plateau aus Geröll wieder aufgeschüttet. Es hat einen Durchmesser von 150 m und eine Höhe von 50 m. Der Grabhügel ist umgeben von drei Terrassen im Norden, Westen und Osten.

Die nördlich gelegene Terrasse diente als Sammelort für die ankommenden Pilger. Hier wurden die Pilger aufgeteilt und über verschiedene Wege für den Adel und das gemeine Volk zur West- bzw. Ostterrasse weitergeleitet. Auf der Westterrasse hat sich der Erbauer des Grabmals Antiochos I. Theos ein Denkmal gesetzt: eine 9 m hohe Statue zeigt den sitzenden Gottkönig inmitten der Götter Tyche, Zeus, Apollon und Herakles.

Leider wurden die Statuen im Lauf der Jahrhunderte vermutlich durch mehrere starke Erdbeben allesamt enthauptet. Die Häupter des Gottkönigs und der Gottheiten wurden von den Torsi gerissen und ruhen nunmehr durcheinander gewürfelt zu Füßen der Statuen. Auf der Ostterrasse, die mit weißen Steinplatten gepflastert war, befinden sich ebenfalls überdimensionale Statuen. Bei einer davon dürfte es sich um König Mithradates I. Kallinikos (109–69 v. Chr.), den Vater von Antiochos, handeln. Vor der Statue befinden sich die Reste eines großen Feueraltars.

Besonders bemerkenswert ist das so genannte Löwenhoroskop, das sowohl auf der West- als auch der Ostterrasse angebracht wurde. Es gilt als das älteste bekannte Horoskop der Welt. Das 2 mal 2,5 m große Relief wurde in Stein gemeißelt und zeigt die Sternenkonstellation, wie sie beim Blick gen Westen am Tag der Krönung von König Mithradates I. zu sehen war.

Oben und links: Die Häupter der Statuen, unter anderem die des Gottkönigs und der Gottheiten, wurden vermutlich bei mehreren Erdbeben in den vergangenen Jahrhunderten von ihren Torsi gerissen.

TÜRKEI

Hierapolis-Pamukkale

EINES DER GRÖSSTEN NATURPHÄNOMENE DER TÜRKEI: DIE WEISSEN TERRASSEN VON PAMUKKALE. AUS WARMEN THERMALQUELLEN DRINGT HIER WASSER AN DIE ERDOBERFLÄCHE, KÜHLT AB, VERDUNSTET UND ERSTARRT ZU KALKSINTER.

Die Quellen waren der Grund für die Gründung der Stadt Pamukkale, vormals Hierapolis, die „Heilige Stadt". Hierapolis, Zentrum des Kybelekults, der Verehrung der großen Mutter Erde. Schätzungsweise 100 000 Menschen lebten während der Blütezeit von Hierapolis hier. Wohlstand und Reichtum der Bewohner prägten das Gesicht der „Heiligen Stadt", wie eine große Brunnenanlage für das heilende Thermalwasser oder das Theater, das bis zu 15 000 Besuchern Platz bot, beweisen.

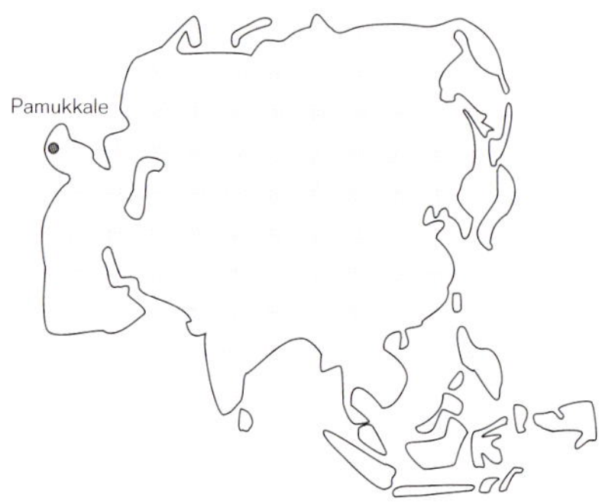

Wasser sprudelt ohne Unterlass aus dem Erdinneren an die Oberfläche. Pamukkale liegt im Bereich einer tektonischen Bruchzone. Mit etwa 36 °C tritt das Thermalwasser zutage. Auf seinem Weg durch die Erdschichten an die Oberfläche ist es mit allerlei Mineralien angereichert worden. An der Luft reagieren die Mineralstoffe mit dem Sauerstoff. Kohlendioxid und Kalziumkarbonat werden freigesetzt. Kalk lagert sich ab. Überall. Überzieht alles. Jeden Stein, jeden Fels. Unaufhörlich. Schicht für Schicht erstarrt die Umgebung der Quellen. Stein gewordene Natur. Beinahe weiß wie der Flaum auf den Baumwollfeldern rund um die nahe Provinzhauptstadt Denizli. Pamuk bedeutet auf Türkisch Baumwolle. Kale heißt Burg. „Baumwollburg" – fast wirken die erstarrten Terrassen wie eine uralte Festung.

Rechts: Die Kalksinterterrassen von Pamukkale im Licht der untergehenden Abendsonne.

Unten: Ruinen von Hierapolis. Hinterlassenschaft einer bedeutenden Kurstadt der Antike.

Dass die Existenz der warmen Quellen der Grund für die Errichtung der Stadt Hierapolis war, gilt als sicher. Ansonsten ist wenig über ihren Ursprung und ihre Geschichte bekannt. Die Bewohner der antiken Stadt wussten um die Heilwirkung des Thermalwassers. Davon zeugen die Reste des großartigen Nymphäums, des Brunnenhauses. Römische Badekultur war auch hier in Kleinasien zu Hause.

Seit über 100 Jahren versuchen Archäologen und Wissenschaftler das Geheimnis des antiken Bade- und Kurorts zu lüften. Ausgrabungen haben erste Spuren zutage gefördert. Die Bauwerke sind teilweise von einer 5 m dicken Kalksinterschicht überzogen. Nur langsam gehen die Arbeiten an den antiken Stätten voran. Erst allmählich lässt sich erahnen, welche Bedeutung Hierapolis hatte. Aus dem hellenistischen Kultort, dem Zentrum des Kybelekults, entwickelte sich im 2. Jahrhundert ein Kur- und Badeort, der in ganz Kleinasien bekannt war.

Beeindruckend sind die Reste des Nymphäums und des antiken Theaters im Zentrum der Stadt. Das Amphitheater, das der Göttin Artemis geweiht ist, konnte sehr gut erhalten geborgen werden. Bis zu 15 000 Menschen konnten auf den Rängen den Aufführungen beiwohnen. Die Bühne erhebt sich über zwei Etagen und bot Orchester und Darstellern Platz auf getrennten Ebenen. Großartig sind die Reliefs, die die Bühne schmücken. Sie zeigen in szenischer Darstellung das Leben der Göttin Artemis. Auf den Säulen zur rechten Bühnenseite sind Episoden aus dem Leben Apollons, des Bruders der Artemis, in Stein gehauen.

Bis zum 4. Jahrhundert war Hierapolis ein quirliges Handelszentrum. Vor allem der Handel mit gefärbter Schafwolle florierte. Das warme Thermalwasser hatte die besten Eigenschaften, um die Wolle in unterschiedlichsten Tönen einzufärben oder zu verarbeiten. Besonders mit Rom bestanden rege Handelsbeziehungen. Hierapolis war ein attraktiver Anziehungspunkt. Menschen unterschiedlichster Völker und Konfessionen lebten in dieser kosmopolitischen Metropole in Kleinasien zusammen.

Im 4. Jahrhundert jedoch begann der Wohlstand zu bröckeln. Byzanz unterband den Handel mit Rom. Dem römischen Badekult wurde ein jähes Ende gesetzt. Die Badehäuser wurden zu Gotteshäusern umgebaut. Kirchen entstanden. Letztes erhaltenes Zeugnis dieser Periode des Niedergangs: die Gedächtniskirche für den Apostel Philippus, der im Jahr 87 in Hierapolis gekreuzigt wurde. Daneben gibt es zahlreiche Sarkophage und Gräber in unmittelbarer Umgebung, es ist die größte Nekropole Kleinasiens.

DATEN

* **188 – 50 v. Chr.:** auf Befehl des Königs von Pergamon Anlage von Hierapolis als Grenzfeste
* **133 v. Chr.:** durch Attalos III. testamentarische Übereignung des pergamenischen Reiches an das Römische Reich; Hierapolis wird Teil der römischen Provinz Asia.
* **60:** Zerstörung durch Erdbeben
* **87:** vermutlich Tod des Apostels Philippus
* **193–217:** unter den römischen Kaisern Septimius Severus und Caracalla Glanzzeit des neuen Hierapolis
* **um 900:** Erwähnung von Hierapolis als Bischofssitz bei Leo dem Weisen
* **1887:** Ausgrabungen deutscher Archäologen
* **seit 1957:** Ausgrabungen italienischer Archäologen
* **seit 1988** gehört Hierapolis-Pamukkale zum Weltkulturerbe der UNESCO.

JORDANIEN

Petra

DIE GEHEIMNISVOLLE FELSENSTADT PETRA LIEGT IN DER WÜSTE JORDANIENS. DIE RUINEN DER EINST WOHLHABENDEN STADT ZEUGEN VON EINER ÄRA, IN DER DAS VOLK DER NABATÄER ZU DEN MÄCHTIGSTEN STÄMMEN DES VORDEREN ORIENTS ZÄHLTE.

Am Kreuzungspunkt mehrerer Karawanenwege gelegen, die Ägypten und Syrien und den südlichen Teil Arabiens mit den Handelszentren am Mittelmeer verbanden, entwickelte sich Petra zwischen dem 5. Jahrhundert v. Chr. und dem 3. Jahrhundert n. Chr. zum bedeutenden Handelsplatz. Alle damals erdenklichen Luxusgüter wurden in der Felsenstadt umgeschlagen. Zur günstigen geografischen kam die versteckte Lage der Stadt: Petra ist bis heute auf dem Landweg nur durch eine schmale Felsschlucht, den Siq (Schacht), erreichbar. Der Siq ist eine enge Schlucht in den Felsen, die Schlucht der Prüfung: an manchen Stellen gerade einmal 2 m breit, an beiden Seiten von beinahe senkrecht aufstrebenden Felswänden flankiert, die sich bis zu 100 m hoch über den Talboden erheben und das Licht aussperren.

Hatten die Handelskarawanen die bedrohliche Schlucht, diesen Felsspalt, allerdings erst einmal durchquert, wurden sie mit einem geradezu unglaublichen Anblick reichlich belohnt. Durch einen schmalen Spalt trat man hinaus und stand vor der beinahe 40 m hoch aufragenden Felsfassade des Hazne al Fir'un, des „Schatzhaus des Pharaos“. Lange Zeit nahm man an, dass es sich bei den aus dem Fels gemeißelten Gebäuden um Paläste handelt. Tatsächlich jedoch sind die aufwändig gestalteten Gesimse, Halb-

Nur durch den Siq erreicht man die Felsenstadt Petra. Man sollte dem Rat eines alten Beduinenführers Glauben schenken: „Beginne früh deinen Weg, denn der Pfad durch die Schlucht ist mühsam und lang, nur im ersten Morgenlicht kannst du das Wunder des Schatzhauses erleben …"

DATEN

*** 312 v. Chr.:** Feldzug des Diadochen Antigonos Monophthalmos gegen die Nabatäer

*** um 169 v. Chr.:** König Aretas I.

*** um 120–96 v. Chr.:** König Aretas II.

*** 87–62 v. Chr.:** unter König Aretas III. zeitweilige Ausdehnung des „Karawanenstaates" bis nach Damaskus

*** 62 v. Chr.:** Nabatäa wird Vasall Roms

*** 106:** unter Kaiser Trajan Einrichtung der römischen Provinz Arabia Petraea mit der Hauptstadt Bosra

*** 1170–1188:** Räumung von Kreuzritterfestungen wie al-Wueira

*** 1217:** letzter abendländischer Besucher

*** 1812:** Wiederentdeckung durch „Scheich Ibrahim", Johann Ludwig Burckhardt

*** 1985:** Aufnahme in die Liste des Weltkulturerbes der UNESCO

säulen und Giebel der aus dem Stein gehauenen Monumente lediglich Fassade für königliche Grablegen, einfache Grabkammern, die sich hinter den beeindruckenden Kunstwerken verbergen.

Ihre Blütezeit erlebte die Felsenstadt Petra zwischen dem 1. Jahrhundert v. Chr. und dem 1. Jahrhundert n. Chr. Nabatäer-König Aretas III. Philhellen (87–62 v. Chr.) eroberte Damaskus und belagerte Jerusalem, was einen Konflikt mit Rom heraufbeschwor. Petra geriet nach dem Tod des Königs zwar in ein Vasallenverhältnis zu Rom, doch wuchs der Wohlstand in der Felsenstadt unvermindert weiter. Die Tempel- und Palastbauten nahmen immer monumentalere Formen an. Aretas IV. ließ in der ersten Hälfte des 1. Jahrhunderts n. Chr. den Haupttempel im Zentrum Petras errichten. Zu dieser Zeit wohnten etwa 40 000 Menschen in Petra.

Dann allerdings verschärfte sich der Konflikt mit Rom. Die Römer unterbrachen die Karawanenwege. Der Wohlstand Petras war dahin. Im Jahr 106 besiegte der römische Kaiser Trajan die Nabatäer endgültig und unterwarf sie Rom. Die einst legendäre Stadt Petra versank in der Bedeutungslosigkeit. Als schließlich im Jahr 663 die Araber in das Gebiet einfielen, verließen die letzten Bewohner die Stadt. Im Lauf der Jahrhunderte eroberte sich die Wüste die Tempel und Paläste zurück. Petra geriet in Vergessenheit und zerfiel.

Im August des Jahres 1812 gelang es dem schweizerischen Orientreisen Johann Ludwig Burckhardt mit einem Trick, in die versunkene Felsenstadt Petra vorzudringen. Er verkleidete sich und gab vor, als gläubiger Muslim am Grab Aarons beten zu wollen. Ortskundige Beduinenführer brachten „Scheich Ibrahim" schließlich nach Petra. Durch den Siq gelangte Burckhardt nach Petra, den Ort, an dem angeblich Moses mit einem Stab Wasser aus dem Felsen geschlagen hatte, als er das Volk der Juden aus ägyptischen Gefangenschaft ins Gelobte Land führte.

Das Hazne al Fir'un, das Schatzhaus des Pharaos, das tatsächlich ein Felsengrab ist, wurde aufwändig restauriert, das römische Theater aus dem 1. Jahrhundert n. Chr., das seinerzeit bereits 5000 Menschen Platz bot, saniert. Der Grabtempel Al Deir ist nicht zuletzt wegen seiner schieren Größe einer der herausragenden Monumentalbauten Petras. Allein die Urne auf der Spitze des Rundtempels misst in der Höhe 9 m. Al Deir zählt zu den Höhepunkten nabatäischer Baukunst.

Mitte: Der Grabtempel Al Deir ist das größte Bauwerk in Petra.

Unten: Der Hazne al Fir'un, die „Schatzkammer des Pharaos", mit ihrer 40 m hohen Fassade.

MALAYSIA

Petronas Twin Towers

BIS ZUM JAHR 2003 GALTEN DIE PETRONAS TWIN TOWERS IN KUALA LUMPUR MIT EINER HÖHE VON 452 METER ALS HÖCHSTES GEBÄUDE DER WELT. DIE GIGANTISCHEN ZWILLINGSTÜRME SIND DER SITZ DER STAATLICHEN MALAYSISCHEN ÖLGESELLSCHAFT PETRONAS.

Der Bau der Petronas Twin Towers war ein gigantisches Prestigeobjekt des ehrgeizigen malaysischen Premiers Dr. Mahathir Mohammad. Das neue Wahrzeichen Malaysias sollte nach seinen Vorstellung ein unverwechselbares traditionelles malaysisches Bauwerk mit hervorstechenden islamischen Stilelementen werden. Architekt Pelli konzipierte daraufhin einen achteckigen sternförmigen Grundriss – im Islam Symbol für Ordnung und Harmonie – und fügte halbkreisförmige Ausbuchtungen an, um die nutzbare Fläche zu vergrößern. Für den Statiker Charlie Thornton ergaben sich aus diesem Grundriss ungeahnte Möglichkeiten: Er erkannte ungeheure statische Reserven, die ausreichen würden, um die Petronas Twin Towers zum höchsten Gebäude der Welt zu machen.

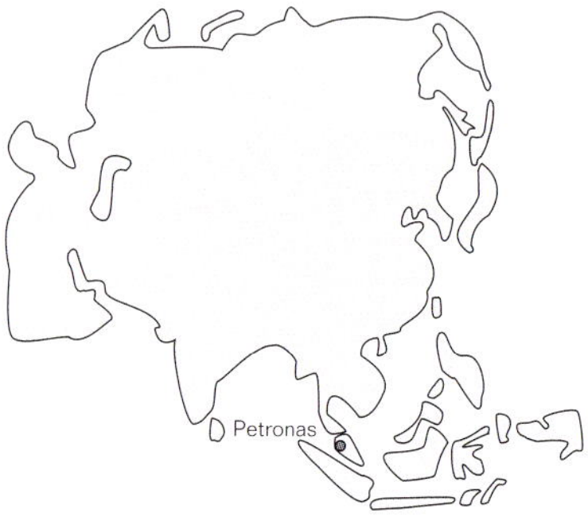

Doch die Vorzeichen für den Bau des Weltrekordwolkenkratzers standen von Beginn an schlecht. Schon kurz nach der Grundsteinlegung 1992 geraten die Bauarbeiten ins Stocken: Der vorgesehene Bauplatz erweist sich als ungeeignet. Das brüchige Gestein kann das Gewicht der Türme nicht tragen. Thornton entschließt sich zu einem Husarenstück: Er verschiebt den gesamten Komplex um rund 60 m und setzt den gigantischen Wolkenkratzer auf weichen Untergrund. Für die beiden Türme muss ein riesiges

FAKTEN

* **Name:** Petronas Twin Towers
* **Standort:** Kuala Lumpur, Malaysia
* **Bauzeit:** 1992 – 1997
* **Architekt:** César Antonio Pelli
* **Höhe:** 452 m
* **Stockwerke:** 88
* **Nutzfläche:** 341 780 m^2
* **Aufzüge:** 47 Aufzüge und 29 doppelstöckige Hochgeschwindigkeitsaufzüge je Turm
* **Gewicht je Turm:** 270 000 t
* **Betonvolumen:** 160 000 m^3
* **Fensterfläche:** 77 000 m^2
* **Fläche der Ummantelung aus rostfreiem Stahl:** 65 000 m^2
* **Baukosten:** ca. 950 Mio EUR
* **Nutzung:** Sitz der staatlichen malaysischen Ölgesellschaft Petronas, Kuala Lumpur City Center (mehrere Einkaufszentren, Hotel, Banken); Kunstgalerie, Konzerthalle mit 840 Sitzplätzen

Das Suria Shopping Center in den Petronas Twin Towers. Hier befindet sich auch ein Hotel der Luxusklasse sowie ein Konzertsaal mit 840 Sitzplätzen.

Betonfundament gegossen werden, das mit einer Vielzahl massiver Pfeiler, die 120 m tief in den Boden getrieben werden, fest im Untergrund verankert wird: das tiefste Fundament der Welt. 52 Stunden lang ergießt sich alle zwei Minuten eine riesige LKW-Ladung eines hochfesten, extrem verdichtenden Spezialbetons in den Krater für das Fundament. Pro Turm muss das Fundament ein Gewicht von 270 000 t tragen.

Die Bauzeit für die Twin Towers ist auf sechs Jahre festgelegt. Überschreiten die Firmen den Termin, werden für jeden Tag Verzug 700 000 US-Dollar Strafe fällig. Die Arbeiter schuften im Akkord und unter enormem Druck. Bis zu 2000 Bauarbeiter sind 24 Stunden an sieben Tagen die Woche im Einsatz. Für jedes Stockwerk ist eine Bauzeit von vier Tagen geplant. 88 Stockwerke sollen es werden.

Das Team, das an Turm I baut, hat einen leichten Vorsprung. Als die Arbeiten im 72. Stockwerk ankommen, stellt ein Vermessungsingenieur bei einer Routinekontrolle eine Abweichung des Turms von der Senkrechten um 2,5 cm fest. Turm I steht schief! Charlie Thornton gelingt es, den Fehler zu korrigieren: Die letzten 16 Stockwerke werden mit einer entgegengesetzten Neigung von 0,2 cm je Etage aufgesetzt. Der Turm bleibt stabil. Niemand kann das Malheur mit bloßem Auge erkennen. Die Bauarbeiten können planmäßig zu Ende geführt werden. Zwischen dem 41. und 42. Stockwerk in 170 m Höhe verbindet eine 400 t schwere Brücke, die so genannte Skybridge, die beiden gigantischen Türme. Die Brücke dient als Fluchtweg für Notfälle und lagert auf gewaltigen Kugellagern. Sie verleiht dem riesigen Zwilling aus Beton, Aluminium und Glas zusätzliche Stabilität.

1997 können die Petronas Twin Towers termingerecht eingeweiht und eröffnet werden. Mit ihrer Höhe von 452 m überragen sie bis 2003 alle anderen Bauwerke der Erde.

Oben: Architekt César Pelli gelang eine perfekte Kombination aus traditionellen malaysischen Bau- und islamischen Stilelementen.

Links: Die Skybridge verbindet die beiden Türme im 41. und 42. Stockwerk miteinander.

CHINA / TIBET

Potala-Palast

HOCH ÜBER LHASA, DER EHEMALIGEN HAUPTSTADT TIBETS, THRONT AUF DEM BERG MAR-PO-RI, DEM ROTEN BERG, DIE MÄCHTIGE ANLAGE DES POTALA-PALASTES. BIS 1959 WAR ER SITZ DER REGIERUNG UND OFFIZIELLE RESIDENZ DES DALAI-LAMA.

Nach dem Einmarsch chinesischer Truppen und dem massiven Beschuss der Palastanlage durch die chinesische Armee musste der Dalai-Lama fliehen und seinen Amtssitz in Lhasa sowie das Land Tibet verlassen. Der Potala-Palast zählt zu den heiligen Stätten des Buddhismus. Nach alter buddhistischer Überlieferung ist der Palast Sitz des „Bodhisattva", des „Avalokitesvara im reinen Land von Dewachen", der Schutzgottheit Tibets. Als Verkörperung des Avalokitesvara gilt der regierende Dalai-Lama. Dies mag die immense religiöse und spirituelle Dimension des Potala-Palastes für die Tibeter und die buddhistischen Gläubigen auf der ganzen Welt verdeutlichen. Seit der Besetzung Tibets ist der Potala-Palast verwaist, wenngleich er noch immer eine der wichtigsten Pilgerstätten des Buddhismus darstellt. Heute wird er als Museum genutzt.

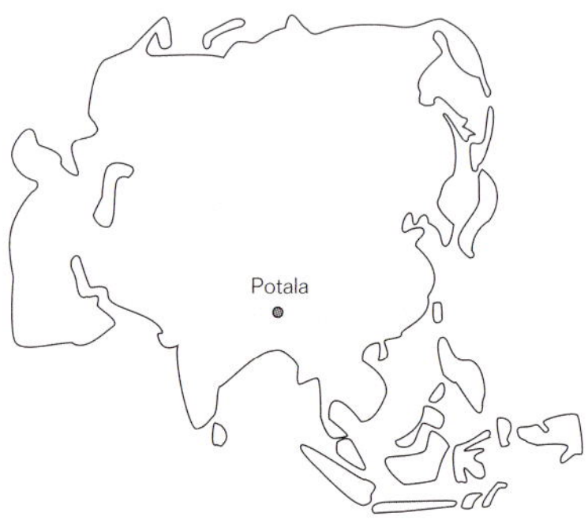

Der erste Bauabschnitt des Potala-Palastes wurde bereits um das Jahr 637 angelegt. Im 17. Jahrhundert wurde dieser erste Bau schließlich in eine größere Palastanlage, den Potrang Karpo (Weißer Palast) integriert. Die Bauarbeiten am Weißen Palast wurden 1648 abgeschlossen. Als Bauherr fungierte der V. Dalai-Lama. Der Potrang Marpo (Roter Palast) wurde erst nach seinem Tod im Jahr fertig gestellt (1694). Bis ins 20. Jahrhundert hinein blieb der Palast unverän-

Rechts: Seit 1994 steht der Potala-Palast auf der Liste des Weltkulturerbes der UNESCO.

Unten: Grandios und beeindruckend. Der Potala-Palast spiegelt sich im Lhasa River.

dert. Erst 1922 kam es während der Amtszeit des XIII. Dalai-Lama zu erneuter Bautätigkeit: der Rote Palast wurde renoviert und um zwei weitere Etagen aufgestockt. Durch den Bau des Sommerpalastes Norbulingka Mitte des 18. Jahrhunderts im Stadtgebiet von Lhasa, wurde der Potala nur noch während der Wintermonate genutzt. Fortan wurde er auch als Winterpalast bezeichnet.

Die Kulturrevolution in China überstand der Potala-Palast weitgehend unbeschadet. Überraschend, bedenkt man die verheerenden Schäden, die marodierende chinesische Revolutionstruppen an anderen Kulturdenkmälern hinterlassen haben. Seit 1994 steht der Potala-Palast, noch immer bedeutende buddhistische Pilgerstätte, zusammen mit dem Sommerpalast Norbulingka und dem Jokhang-Tempel in Lhasa auf der Liste des Weltkulturerbes der UNESCO.

Die Schäden, die während der Unruhen im Jahr 1959 entstanden waren, sind heute mittlerweile wieder behoben, der Potala-Palast saniert und in seinen ursprünglichen Zustand versetzt. Insgesamt 13 Stockwerke hoch ist der Palast heute und er beherbergt nicht weniger als 999 Räume. In Ost-West-Richtung erstreckt er sich auf etwa 350 m Länge und in Nord-Süd-Richtung auf rund 300 m Breite.

Im Roten Palast liegen in den obersten Stockwerken die Privatgemächer des geistlichen und politischen Führers Tibets, die Räume des Dalai-Lama. Neben großen Zeremonien- und Meditationshallen und vielen kleineren Kapellen befinden sich in der Anlage die Grabchörten der bisherigen Reinkarnationen des Dalai-Lama. Es wurden alle acht Dalai-Lama in jeweils eigenen Grabstätten beigesetzt, beginnend mit dem V. Dalai-Lama. Dessen Grabchörte ist die größte und prachtvollste. Für die Ausgestaltung und den Schmuck der Chörte wurden auf einer Höhe von annähernd 20 m über drei Stockwerke rund 3,7 t Gold verarbeitet.

Im Jahr 1959 marschierten chinesische Truppen in Tibet ein, vertrieben den Dalai-Lama und annektierten das Land. Seitdem trägt es die offizielle Bezeichnung „Autonomes Gebiet Tibet" und gehört nach chinesischer Lesart zum Staatsgebiet der Volksrepublik China. Die Zugehörigkeit Tibets und sein völkerrechtlicher Status sind bislang jedoch umstritten. Auf politischer Ebene wird Tibet von der internationalen Staatengemeinschaft als Teil des chinesischen Staatsverbandes betrachtet. Auch die Exilregierung Tibets wird nicht anerkannt. Konsultationen und Kontakte zum Dalai-Lama beziehen sich ausschließlich auf dessen Eigenschaft als religiöser Führer.

FAKTEN

* **Dalai-Lama:** Der Titel für den höchsten weltlichen und religiösen Führer des buddhistischen Tibet. Der gegenwärtige XIV. Dalai-Lama ist der Mönch Tenzin Gyatso.

* **Chörten:** Ein Kultbau des tibetischen Buddhismus. Er unterscheidet sich grundsätzlich von der chinesischen Pagode. Der weiß getünchte Hauptkörper hat die Form einer umgestülpten Glocke und erhebt sich auf einem hohen, mehrfach abgestuften Unterbau.

* **Lhasa:** Die Hauptstadt des „Autonomen Gebiets Tibet" der Volksrepublik China liegt auf etwa 3600 m Höhe am Nordrand des Himalaya. 1950 hatte Lhasa ca. 50 000 Einwohner, heute sind es bereits mehr als 475 000, Tendenz steigend.

CHINA / TAIWAN

Taipei 101

HÖHER, SCHNELLER, SICHERER – SO LÄSST SICH DER EINZIGARTIGE WOLKENKRATZER MITTEN IM HERZEN DER TAIWANESISCHEN HAUPTSTADT TAIPEH WOHL AM TREFFENDSTEN BESCHREIBEN. TAIPEI 101 IST IN ALLEN BELANGEN EIN BAUWERK DER SUPERLATIVE!

Höher: Der Taipei 101 ist mit einer Gesamthöhe von 508 m das derzeit höchste Gebäude der Welt. Schneller: Die Turboaufzüge sind die schnellsten der Welt. Sicherer: Der Taipei-101-Megatower gilt als der sicherste Wolkenkratzer, der je gebaut wurde.

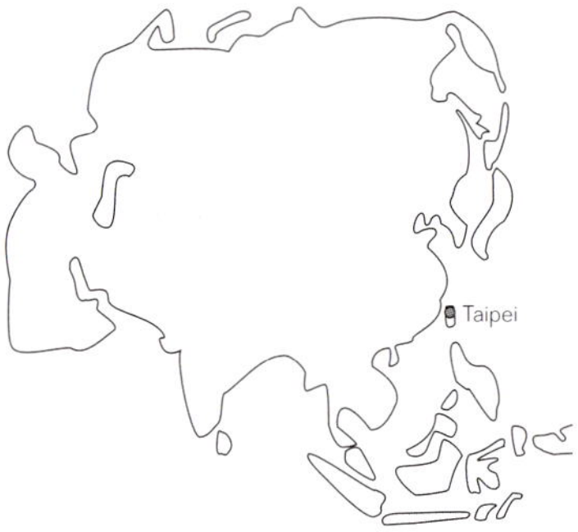

Der Taipei 101 steht in der geologisch gefährlichsten Region der Erde und in einem der stürmischsten Winkel des Blauen Planeten. Zum einen schieben sich genau unter der Insel Taiwan die Philippinische und die Eurasische Kontinentalplatte übereinander. Beinahe täglich bebt in Taiwan die Erde, bis zu 10000-mal pro Jahr. Zum anderen fegen jährlich drei bis vier verheerende Wirbelstürme mit Windgeschwindigkeiten bis 250 km/h über das Eiland hinweg. Hinzu kommt der Untergrund, auf dem der Gigant steht: Die Region von Taipeh ist von sumpfigem Schwemmland bedeckt. Erst in etwa 60 m Tiefe findet sich harter Fels, der für die stabile Verankerung von Gebäuden geeignet ist.

Die Form des Wolkenkratzers ist einem Bambusrohr nachempfunden, gleichermaßen stabil und elastisch. Für den sicheren und stabilen Halt von Taipei 101 sorgen 557 Stahlpfeiler, die 80 m tief in den Untergrund gerammt wurden. Auf den Stahlpfeilern ruht eine 9000 t schwere Stahlplatte. An jeder Ecke des riesigen Bauwerks wurden zwei Megasäulen errich-

FAKTEN

* **Name:** Taipei 101
* **Grundsteinlegung:** Januar 1998
* **Eröffnung:** 31. Dezember 2004
* **Baukosten:** 1,5 Mrd. EUR
* **Höhe:** 508 m
* **Fahrstühle:** 63, davon 34 „Doppeldecker"
* **Geschwindigkeit:** 17 m/s
* **Fahrzeit bis zur 90. Etage:** 39 s
* **Stockwerke:** 101 (+ 5 Untergeschosse)
* **Untergeschosse:** 4 Tiefgaragenebenen, 1 Geschäftsgalerie
* **1.–3. Etage:** Geschäftsgalerien
* **4. Etage:** Forum
* **5. Etage:** Konferenzzentrum
* **6.–85. Etage:** Büros
* **86.–90. Etage:** Aussichtsplattform und Restaurants
* **87.–91. Etage:** Schwingungsdämpfer
* **92.–101. Etage:** Technik

Die gigantische Shopping-Mall des Taipei 101 erstreckt sich über drei oberirdische und eine unterirdische Etage. Neben zahlreichen Einzelhandelsgeschäften gibt es hier außerdem unzählige Bars und Cafés.

tet, die die Hauptlast von Taipei 101 tragen und sich durch das gesamte Gebäude ziehen. Die Megasäulen – Außenmaße: 3,0 x 2,4 m, Dicke der Stahlplatten: 8 cm – sind bis zur 62. Etage mit 65 000 t extrem dichtem Hochleistungsbeton gefüllt, was dem Wolkenkratzer Stabilität verleihen soll. Alle Pfeiler und Säulen wurden mit feuerfestem Spezialschaum besprüht.

Die gigantischen Stahlteile wurden im Süden des Landes vormontiert und mit Spezialfahrzeugen nachts nach Taipeh transportiert. Dabei galt es ein ausgeklügeltes Logistiksystem zu entwickeln, denn aus Platzgründen konnten die riesigen Bauelemente nicht auf der Baustelle zwischengelagert werden. Jedes angelieferte Bauteil musste entsprechend sofort dorthin gebracht werden, wo es eingebaut werden sollte. Hierfür wurden speziell für den Turmbau vier Kletterkräne konstruiert, die die bis zu 90 t schweren Einzelteile an ihre Einbauposition hievten. Die Kräne waren fest am Stahlgerüst im Inneren des Rohbaus verankert und wuchsen zusammen mit dem Wolkenkratzer Stockwerk für Stockwerk hinauf.

Trotz der stabilen Stahl- und Betonkonstruktion von Taipei 101 würde der gigantische Wolkenkratzer bei Taifunstürmen extrem stark schwanken. Bis zu 2,5 m würde der Ausschlag an der Spitze betragen, haben Experten errechnet. Um die Belastung für das Gebäude zu verringern, wurde ein Schwingungsdämpfer eingebaut.

Der Schwingungsdämpfer von Taipei 101 ist eine 660 t schwere Stahlkugel mit einem Durchmesser von 5,5 m, die an 16 oberarmdicken Stahltrossen zwischen dem 91. und 87. Stockwerk hängt. Die Funktionsweise des vergoldeten Pendels ist denkbar einfach: Gerät Taipei 101 ins Schwanken, schlägt der Schwingungsdämpfer in die entgegengesetzte Richtung aus, stabilisiert so den Turm und hält ihn konstant in der Senkrechten.

Oben: Der Architekt C.Y. Lee und sein Meisterwerk Taipei 101.

Links: 63 Aufzüge befördern die Besucher und Angestellten zu den Geschäften und Büros.

INDIEN

Taj Mahal

DER TAJ MAHAL, DAS BETÖRENDE GRABMAL AUS MARMOR IM NORDINDISCHEN AGRA, IST DAS MONUMENT EINER UNSTERBLICHEN LIEBE. SHAH JAHAN, INDISCHER GROSSMOGUL, LIESS ES ZWISCHEN 1631 UND 1648 FÜR SEINE LIEBLINGSFRAU MUMTAZ MAHAL ERBAUEN.

Der Taj Mahal gilt als eines der schönsten Bauwerke der Welt, eine Meisterleistung indo-islamischer Kunst. Großmogul Shah Jahan ließ die Baumaterialien für das prächtige Grabmal aus ganz Indien und Asien nach Agra bringen. Für den Transport der edlen Baustoffe wurden über 1000 Lastelefanten eingesetzt. Shah Jahan unternahm jedwede Anstrengung, um seiner großen Liebe ein unvergänglich prächtiges Denkmal zu setzen.

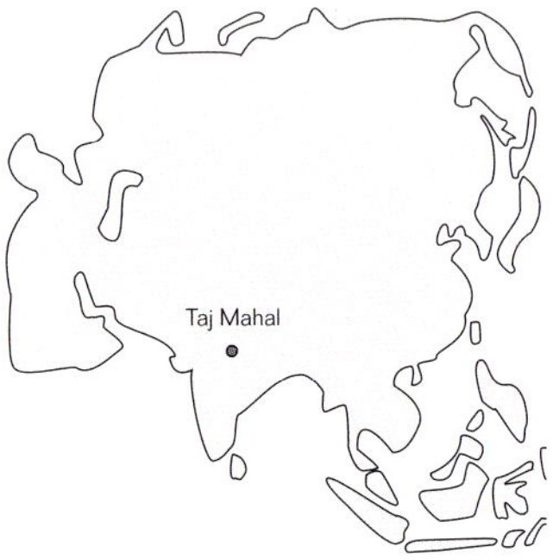

Durch das imposante Hauptportal mit seinen 22 Kuppeln betritt man ein irdisches Paradies. Das 18 ha große Areal mit seinen Parkanlagen, dem Grabmal mit seinen vier leicht geneigten Minaretten, seiner Moschee und seinem malerischen Gästehaus bilden ein Ensemble perfekter architektonischer Harmonie. Über 20000 Handwerker und Arbeiter waren an seiner Vollendung beteiligt.

Der Taj Mahal ist sowohl ein architektonisches als auch ein ästhetisches Meisterwerk. Die riesige Kuppel des Hauptgebäudes erhebt sich 59 m hoch. Die vier Minarette an den Ecken des Grabmals erreichen eine Höhe von jeweils 40 m und sind leicht nach außen geneigt, damit sie im Falle eines Erdbebens nicht auf das Hauptgebäude stürzen. Ein Meisterwerk der Statik ist die komplizierte Unterkonstruktion, die das Gewicht der riesigen Kuppel gleichmäßig auf die tra-

Oben: Wer das prächtige Eingangsportal zur Anlage von Taj Mahal in Agra durchschreitet, betritt ein perfektes, harmonisches Bauensemble.

FAKTEN

*** Kurioses:** Im 19. Jahrhundert erwogen die britischen Kolonialherren, den stark vernachlässigten Taj Mahal nach England zu schaffen, um ihn dort stückweise auf Auktionen zu versteigern. Der Plan wurde jedoch wieder verworfen.

*** Ungewiss:** Das Datum der Fertigstellung des Taj Mahal im Jahr 1654 ist nach wie vor umstritten:

1. Der Hofchronist Shah Jahans hielt in einem Dokument fest, dass ein halbes Jahr nach dem Tod von Mumtaz Mahal am 17. Juni 1631 mit dem Bau begonnen worden sei und die Bauzeit zwölf Jahre betragen habe. Demnach müsste das Mausoleum also 1643 vollendet worden sein.

2. Eine Inschrift über dem Haupteingang verweist auf das Jahr 1648 als Jahr der Fertigstellung.

3. In einem Brief aus dem Jahr 1652 weist Prinz Aurangzeb, Sohn des Großmoguls, darauf hin, dass der Taj Mahal reparaturbedürftig sei.

genden Gebäudeteile verteilt: Viele übereinander liegende kleine Gewölbe und ein ausgeklügeltes System zur Regulierung des Grundwasserspiegels sorgen dafür, dass der Taj Mahal nicht absackt.

Für die prächtige Dekoration der letzten Ruhestätte seiner Lieblingsfrau verpflichtete Shah Jahan den Venezianer Geronimo Veroneo und den Franzosen Austin de Bordeaux. Unter ihrer Anleitung entstanden prachtvolle Einlegearbeiten und Mosaiken aus 60 verschiedenen Edel- und Halbedelsteinen. Die Handwerker arbeiteten beim Zusammensetzen der Bilder und Motive aus den Steinen so exakt, dass Bruchnähte und Stoßkanten nur mit optischen Hilfsmitteln erkennbar sind. Daneben wurden die Räumlichkeiten mit Koranzitaten, floralen Marmorreliefs und Zickzackbändern opulent verziert.

Während der Bauarbeiten am Taj Mahal erhob der trauernde Großmogul seinen künstlerischen Geschmack zum Gesetz. In seiner Trauer und seiner Besessenheit, ein Grabmal von überwältigender Schönheit zu erschaffen, muss er wohl jedes Maß und Ziel verloren haben. Um einen Staatsbankrott aufgrund der bereits immensen Baukosten und der ungezügelten Bauwut des Großmoguls, der bereits ein zweites prächtiges Mausoleum aus schwarzem Marmor für sich selbst in unmittelbarer Nähe des Taj Mahal plante, abzuwenden, wurde Shah Jahan kurzerhand von seinem Sohn Aurangzeb entmachtet. Der Filius stellte seinen Vater fortan bis zu dessen Tod unter Hausarrest. Die letzten acht Jahre seines Lebens verbrachte der entmachtete Großmogul im Roten Fort von Agra – mit Blick auf den Taj Mahal.

Nach seinem Tod (1666) wurde Shah Jahan im Taj Mahal an der Seite seiner geliebten Frau Mumtaz Mahal beigesetzt.

Die Kunde von dem prächtigen Grabmal in Agra verbreitete sich schnell in der ganzen Welt. Von Beginn an wurde der Taj Mahal zu einer Pilgerstätte. Die einen wollten die immensen Schätze und Kostbarkeiten sehen, die hier zu Ehren einer verstorbenen Ehefrau verbaut worden waren. Die anderen waren fasziniert von der perfekten Harmonie des Monumentes. Wieder andere betrachteten das Grabmal als Heiligtum einer Märtyrerin.

Der indische Dichter Rabindranath Tagore beschrieb den Taj Mahal in einem seiner Gedichte als „eine Träne auf der Wange der Zeit".

Mitte: Der reich verzierte Marmorbau des Taj Mahal. Der Marmor ist jedoch nur Verkleidung. Die Mauern des gesamten Bauwerks bestehen aus flachen Ziegeln.

Unten: Indische Exotik pur: Der Taj Mahal ist ein architektonisches Meisterwerk. Die riesige Kuppel des Hauptgebäudes ist 59 m hoch.

CHINA

Tiananmen

ER GILT ALS DER GRÖSSTE BEFESTIGTE PLATZ: DER TIANANMEN, DER PLATZ DES HIMMLISCHEN FRIEDENS, IM HERZEN VON BEIJING (PEKING). ERST NACH DEM STURZ DER MONARCHIE IM JAHR 1911 WURDE ER AUCH FÜR DIE ÖFFENTLICHKEIT ZUGÄNGLICH.

Der Tiananmen ist eine Schöpfung des modernen Chinas. Über viele Jahrhunderte hinweg war es im „Reich der Mitte" nicht üblich, große öffentliche Versammlungsplätze anzulegen. Erst mit dem Ende der Monarchie in China (1911) begann die neue Führung mit der Errichtung großer Volksversammlungsplätze. Der Platz des himmlischen Friedens liegt im Herzen Beijings. An seiner Nordseite befindet sich das Tor des himmlischen Friedens, das den Haupteingang zur „Verbotenen Stadt" darstellt. Vor dem Tor rief Mao Zedong am 1. Oktober 1949 die Volksrepublik China aus.

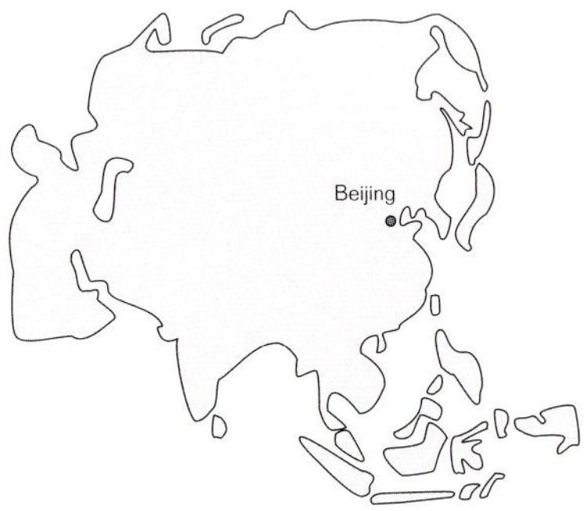

Dem Tor gegenüber liegt das Mausoleum, in dem der mumifizierte Leichnam Mao Zedongs aufgebahrt ist. An der Ostseite des Platzes wurde 1959 das Geschichts- und Revolutionsmuseum errichtet und an der Westseite begrenzt die „Große Halle des Volkes" den Platz des himmlischen Friedens. In der Mitte des Platzes wurde das Denkmal der Volkshelden errichtet: eine rund 40 m hohe quadratische Steinstele, auf der Zitate Mao Zedongs und Zhou Enlais eingemeißelt sind. Insgesamt umfasst das Areal des Platzes in seiner heutigen Ausdehnung mehr als 40 ha. Er gilt damit als der größte befestigte Platz der Welt.

„Ort der Vorfälle", so bezeichnen die Bewohner Beijings den zentralen Platz der Hauptstadt. Seitdem

Rechts: Der größte befestigte Platz der Welt, der Tiananmen, umfasst eine Fläche von mehr als 40 ha.

Unten: Die Große Halle des Volkes steht am Westrand des Platzes.

auch der Allgemeinheit Zugang zum Platz des himmlischen Friedens gewährt wurde, kam es immer wieder zu Vorfällen, die weltweit Bestürzung auslösten.

Die erste große Demonstration auf dem Tiananmen fand am 4. Mai 1919 statt. Auslöser waren die Bestimmungen des Versailler Vertrages. Studenten und Intellektuelle demonstrierten in der Folge auf dem Tiananmen für die Demokratisierung und Westöffnung Chinas. Aus diesen ersten Demonstrationen entstand die Bewegung „4. Mai", die lange Zeit Einfluss auf das Geistesleben in China hatte.

Am 1. Oktober 1949 rief der „Große Vorsitzende" Mao Zedong auf dem Platz des himmlischen Friedens die Volksrepublik China aus und begründete so die bis heute andauernde Herrschaft der Kommunistischen Partei Chinas.

Zu einem weiteren Vorfall kam es am 4. April 1976, dem traditionellen chinesischen Totengedenktag. Tausende Trauernde zogen auf den Platz des himmlischen Friedens, um Kränze und Blumen für den im Januar 1976 verstorbenen und beim Volk überaus beliebten Ministerpräsidenten Zhou Enlai niederzulegen. Polizeikräfte räumten den Blumenschmuck über Nacht auf Anordnung der Regierung wieder weg. In der Folge demonstrierten viele tausende Menschen gegen diesen Akt der Entweihung des Totengedenkens. Polizei und Armee gingen mit brutaler Gewalt dagegen vor. Es kam zu zahlreichen Verhaftungen.

Der aufsehenerregendste Vorfall ereignete sich bislang in der Nacht vom 3. auf den 4. Juni 1989. Mit Panzern und scharfen Waffen gingen Einheiten der Volksarmee gegen friedliche Demonstranten vor, die seit Mitte April des Jahres den Platz des himmlischen Friedens besetzt hielten, um für mehr Demokratie in China und die Liberalisierung des Landes zu demonstrieren. Nach Angaben internationaler Organisationen wurde über 3000 Demonstranten von den Truppen der Volksarmee getötet. Der Militäreinsatz gegen die friedlichen Demonstranten auf dem Platz des himmlischen Friedens wird freilich bis heute von der chinesischen Führung und internationalen Regierungen höchst unterschiedlich bewertet.

In der Folge dieses Zwischenfalls wurden bis jetzt alle Demonstrationen auf dem Tiananmen verboten. Lediglich zu offiziellen Anlässen wird der Tiananmen für offizielle Massenaufmärsche freigegeben. Am 1. Oktober 1999, dem 50. Jahrestages des Bestehens der Volksrepublik, feierten sich die Machthaber mit einer riesigen Militärparade und einem organisierten Massenaufmarsch selbst. Über 1 Mio. Menschen wurden als „Jubler" medienwirksam auf den Platz des himmlischen Friedens abkommandiert.

FAKTEN

* **Name:** Platz des himmlischen Friedens, Tiananmen
* **Standort:** Beijing (Peking), China
* **Fläche:** über 40 ha
* **Status:** größter befestigter Platz der Welt

DATEN

* **1911:** Der Tiananmen wird für die Öffentlichkeit zugänglich.
* **4. Mai 1919:** Studentenproteste („Bewegung 4. Mai")
* **1. Oktober 1949:** Der „Große Vorsitzende" Mao Zedong ruft auf dem Tiananmen die Volksrepublik China aus.
* **4. April 1976:** Polizei treibt Demonstranten bei einer Kundgebung am chinesischen Totengedenktag mit Gewalt auseinander.
* **3./4. Juni 1989:** Volksarmee schlägt Studentenproteste brutal nieder; bis zu 3000 Tote.
* **1. Oktober 1999:** 50. Jahrestages des Bestehens der Volksrepublik

CHINA

Verbotene Stadt

MITTEN IM HERZEN BEIJINGS (PEKINGS) LIEGT DAS WOHL EINDRUCKSVOLLSTE SYMBOL DER MACHT DER CHINESISCHEN KAISER: DIE VERBOTENE STADT. SIE GILT ALS MANIFESTATION DER ÜBERLEGENHEIT DER ÜBER 5000-JÄHRIGEN GESCHICHTE UND KULTUR CHINAS.

Die riesige Anlage, die bis 1924 nur einem engen Kreis von Auserwählten aus dem unmittelbaren Umfeld der Herrscherdynastie offen stand, ist die größte Palastanlage der Welt. Die Verbotene Stadt war über viele Jahrhunderte hinweg ein abgeschotteter Kosmos. Hier wurden die Geschicke des Kaiserreichs bestimmt. Von hier aus herrschten die Kaiser, die „Söhne des Himmels", über das Reich der Mitte.

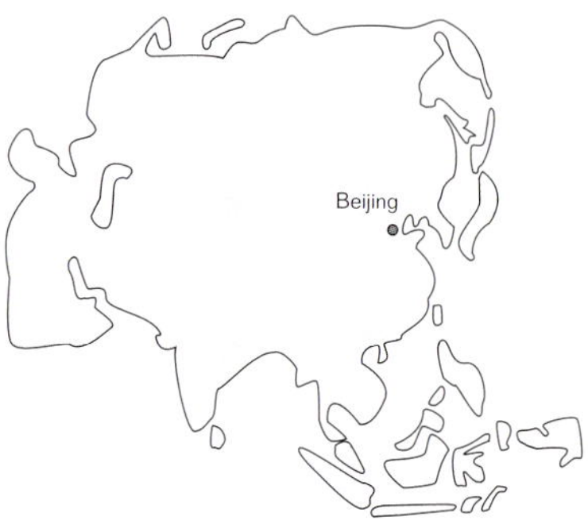

Im Jahr 1402 riss der ehrgeizige Yong Le aus der Ming-Dynastie die Macht an sich und erklärte sich zum Kaiser. Er verlegte seine Hauptstadt nach Beijing. Es herrschten Ruhe und Zufriedenheit. Yong Le wollte einen angemessenen Sitz für die „Söhne des Himmels" erschaffen. Um 1406 begann der Monarch mit der Planung seiner Palaststadt. Zi Jin Cheng, die Himmlische Verbotene Stadt, sollte alle anderen Paläste in den Schatten stellen, sollte Zentrum des Universums werden.

Über 1 Mio. Arbeiter waren auf der Großbaustelle beschäftigt. 100 000 der besten Handwerker aus allen Teilen des Reiches wurden abkommandiert, um die prunkvolle Anlage zu errichten. Über 20 Mio. Ziegel mussten gebrannt, zurechtgeschliffen und nach Beijing gebracht werden. Die Ziegelei lag 15 500 km von der Hauptstadt entfernt. Tausende tonnenschwe-

FAKTEN

* **Name:** Verbotene Stadt
* **Ort:** Beijing (Peking), China
* **Fläche:** 720 000 m²
* **Bebaute Fläche:** 150 000 m²
* **Anzahl der Paläste:** 890
* **Anzahl der Räume:** 9999
* **Länge der Mauer:** 3428 m
* **Höhe der Mauer:** 10 m
* **Anzahl der Türme:** 4
* **Anzahl der Tore:** 4

DATEN

* **1368–1644:** Ming-Dynastie
* **1723–1726:** „Palast der Herzensbildung", Wohnsitz des Qing-Kaisers
* **1731:** Bau des „Palastes der Enthaltsamkeit"
* **1900:** Boxeraufstand; die Bewegung der Freiheitskämpfer kontrolliert Beijing.
* **1924:** Vertreibung des letzten Kaisers Pu-Yi aus der Verbotenen Stadt und Öffnung der Stadt
* **1987:** Ernennung zum Weltkulturerbe der UNESCO

Vergoldete Löwenskulpturen finden sich überall in der Verbotenen Stadt. Sie symbolisieren Macht und Stärke der „Söhne des Himmels", der Kaiser von China.

re Steinplatten wurden unter größten Anstrengungen in die Hauptstadt transportiert. Das Holz für die Gebäude musste aus den tropischen Wäldern des Landes herangeschafft werden.

Das Geschick und der Erfindungsreichtum der Baumeister und Handwerker und ihrer Helfer zahlten sich aus. Nach nur drei Jahren Bauzeit war das Monument der Macht, die Stadt im Herzen der Stadt, die Verbotene Stadt, fertig gestellt.

Auf 720 000 m² hatten die Handwerker und Arbeiter nach den Plänen Yong Les ein unvergleichliches Ensemble aus Palästen, Pavillons, Plätzen, Toren, Skulpturen, Wasserläufen und Brücken erschaffen. Insgesamt errichteten sie 9999 Räume. Der Legende zufolge durfte nur der Himmel einen Palast mit 10 000 Räumen besitzen. Entsprechend mussten sich die „Söhne des Himmels" mit einem Raum weniger begnügen. Überall wurden Löwen- und Drachenskulpturen aus Stein oder Bronzeguss platziert. Umgeben ist die Verbotene Stadt von einer beinahe 3,5 km langen und 10 m hohen Festungsmauer. Durch vier Tore konnte man in die Stadt gelangen. An den Ecken überragen vier festungsartige Türme die Mauer. Um die Mauer herum wurde zusätzlich ein 52 m breiter Wassergraben angelegt. Um die beiden Höfe der Verbotenen Stadt gruppieren sich die beeindruckenden Paläste, Hallen und Tore mit so klingenden Namen wie „Palast der himmlischen Reinheit", „Palast der Berührung von Himmel und Erde", „Palast der Irdischen Ruhe" oder „Halle der höchsten Harmonie".

Bis 1912 regierten die chinesischen Herrscher von der Verbotenen Stadt aus ihr Reich. Pu-Yi, der letzte Kaiser Chinas, wurde 1912 in der Verbotenen Stadt unter Hausarrest gestellt. Kurz darauf wurde die Monarchie in China abgeschafft. 1924 wurden Pu-Yi und die Seinen von republikanischen Truppen endgültig aus der Stadt vertrieben.

Oben: Prachtvolle Treppenaufgänge, Rundgänge und Wasserspiele verzieren die fantastischen Tempel und Paläste in der Verbotenen Stadt.

Links: Die „Halle der Höchsten Harmonie". Wie alle Gebäude wurde auch diese Halle vorwiegend aus tropischem Holz errichtet.

CHINA

Xi'an

DER ERSTE CHINESISCHE KAISER QIN SHI HUANG DI LIESS SICH VON EINER AUS TON GEFORMTEN ARMEE SCHWER BEWAFFNETER KRIEGER MITSAMT PFERDEN UND STREITWAGEN INS JENSEITS BEGLEITEN: DER WELTBERÜHMTEN TERRAKOTTA-ARMEE VON XI'AN.

Zahlreiche Archäologen bezeichnen die tönerne Armee ehrfürchtig als achtes Weltwunder. Im Jahr 1974 zufällig entdeckt, hat man bis heute in mühevoller Kleinarbeit bislang rund 7000 Figuren – Soldaten und Pferde – freilegen können. Experten gehen davon aus, dass es sich dabei jedoch lediglich um rund ein Viertel der gesamten Armee handelt.

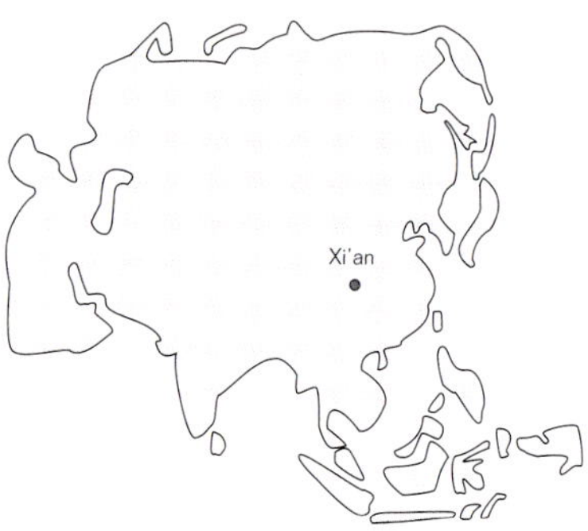

Im Alter von nur 13 Jahren bestieg Qin Shi Huang Di den Thron des Königreiches Qin. China war zu jener Zeit ein buntes Mosaik aus zahlreichen kleinen und mittelgroßen Fürstentümern und Königreichen, die untereinander mehr oder weniger befreundet waren. Qin Shi Huang Di eroberte alle Ländereien, die an sein Königreich Qin grenzten, und formte daraus ein einziges Reich, das heute den Großteil des heutigen Ostchinas ausmacht. Die Errichtung eines geeinten chinesischen Reiches war dem ersten Kaiser Chinas (221–210 v. Chr.) also gelungen. Allein, das Elixier der Unsterblichkeit konnte er trotz intensivster Bemühungen seiner Gelehrten nicht finden. Aus Angst vor seinem kommenden Ende ließ Qin Shi Huang Di unmittelbar nach seiner Thronbesteigung mit dem Bau einer Grabanlage beginnen. Eine Armee sollte ihm Schutz im Jenseits garantieren: die Herstellung der als Terrakotta-Armee berühmt gewordenen Grabfiguren begann. Über

Die Soldaten sollten den Kaiser auf seiner Reise ins unbekannte Jenseits begleiten und bewachen. Dazu wurden die Krieger mit allen notwendigen Ausrüstungsgegenständen ausgestattet, u. a. mit echten Waffen.

FAKTEN

- * **Kaiser Qin Shi Huang Di:** Der erste Kaiser Chinas regierte von 221–210 v. Chr. Er gilt als der Begründer Chinas. Qin Shi Huang Di gilt zudem als Bauherr der ersten Mauerabschnitte, die in späteren Jahrhunderten schließlich zur Großen Mauer zusammengeschlossen wurden.
- * **Xi'an:** Hauptstadt der chinesischen Provinz Saanxi und Ausgangspunkt der berühmten Seidenstraße. Heute leben in und um Xi'an mehr als 7 Mio. Menschen. Die Stadt bietet neben der Terrakotta-Armee zahlreiche weitere historische Sehenswürdigkeiten, beispielsweise die große Wildganspagode oder die Große Moschee, eines der vier bekanntesten islamischen Gotteshäuser Chinas.

700 000 Arbeiter haben am Grabmal des Kaisers Qin Shi Huang Di gebaut.

1974 entdeckten chinesische Bauern bei Brunnenbohrungen zufällig die gewaltige Tonfigurenarmee. Herbeigerufene Archäologen und Experten haben seitdem rund 7000 Soldaten- und Pferdefiguren ausgegraben. Die Experten schätzen allerdings, dass es sich dabei erst um einen Bruchteil handelt. Sie gehen davon aus, dass sich Kaiser Qin Shi Huang Di tatsächlich mit einer Nachbildung seiner komplett ausgestatteten Armee bestatten ließ. Glaubt man den Quellen, dann bestand Qin Shi Huang Dis Armee zur damaligen Zeit aus über 30 000 Mann samt Pferden und Streitwagen!

Die Wächter ihres verstorbenen Kaisers wurden in drei Gruben in der Nähe des kaiserlichen Grabhügels platziert. Bemerkenswert: Die gesamte Armee ist in der damals üblichen Schlachtaufstellung angeordnet. Die ersten drei Reihen – 204 Bogenschützen – bilden die Vorhut. Dahinter ist die Hauptarmee aufgestellt; etwa 6000 Soldaten. An der linken und rechten Flanke der Hauptarmee ist der Flankenschutz in Stellung gebracht worden. Den Abschluss bildet die Nachhut.

Beeindruckend ist die hohe Kunstfertigkeit, mit der alle Figuren der Pinyin – Soldaten- und Pferdearmee – gefertigt sind. Bis ins kleinste Detail haben die Bildhauer Gesichtszüge, Frisuren, Uniformen, Helme, ja sogar jedes einzelne zeitgenössische Rangabzeichen aus dem Ton modelliert. Sämtliche Figuren sind Unikate! Keine gleicht auch nur ansatzweise in Mimik oder Gestik einer anderen! Die beigefügten Waffen sind größtenteils Originalstücke, deren Verarbeitung deutlich macht, welch einzigartig fortschrittliche hohe und präzise Handwerkskunst die Bildhauer und Handwerker des Kaisers bereits beherrschten.

Bislang wurden bei den Grabungen, die seit 1974 ununterbrochen andauern, drei Kammern mit Terrakottafiguren entdeckt. Zudem eine weitere, jedoch leere Grube. Die Experten sind sich seitdem uneins: Wurde die tönerne Armee Kaisers Qin Shi Huang Di vielleicht nie fertig gestellt? Wurde die vierte Kammer von Grabräubern geplündert? Wurde sie gar zerstört? – Plausibel scheint die Annahme, dass die Armee nie fertig wurde. Nach dem überraschenden Tod Qin Shi Huang Dis kam es im ganzen Land zu blutigen Unruhen und Bauernaufständen. Das gerade geeinte China geriet erheblich ins Wanken.

Mitte: Blick in das Gesicht eines Kriegers: Alle dargestellten Figuren sind Unikate.

Unten: Glaubt man den Quellen, dann bestand Qin Shi Huang Dis Armee zur damaligen Zeit aus über 30 000 Mann samt Pferden und Streitwagen.

Europa – Architektur und Kunst stehen im Fokus. Über viele Jahrhunderte hinweg. Herausragende, großartige Konstruktionen und Bauwerke von Weltruhm werden hier errichtet, seit der klassischen Antike bis hinein ins 20. Jahrhundert – Schlösser, Paläste, Türme, Festungen, Sakralbauten oder Brücken. Aber auch mannigfaltige Naturwunder faszinieren – einzigartig, grandios, vergänglich.

EUROPA

GRIECHENLAND

Akropolis von Athen

„WIEGE DER ABENDLÄNDISCHEN KULTUR", SO WIRD DAS ANTIKE ATHEN NOCH HEUTE VIELFACH BEZEICHNET. IN VORCHRISTLICHER ZEIT WAR DIE STADT BEREITS HOCH ENTWICKELTE METROPOLE EINES EINZIGARTIGEN WELTREICHES.

Dichter und Denker, Philosophen und Politiker, Baumeister und Architekten, Künstler, Bildhauer und Musiker lebten in der antiken Metropole Athen. Ein herausragender Vertreter dieser Gesellschaft war ohne Zweifel Perikles. Er hatte sich längst als Politiker einen Namen gemacht, als er mit dem Bau der weithin sichtbaren Tempelanlage auf der Akropolis ein Zeichen der Demokratie und der Freiheit setzen wollte. Perikles trachtete danach, auf der Akropolis ein Symbol der Humanität und der Zivilisation zu schaffen.

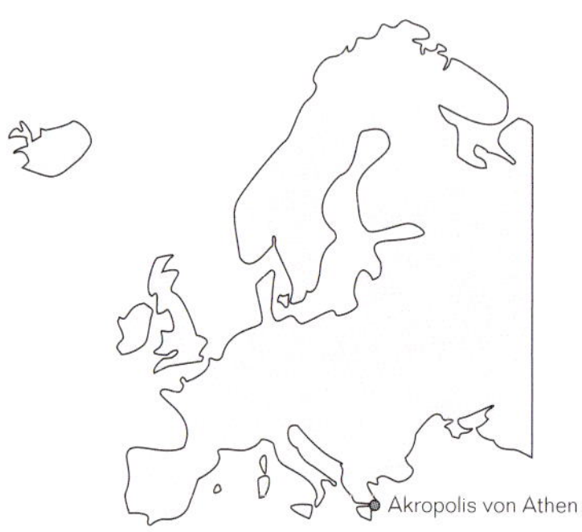

Die Akropolis in Athen ist sicherlich die bekannteste der als Akropolis bezeichneten Stadtfestungen des antiken Griechenland. Den ältesten Teil der Stadt Athen ließ Perikles nach der Zerstörung durch die Perser unter Leitung des berühmten Bildhauers Phidias von den Architekten Iktinos und Kallikrates sowie Mnesikles neu bebauen. Auf einem etwa 156 m hohen Felsen über der Stadt haben die Ruinen der zwischen 467 und 406 v. Chr. errichteten Tempelanlagen und Gebäude, die Propyläen, das Erechtheion, der Nike-Tempel und der Parthenon-Tempel, in dem eine Statue der Göttin Athene stand, die Jahrhunderte überdauert.

Perikles verfolgte mit großer Konsequenz die Verwirklichung seiner Vision. Er wollte Athen ein neues Zentrum geben – ein sichtbares und ein geisti-

FAKTEN

✱ **Athen:** Die Stadt verdankt ihren Namen der griechischen Göttin der Weisheit Athene. Sie ist die Hauptstadt und mit rund 730 000 Einwohnern die größte Stadt Griechenlands. Der Überlieferung nach wurde Athen von König Kekrops gegründet. Athen ist seit etwa 5000 Jahren kontinuierlich besiedelt und damit eine der ältesten Siedlungen Europas. 1985 erhielt Athen als erste Stadt den Titel Kulturhauptstadt Europas. Die Akropolis wurde 1987 in die Liste des Weltkulturerbes der UNESCO aufgenommen.

Der Athene-Nike-Tempel, errichtet um 420 v. Chr. Der Tempel ist ein herausragendes Beispiel eines klassischen Tempels.

ges. Ein Zentrum, das zum Mittelpunkt ganz Griechenlands, ja des griechischen Weltreichs, werden sollte. Auf der Akropolis von Athen sollte sein Tempel entstehen, der Parthenon. Ein Prachtwerk sollte es werden. So engagierte Perikles die besten Baumeister und übertrug die Ausschmückung des Tempels dem wohl berühmtesten Bildhauer der Antike, Phidias. Perikles und die Baumeister Phidias, Iktinos und Kallikrates konzipierten die Anlage völlig neu. Die Propyläen des Architekten Mnesikles, die großartige Eingangsanlage am Kopf der Zugangsrampe entstanden, der Athenetempel, Haupttempel der Anlage mit dem Heiligtum, dem Bildnis der Pallas Athene, wurde neu errichtet. Die Baumeister verwendeten den Schutt des alten Tempels im Norden des Burgberges, um ein neues Plateau aufzuschütten. Dieses wurde als Fundament für den neuen Tempel genutzt.

Der Hauptaltar liegt etwa an der Kopfseite des ursprünglichen Tempelbereiches. Hier wurden unter freiem Himmel die Opferhandlungen der panathenischen Festtage abgehalten. Das Erechtheion ist der drittgrößte Tempel der Anlage. Er ist gleich mehreren Göttern geweiht. In Richtung Osten beherbergt er einen Altar der Athene. Nach Süden etwas tiefer gelegen befindet sich der Altar des Poseidon, der den Wettstreit um die Gunst der Athener gegen Athene verloren hatte. In der Gruft unter der Korenhalle ruhen die athenischen Urahnen: Erechtheus, Kekrops I., Poseidon und Butes werden hier verehrt.

Das Nike-Heiligtum, auf der nördlichen Spitze des Burgbergs vor den Propyläen gelegen, ist der kleinste und zierlichste Tempel der Anlage. Er wird dem Kallikrates zugeschrieben und wurde später als die übrige Anlage nach der Regierungszeit Perikles', wohl gegen dessen Wunsch errichtet. Den Panhellenischen Festspielen, die einmal im Jahr zu Ehren der Athene abgehalten wurden und die gesamte helleni-

Oben: Die klassischen Säulen des Parthenons.

Links: Der Parthenon, einer der größten Tempel der Antike, der den Höhepunkt der griechischen Klassik markiert.

Karyatiden des Erechtheion auf der Akropolis von Athen.

sche Welt in Athen zusammenführten, wurde ein architektonischer Rahmen und eine Bühne erstellt. Quer durch die Stadt vom Dypilos, dem großen viertürmigen Stadttor, ging der Zug über die Agora, den zentralen Markt, über die breite Rampe hinauf zur Akropolis. Die Schräge hinan wurden die Opferstiere getrieben durch die Propyläen hinauf zum Hauptaltar.

438 v. Chr. war es schließlich so weit: Hoch über Athen kündete der Parthenon vom Ruhm und Glanz Griechenlands. Ursprünglich war der Parthenon über und über mit den Skulpturen, Reliefs und Ornamenten des Phidias geschmückt. Der Parthenon war einer der größten Tempel der Antike, ein beinahe perfektes Bauwerk, das den Höhepunkt der griechischen Klassik markiert. Proportion und klassische Linien – damit wollte Perikles die Athener überzeugen. Ein neues Selbstbewusstsein sollte hier erwachen. So wie Athen mit dem Parthenon, so sollte ganz Griechenland mit Athen ein neues Zentrum bekommen.

Perikles indes erntete für sein Meisterwerk nicht einhellig Lob und Anerkennung. Vielmehr sah sich der „Bauherr" scharfer Kritik ausgesetzt. Zeitgenossen beschimpften ihn als maßlosen Verschwender, der seine Stadt „wie eine Prostituierte" herausputze.

Trotz aller Kritik baute Perikles an seiner Vision aus Stein weiter. Der Zugang zum Tempel, ein prächtiges Tor, sollte mit den Propyläen (437–432 v. Chr.) errichtet werden. Die Propyläen dienten in erster Linie Repräsentationszwecken. Hier konnten Staatsgäste, Diplomaten und Könige würdig empfangen werden. Speisesäle wurden in den Flügeln der Anlage angelegt.

Schließlich musste Perikles Kompromisse beim Weiterbau eingehen. Die Kritik an seinem Werk hielt unvermindert an – und dies nicht ganz zu Unrecht. Der Bau verschlang – auch für damalige Zeiten – Unsummen an Finanzmitteln. Der Staatsmann musste nachgeben, um sein Projekt nicht ganz zu gefährden.

Perikles hätte für seine Tempelanlage auf der Akropolis den ganzen Platz auf dem Kalksteinfelsen benötigt. Doch Kritik und Geldmangel brachten ihn letztlich zum Einlenken. Die Nike-Priester erhielten einen Zugang zu ihrem Heiligtum, das schon seit vielen Jahren seinen Platz auf dem Felsen hatte. Natürlich musste an dieser Stelle nun auch ein eigener kleiner Tempel errichtet werden, der Nike-Tempel. Perikles musste eine Niederlage hinnehmen. Doch den Bau des Nike-Tempels und des Erechtheions erlebte der große Visionär nicht mehr. Um 430 v. Chr. wurde Athen von

FAKTEN

*** Perikles:**
493 – 429 v. Chr., Sohn des Xanthippos und der Agariste, entstammte dem ältesten athenischen Adel. Politiker, Staatsmann und General. Perikles gilt neben anderen Zeitgenossen als „Begründer" der modernen Demokratie.
Als Architekt und Baumeister ist er für den Bau des berühmten Odeums, der Propyläen und des Parthenon-Tempels auf der Akropolis verantwortlich. Im Jahr 429 v. Chr. starb Perikles an der Pest.

Die Baumeister der Akropolis schufen ein Meisterwerk klassischer antiker Baukunst: Kapitell einer ionischen Säule des Parthenon-Tempels.

der Pest heimgesucht. Perikles erkrankte daran und starb schließlich ein Jahr später.

Auch wenn die von ihm geplante Tempelanlage letztlich etwas kleiner ausfiel, so ging deren feierliche Wirkung deshalb keinesfalls verloren. Wer jedoch den Blick hinauf zu den Tempeln richtete, wusste: Macht und Ansehen im Staat waren nicht mehr ungeteilt.

Eine Geschichte wollte Perikles erzählen. Die Athener sollten sehen können, wie das neue Athen durch die Heldentaten einer sagenumworbenen Vergangenheit entstanden ist. Ungeheure Gegner hatten die Griechen der Urzeit bezwungen: scheinbar übermächtige Zentauren und grausame Barbaren aus einer fremden Welt. Die Götter mussten ihnen beistehen, bei Gegnern, die den sprichwörtlichen Mut der Spartaner hatten und so übermächtig waren wie die Perser. Und so war nun für alle sichtbar eine Ära abgeschlossen. Die große Zeit Athens ging nur wenige Jahrzehnte nach Perikles' Tod endgültig zu Ende. Das klassische Griechenland aber hatte sein Symbol gefunden.

Viele Jahrhunderte überdauerte die Tempelanlage auf der Akropolis von Athen unbeschadet. Im Jahr 1687 wurde die Akropolis von den Venezianern angegriffen und belagert. Die Türken hatten im Parthenon ihr Pulvermagazin eingerichtet. Ein Bombentreffer führte zu einer zerstörerischen Explosion.

Der Zahn der Zeit und zahlreiche Verwüstungen im Lauf der Jahrhunderte setzten dem Parthenon und den anderen Bauwerken zu. Dass dennoch einige Originale überlebt haben, ist dem britischen Lord Elgin zu „verdanken": Elgin hatte um 1800 den Auftrag erhalten, die Giebel- und Friesfiguren des Tempels zu katalogisieren. Als die Franzosen heranrückten, ließ der Wissenschaftler kurzerhand zahlreiche Figuren aus dem Marmormauerwerk sägen und nach London bringen, wo sie noch heute im British Museum in ihrer ganzen Schönheit bewundert werden können.

Oben: Das Relief am Ostfries des Parthenon-Tempels zeigt Poseidon, Apollo und Artemis.

Links: Ruinen des Parthenon-Tempels.

SCHWEIZ

Aletschgletscher

DER GROSSE ALETSCHGLETSCHER IST DER FLÄCHENMÄSSIG GRÖSSTE UND LÄNGSTE GLETSCHER DER ALPEN. SEIT VIELEN ZEHNTAUSEND JAHREN BEDECKT ER DIE SÜDABDACHUNG DER BERNER ALPEN IM KANTON WALLIS. DOCH DER RIESE WANKT.

Der eisige Gigant windet sich wie ein erstarrter Strom in einem weiten Bogen über 22 km hinab von der über 3800 m hoch gelegenen Jungfrau-Region bis ins Rhône-Tal. Seine Gletscherzunge liegt derzeit auf rund 1560 m Höhe – weit unterhalb der Baumgrenze. Der Anblick des majestätischen Aletsch ist faszinierend und Furcht erregend. Mächtige Kräfte lassen den eisigen Giganten gen Tal wandern – bedrohlich und zerstörerisch, zerbrechlich und vergänglich zugleich.

Der Große Aletschgletscher speist sich aus drei mächtigen Firnfeldern, die am Konkordiaplatz, einer 6 km² großen, nur wenig geneigten Eisfläche, unterhalb des Jungfraumassivs zusammenfließen: Von Westen mündet der Große Aletschfirn ein, der entlang dem Nordfuß von Aletschhorn und Dreieckhorn fließt, von Nordwesten der Jungfraufirn, der der kürzeste der drei Tributärgletscher ist. Er hat seinen Ursprung an der Südflanke des Mönchs, am Jungfraujoch und an der Ostflanke der Jungfrau. Bis zum Konkordiaplatz legt er knapp 7 km zurück. Von Norden mündet das Ewigschneefeld ein, das seinen Ausgangspunkt an der Ostflanke des Mönchs nimmt und in einem Bogen zum Konkordiaplatz fließt. Bis hierher ist es ca. 8 km lang.

Vom Konkordiaplatz aus schiebt sich der gigantische bizarre Eisstrom mit einer Breite von durch-

Rechts: Der größte Gletscher Europas, der Aletschgletscher.

Unten: Wissenschaftler am Jungfraujoch beobachten seit Jahren den Aletsch.

schnittlich 1,5 km und einer Geschwindigkeit von bis zu 200 m pro Jahr (ca. 60 cm pro Tag) talabwärts nach Südosten in Richtung Rhônetal. Der unterste Teil des Aletsch ist weitgehend durch das Geschiebematerial von Seiten- und Mittelmoränen bedeckt. Die Gletscherzunge liegt derzeit auf rund 1560 m Höhe, weit unterhalb der lokalen Waldgrenze. Hier entspringt der Bach Massa, der nach der Massaschlucht etwas oberhalb von Brig in die Rhône mündet.

Auf dem Gletscher zeichnen sich zwei charakteristische dunkle Linien ab, die sich vom Konkordiaplatz auf der gesamten Länge bis in den Zungenbereich hinziehen. Es sind die Mittelmoränen – Kranzbergmoräne und Trugbergmoräne –, die das Eis der drei Hauptfirne voneinander trennen.

Das Nährgebiet des Aletschgletschers liegt in rund 4000 m Höhe. Gletschereis besteht aus gepresstem Schnee. Schneeschicht um Schneeschicht entsteht es in den Höhenregionen. Durch das eigene Gewicht und den Druck werden die Schneeflocken zusammengepresst, zu Firn verdichtet und schließlich in Gletschereis verwandelt. Bis zu zehn Jahre kann dieser Vorgang dauern. Erst wenn Gewicht und Druck groß genug sind, beginnt sich die träge Masse zu bewegen.

Der Gletscher ist ein Irrgarten kaum überwindbarer Schluchten, Gräben, Furchen und tiefer Spalten, ständig in Bewegung, täglich anders. Auf der Oberfläche des weißen Riesen hat sich graubrauner Staub abgelagert: Der Gigant schmirgelt die Felswände auf seinem Weg ins Tal ab, reißt Felsbrocken und Felsen aus den Wänden und befördert Staub und Geröll auf seinem breiten, eisigen Rücken hinunter ins Tal.

Seit vielen tausend Jahren leben die Menschen in der Region mit dem Gletscher. Ganz geheuer war er ihnen indes nie. Volks- und Aberglauben entwickelten sich um den Gletscher, den „weißen Riesen". Die gewaltige Eismasse versetzte die Bewohner des Wallis seit je in Angst und Schrecken. Besonders bei Nacht, wenn der Gletscher in Bewegung geriet und in der Stille der Hochgebirgsregion schauerliche Geräusche von sich gab (und gibt). In Geistergeschichten suchten die Menschen schon immer Erklärungen für unheimliche, unerklärliche Naturerscheinungen. Wurden neue Gletscherspalten wie klaffende Wunden in der Eismasse des Aletsch aufgerissen, glaubten sie, Klagelaute und Wehgeschrei tief aus dem Innern des Eises zu hören. In einer alten Sage aus dem Wallis wird überliefert, dass, wer den besonderen Blick hatte, die armen Seelen sogar sehen konnte, die, festgefroren im Eis, für ihre Sünden bis zu ihrer Erlösung büßen mussten: die blau leuchtenden Gletscherspalten galten als Tor zur Hölle – zum eisigen Fegefeuer.

FAKTEN

* **Name:** Aletschgletscher
* **Lage:** Berner Alpen, Wallis, Schweiz
* **Länge:** 22 km
* **Breite:** durchschnittlich 1,5 km
* **Fläche:** ca. 87 km^2
* **Gewicht:** ca. 27 Mrd. t
* **höchster Punkt:** über 3800 m
* **niedrigster Punkt:** ca. 1560 m
* **Fließgeschwindigkeit/Jahr:** ca. 200 m
* **Fließgeschwindigkeit/Tag:** ca. 60 cm
* **größte Eisdicke (Konkordiaplatz):** ca. 900 m
* **geringste Eisdicke (Gletscherzunge):** ca. 150 m
* **Weltnaturerbe der UNESCO:** seit 2001

SPANIEN

Alhambra

AUF EINEM HÜGEL ÜBER DER ANDALUSISCHEN STADT GRANADA THRONT MÄCHTIG UND BEEINDRUCKEND DIE ALHAMBRA. DIE STADTBURG IM MAURISCHEN STIL IST DER BEDEUTENDSTE UND ÄLTESTE ARABISCHE PALAST AUF DER IBERISCHEN HALBINSEL.

Zu Beginn des Jahres 1492 endete die 700-jährige Geschichte der Araber in Spanien. Gleichzeitig bedeutete es das Ende der rund 250 Jahre andauernden Herrschaft der Nasriden in Granada. Und sie mussten ihren prachtvollen Sultanspalast, die Alhambra, aufgeben und verlassen. „Die rote Zitadelle", wie das eindrucksvolle architektonische Ensemble auch genannt wird, verrät erst bei näherem Hinsehen, welche Schätze sich hinter ihren mächtigen Mauern verbergen.

Die Alhambra gilt als eine der schönsten Stadtburgen im maurischen Stil. Der Gebäudekomplex ist eine für das Mittelalter typische Kombination aus einer befestigten Oberstadt für den Adel, das Militär, die Bürgerschaft, Kaufleute und Handwerker und einer von Festungsmauern umgebenen Zitadelle für die Herrscher.

Im Jahr 1241 gründete Ibn al-Ahmed als Mohammed I. in Granada seine eigene Dynastie, die Nasriden. Bis zur Rückeroberung durch die Christen zu Beginn des Jahres 1492 herrschten die Nasriden über Granada. Mohammed gab den Auftrag für den Bau der Zitadelle der Alhambra.

Die grandiose Befestigungsanlage der Alcazaba (Oberstadt) wurde schließlich im 13. und 14. Jahrhundert errichtet. Im Mexuar, dem Gerichtshof, mit dem großartig ausgestatteten Quarto Dorado (Golde-

Der weltberühmte Patio de los Leones, der Löwenhof. 124 Marmorsäulen umschließen den großartigen Innenhof des Palastes von Muhammed V.

DATEN

✱ **1090:** Herrschaft der Almoraviden

✱ **1238:** Residenz von Beni Nasr

✱ **13.–15. Jh.:** Bau der Alhambra

✱ **1491:** Im Zuge der Reconquista Belagerung durch das Heer der katholischen Könige

✱ **2. Januar 1492:** Übergabe der Stadt und Ende des Sultanats Granada

✱ **1542:** Gründung der Universität

✱ **1840:** Aufstockung der Audienzhalle, Mexuar

✱ **1890:** Brand im Sala de la Barca

✱ **1936:** Im Spanischen Bürgerkrieg brennt die Kirche San Salvador aus.

✱ **1965:** Restaurierung des Sala de la Barca

✱ **1984:** Ernennung zum Kulturdenkmal der UNESCO

nes Zimmer) saß der Sultan mit seinen Justizbeamten und sprach Recht. Die Wand des Zimmers ziert ein ermutigender Spruch: „Tritt ein und habe keine Angst, um Gerechtigkeit zu bitten, du wirst sie erhalten."

Der Palast von Comares gilt als das architektonische Meisterwerk der Alhambra und beherbergt die Gemächer des Sultans. Die fantastische Zedernholzdecke des Botschafterzimmers stellt die sieben Himmel des Koran dar und ist mit Intarsien aus Elfenbein und Perlmutt reich geschmückt. Die Privatgemächer von Sultan Muhammed V. (1354–1391) umschließen den weltberühmten Patio de los Leones, den Löwenhof, der als Inbegriff arabischer Architektur und islamischer Kunst gilt. Die Wände und die üppigen Ornamente strahlen in Rot, Grün, Gold und Blau. Der Hof ist umsäumt von 124 Marmorsäulen. Seinen Namen verdankt der Patio dem prächtigen Löwenbrunnen in seiner Mitte.

Der prunkvollste Saal der Alhambra ist zweifelsohne der Saal der zwei Schwestern (Sala de las dos Hermanas). Die Kuppel des Saals zieren über 4000 Tropfsteine. Die Wände sind mit Versen und Gedichten sowie Gold und Lapislazuli verziert.

Und überall fließt Wasser, plätschern Brunnen. Frisches, klares Wasser war für die Mauren, die „Wüstensöhne", die größte Leidenschaft. Sultan Mohammed I., der Stammvater der Nasriden, erkor das Wasser zum dominierenden Element in seinem Palast. Kunstvoll gelang es den arabischen Baumeistern, Wasser als Dekorationsmittel einzusetzen. Filigrane Brunnenkonstruktionen fügen sich perfekt in das kunstvolle Spiel von Mauerziegeln, Marmorböden und wunderschönen vielfarbigen reliefartigen Kacheln (Azulejos).

Am 2. Januar 1492 endete die maurische Herrschaft in Spanien endgültig. Im Zuge der Reconquista, der Rückeroberung des arabischen Teils der Iberischen Halbinsel, nahmen die katholischen Könige Granada und die Alhambra ein. Die Mauren wurden endgültig aus Andalusien und Spanien vertrieben. Trotz zahlreicher Kriege und Auseinandersetzungen zwischen den christlichen und maurischen Herrschern war die arabische Epoche in Spanien gekennzeichnet von einem hohen Maß an Toleranz und Fortschritt. 700 Jahre lang beeinflussten, förderten und befruchteten die Araber Kultur, Kunst, Architektur, Philosophie, Naturwissenschaften, Astronomie und Medizin in West- und Mitteleuropa.

Mitte: Der Patio de los Arrayanes im Palast von Comares.

Unten: Über 4000 Stalaktiten schmücken die Kuppeldecke in der Sala de las dos Hermanas.

GRIECHENLAND

Mönchsrepublik Athos

AGHION OROS, DIE MÖNCHSREPUBLIK ATHOS, GILT ALS WICHTIGSTES ZENTRUM DER ORTHODOXEN GLAUBENSGEMEINSCHAFT. SEIT ÜBER 1000 JAHREN LEBEN HIER IN 20 GROSSKLÖSTERN ORTHODOXE MÖNCHE IN RELIGIÖSER ABGESCHIEDENHEIT UND SOUVERÄNITÄT.

Athos, der Heilige Berg, 2033 m hoch, erhebt sich über der Südspitze der Halbinsel Chalkidiki. Der Überlieferung zufolge warf der Gigant Athos in der Schlacht zwischen den Giganten und den olympischen Göttern einen mächtigen Felsen auf seinen Widersacher Poseidon. Der Fels verfehlte den Gott, stürzte ins Meer und türmte sich zu der gebirgigen Halbinsel auf. An den Hängen und Ausläufern des Heiligen Berges entlang der Küste wurde vor mehr als 1000 Jahren die orthodoxe Mönchsrepublik Athos ins Leben gerufen. Das älteste Kloster, Megisti Lavra, wurde um das Jahr 963 von byzantinischen Mönchen gegründet. Bereits 972 erhielt Athos eine eigene Verfassung, die der Mönchsrepublik eine herausragende Sonderstellung im byzantinischen Reich einräumte. Die Verfassung garantierte die administrative Souveränität des Mönchsstaates. Athos wurde zum Zentrum der Orthodoxie. Im 14. Jahrhundert, der Blütezeit der Mönchsrepublik, lebten und beteten in den Klöstern sowie deren angeschlossenen Skiten – dörflichen Klostersiedlungen – und Eremitagen rund 40 000 Mönche.

Die Mönchsrepublik Athos gehört völkerrechtlich betrachtet zu Griechenland. Ihr autonomer Status hat sich indes bis heute erhalten und ist seit 1912 festgeschrieben. Innenpolitische Entscheidungen werden

FAKTEN

* **Name:** Athos
* **Status:** Autonome Mönchsrepublik
* **Lage:** Griechenland, Zentralmakedonien, Halbinsel Chalkidiki
* **Hauptstadt:** Karyes, ca. 300 Einwohner
* **Parlament:** Heilige Versammlung (Hiera Synaxis)
* **Einwohner:** 1700 orthodoxe Mönche
* **höchste Erhebung:** Berg Athos (2033 m)
* **Besonderheit:** nur Mönche und männliche Pilger haben Zutritt; Frauen dürfen Athos nicht betreten.
* **Sehenswürdigkeiten:** 20 orthodoxe Großklöster mit weltberühmten Fresken und großartigen Ikonen

Das Dionysiou-Kloster (gegründet 1366) direkt an der Küste der Halbinsel ist weltberühmt für seine kostbaren Wandmalereien.

von der „Regierung" der Mönchsrepublik getroffen. Die „Heilige Versammlung" (Hiera Synaxis) besteht aus den Äbten der 20 Großklöster und übernimmt legislative und judikative Aufgaben. Ihren Sitz hat das Parlament der Mönche im Hauptort Karyes. Der Vorsitzende der Exekutive, der Protos (der Erste), der im Jahresrhythmus neu gewählt wird, hat seinen Amtssitz ebenfalls dort. Der Vertreter Griechenlands in der Mönchsrepublik hat den Status eines Gouverneurs und untersteht dem griechischen Außenministerium. Zusammen mit einigen Beamten und Polizisten ist er verantwortlich für die Einhaltung der Verfassung des Athos und die Wahrung von Sicherheit und Ordnung.

Im „Garten der Jungfrau Maria", wie die Mönchsrepublik Athos auch genannt wird, spielt sich das Leben der Mönche auch heute noch nach den strengen Regeln der religiösen byzantinischen Tradition ab. So ist Frauen noch immer das Betreten der Mönchsrepublik strikt untersagt. Die Mönche begründen das Verbot mit dem Verweis auf eine biblische Überlieferung, wonach sich die Jungfrau Maria die Region um den Berg Athos als ihren Garten der Ruhe auserwählt habe und keine anderen weiblichen Wesen darin dulde. Diese Form der Diskriminierung hat im Laufe der Jahre schon mehrfach zu Kontroversen mit der Europäischen Union geführt – bislang ohne Ergebnis. Hierzu passt eine weitere kleine Pikanterie am Rande: Die Mönchsrepublik Athos gehört aufgrund ihres expliziten autonomen Status nicht zum steuerlichen Gemeinschaftsgebiet der Europäischen Union. Der Einfluss der EU endet scheinbar also an der Grenze der Mönchsrepublik.

Heute leben in den 20 Großklöstern der Mönchsrepublik rund 1700 Mönche. Seit der Öffnung des Eisernen Vorhangs können die Klöster wieder verstärkt Zuwachs verzeichnen. Der Fortbestand der Mönchsrepublik Athos scheint gesichert zu sein.

Oben: Großartige Fresken zieren die Gänge und Wände der Klöster.

Links: Das Símonos-Petras-Kloster wurde im 14. Jahrhundert gegründet.

BELGIEN

Atomium

BRÜSSEL IST NICHT NUR DIE STADT, IN DER SICH ZAHLREICHE INSTITUTIONEN DER EU BEFINDEN. DIE BELGISCHE HAUPTSTADT IST EINE DER ATTRAKTIVSTEN STÄDTE EUROPAS. MODERNE UND TRADITION GEHEN HIER EINE HARMONISCHE SYMBIOSE EIN.

Ihr modernes Gesicht zeigt die belgische Metropole mit einer riesigen „Skulptur", dem weltberühmten Atomium. Das Atomium ist das Wahrzeichen von Brüssel und wurde anlässlich der Weltausstellung 1958 im Heysel-Park eröffnet. Der Architekt André Waterkeyn wollte das „Gebäude" als Symbol für das Atomzeitalter und die friedliche Nutzung der Kernenergie verstanden wissen. Diese Idee machte ein unvorstellbar kleines Element zu einem begehbaren Riesenpavillon, dessen Atomkugeln Platz für Ausstellungen boten.

Das futuristische Atomium ist das überdimensionale Modell einer aus neun Atomen bestehenden kubisch-raumzentrierten Elementarzelle eines Eisenkristalls – in 165-milliardenfacher Vergrößerung! Das Atommodell ist 102 m hoch und besteht aus neun Kugeln. Um ein zentrales Atom gruppieren sich in kubenförmiger Grundform acht weitere zweistöckige Atome von je 18 m Durchmesser, die untereinander durch 3,3 m dicke und 22 bis 29 m lange Röhren mit Rolltreppen und Verbindungsgängen im Inneren verbunden sind. Sechs Atomkugeln sind begehbar.

Der ursprüngliche Plan Waterkeyns sah vor, die 2400 t schwere Konstruktion des Atomiums lediglich über das mittlere Rohr der Skulptur im Fundament zu verankern. Statische Berechnungen ergaben jedoch,

Rechts: Die Sanierung des weltberühmten Atomiums 2005/2006.

Unten: In den Röhren zwischen den Kugeln verlaufen Rolltreppen.

dass eine derartige Verankerung für den tonnenschweren Giganten nicht ausreichen würde. Für die zusätzliche Stabilität der Konstruktion mussten schließlich aus sicherheitstechnischen Gründen nachträglich optisch wenig attraktive Stützen an drei Kugeln montiert werden.

Im mittleren Rohr des Atomiums befindet sich ein Aufzug, der die Besucher in 25 Sekunden zum Restaurant und Aussichtspunkt in der obersten Kugel des Atomiums bringt, von wo aus man das gesamte Ausstellungsgelände im Heysel-Park überblicken und einen herrlichen Blick über die belgische Hauptstadt genießen kann. Bei Tag und Nacht ein großartiger Anblick.

Während drei der oberen Kugeln leer blieben, befanden sich in der Basiskugel und vier weiteren Atomen während der Weltausstellung 1958 vor allem internationale Ausstellungsbeiträge rund um das Thema friedliche Nutzung und Anwendung der Kernphysik.

Die in der Planungsphase auf rund 4,2 Mio. EUR veranschlagten Baukosten wurden bis zur Fertigstellung der einzigartigen Skulptur beinahe um das Doppelte überschritten. Die Kostenexplosion wurde vor allem durch teure ästhetische Verschönerungen der Konstruktion verursacht. Um eine optisch attraktive Wirkung zu erzielen, wurden die Kugeln mit einer hochglänzenden Aluminiumlegierung ummantelt. Während sich tagsüber das Licht und Teile des Geländes in den Kugeln spiegelten, steigerte sich die Wirkung des Gebäudes bei Dunkelheit, wenn die um die Atome kreisenden Elektronenbahnen in Form von Lauflichterketten deutlich sichtbar wurden.

Die modellgetreue Vergrößerung eines Eisenmoleküls verhalf nicht nur der belgischen Metallindustrie zu einem Prestigeobjekt. Durch seine einzigartige Monumentalität führte die Konstruktion den Besuchern zudem die zentrale Bedeutung der Atomforschung plakativ vor Augen.

Heute zählt das Atomium zu den größten Touristenattraktionen Brüssels. Von 2005 bis 2006 wurde das Atomium aufwändig restauriert, die Verkleidung erneuert und mit einer Schutzschicht gegen Umwelteinflüsse überzogen. Seit 18. Februar 2006 ist das Atomium wieder für die Öffentlichkeit zugänglich. Im Innern des weltbekannten Wahrzeichens der belgischen Hauptstadt befindet sich eine sehenswerte Ausstellung zu den Themen Atomtechnik, Raumfahrt, Astronomie und Meteorologie.

FAKTEN

* **Name:** Atomium
* **Standort:** Heysel-Park, Brüssel
* **Funktion:** Ausstellungshalle
* **Eröffnung:** 1958 anlässlich der Weltausstellung
* **Konstruktionstyp:** dreidimensionaler Stahlrahmen
* **Ingenieur:** André Waterkeyn
* **Höhe:** 102 m
* **Durchmesser der Kugeln:** 18 m
* **Gesamtgewicht:** 2400 t

GRIECHENLAND

Delphi

NÖRDLICH DES GOLFS VON KORINTH AM FUSS DES 2457 METER HOHEN PARNASSOS LIEGT DELPHI. EINST GALT DER ORT ALS „NABEL DER WELT". BEI SEINEM WELTBERÜHMTEN, SAGENHAFTEN ORAKEL SUCHTEN KÖNIGE, FÜRSTEN UND EINFACHE BÜRGER RAT.

Seit dem 2. Jahrtausend v. Chr. gab es in Delphi eine bedeutende Kultstätte. Ursprünglich wurde hier der Erdgöttin Gaia gehuldigt. Im 8. Jahrhundert v. Chr. jedoch setzte sich die Verehrung Apollos durch und das sagenhafte Orakel von Delphi gewann mehr und mehr an Einfluss. Um 548 v. Chr. begann man mit dem Bau des Apollo-Tempels. Dank der Apollo-Verehrung und des Orakels avancierte Delphi zum schicksalbestimmenden Zentrum der Antike, Fokus allen mythischen Geschehens.

Göttervater Zeus sorgte für den Aufstieg Delphis. In grauer Vorzeit ließ Zeus die Erde vermessen. Er ließ an beiden Enden der Welt je einen Adler aufsteigen. Dort, wo sie sich im Flug begegneten, sollte sich nach dem Willen des mächtigen Göttervaters der Mittelpunkt der Erde befinden, der „Omphalos", der Nabel der Welt: Am Fuß des Berges Parnassos errichteten die Menschen die Stadt Delphi.

Delphi wurde in den folgenden Jahrhunderten immer wieder durch Naturkatastrophen und Kriege zerstört. Tempel und Häuser wurden jedoch stets schnell wieder aufgebaut. Das Geld für den Wiederaufbau stammte aus Opfergaben und Orakelgebühren – ein äußerst lukrativer Einnahmezweig zur damaligen Zeit.

Das Orakel von Delphi war dem Apollo geweiht. Der Legende nach entriss Apollo der Erdgöttin Gaia

Der Tholos-Rundtempel im Heiligtum der Athena Pronaia stammt aus dem 4. Jh. v. Chr. 3 der einst 20 dorischen Säulen wurden rekonstruiert.

DATEN

* **seit 8. Jh. v. Chr.:** Verehrung des Gottes Apollo in Delphi
* **548 v. Chr.:** Bau des Apollo-Tempels
* **373 v. Chr.:** Erdbeben und Zerstörung des Apollo-Tempels
* **330 v. Chr.:** unter Alexander dem Großen Fertigstellung des wiederaufgebauten Apollo-Tempels
* **191 v. Chr.:** Eroberung durch die Römer
* **394:** Verbot des heidnischen Kultes durch Theodosius den Großen
* **1893:** Wiederentdeckung durch französische Archäologen
* **1938–1941:** partielle Rekonstruktion des Apollo-Tempels
* **seit 1987:** UNESCO-Kulturdenkmal

Macht und Einfluss, indem er die geflügelte Schlange Python bei Delphi tötete. Das Blut versickerte im Boden und übertrug so deren hellseherische Fähigkeiten auf den Ort Delphi. Die Pythia, die Seherin, die als Medium Apollos diente, stand von nun an unter dem Schutz des Gottes. Sie war die einzige Frau, die den Apollo-Tempel je betreten durfte. Ihre hellseherischen Fähigkeiten dürften indes von ethylenhaltigen Gasen stammen, die aus einer Erdspalte in den Apollo-Tempel strömten. Die Gase versetzten die Pythia in Trance und in die Lage, Prophezeiungen zu treffen. Die oft zweideutigen Weissagungen und Vorhersagen des Orakels wurden von den Oberpriestern des Apollo interpretiert und gedeutet. Das Orakel von Delphi gewann beträchtlichen Einfluss auf die politischen Entscheidungen in Griechenland. Es wurde vor allem vor wichtigen Entscheidungen um Hilfe ersucht und entwickelte sich für lange Zeit zu einem bedeutenden politischen Faktor. Erst Kaiser Theodosius verbot 394 n. Chr. alle heidnischen Kulte und damit auch das Orakel von Delphi.

Ab dem Jahr 586 v. Chr. wurden die Pythischen Spiele alle vier Jahre zu Ehren Apollos in Delphi ausgetragen. Nach den Olympischen Spielen waren die Spiele von Delphi die zweitwichtigsten in Griechenland. Zunächst wurde nur ein einziger Wettkampf ausgetragen: der Gesang zur Kithara. Später kamen dann musische und gymnastische Wettbewerbe, Wagen- und Pferderennen hinzu. Für die musischen Disziplinen wurde ein riesiges Amphitheater mit 5000 Sitzplätzen in Delphi errichtet. Die gymnastischen Wettkämpfe wurden im neuen Stadion ausgetragen. Die Pythischen Spiele wurden bis etwa 394 n. Chr. regelmäßig alle vier Jahre abgehalten.

In den folgenden Jahrhunderten verfiel das einst so bedeutende Delphi in einen Dornröschenschlaf. Erst im Jahr 1893 wurde der Ort von französischen Archäologen wieder entdeckt. Vom Apollo-Tempel stehen heute noch 6 der ehemals 38 dorischen Säulen. Oberhalb des zentralen Heiligtums liegen die Überreste des Amphitheaters und ein Stückchen weiter den Hang hinauf fanden die Wissenschaftler das große Stadion. Im Bereich des Ausgrabungsgeländes wurden drei Säulen des Tholos, eines Rundtempels im Heiligtum der Athena Pronaia, rekonstruiert – und etwas weiter abseits liegt die Kastalia-Quelle. Die Legende besagt, dass derjenige, der daraus trinkt, die Gabe des Dichtens verliehen bekomme.

Mitte: Im Theater konnten 5000 Menschen den Darbietungen beiwohnen.

Unten: Im Stadion wurden die gymnastischen Wettkämpfe der Pythischen Spiele durchgeführt.

FRANKREICH

Eiffelturm

DER EIFFELTURM IST WOHL DAS BERÜHMTESTE WAHRZEICHEN VON PARIS. EIGENTLICH SOLLTE DER FANTASTISCHE TURM NUR BIS 1909 STEHEN BLEIBEN, HEUTE IST DER EIFFELTURM AUS DER SKYLINE DER STADT AN DER SEINE NICHT MEHR WEGZUDENKEN.

Benannt ist das unübersehbare Wahrzeichen von Paris nach seinem Erbauer, dem Ingenieur Gustave Eiffel. Der Turm wurde in den Jahren zwischen 1887 und 1889 für die Weltausstellung anlässlich des 100-jährigen Jubiläums der Französischen Revolution errichtet.

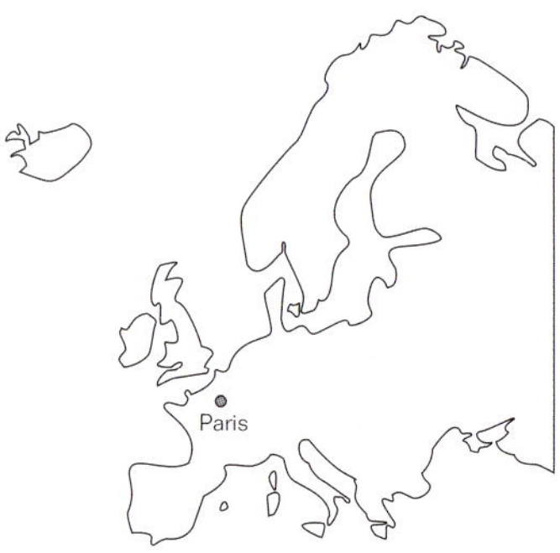

Der Turm ist exakt 300,65 m hoch. Zusammen mit der Antenne, die später auf der Spitze angebracht wurde, erreicht der Turm eine Höhe von 324 m. Bei der Eröffnung der Weltausstellung im Jahr 1889 war der Eiffelturm das höchste Gebäude der Welt. Die vier Pfeiler des Eiffelturms sind fest mit einem massiven Betonfundament verankert. Der gesamte Turm jedoch besteht ausschließlich aus Eisen, das in einem speziellen Verfahren hergestellt wurde, was zu seiner Haltbarkeit bis heute nachhaltig beigetragen hat. Die benötigten Eisenteile wurden in den Werkstätten der Gustave Eiffel & Cie. vorgefertigt und schließlich auf dem Marsfeld (Champs de Mars) Stück für Stück zusammengesetzt.

Insgesamt besteht der Eiffelturm aus 18038 derartiger vorgefertigter Eisenmodule, die von Arbeitern mit 2,5 Mio. stabilen Nieten in nur 26 Monaten zusammengefügt wurden. Eine geradezu revolutionäre Konstruktionsmethode. Das Prinzip, auf dem die architektonische Gestaltung des Eiffelturms beruht, ist

FAKTEN

✻ Name: Eiffelturm

✻ Funktion: Sendeturm, Wahrzeichen

✻ Bauzeit: 1887–1889

✻ Architekt: Stephen Sauvestre

✻ Konstrukteur: Gustave Eiffel

✻ Konstruktionstyp: frei stehender Stahlfachwerkturm

✻ Höhe: 300,65 m (324 m mit Antenne)

✻ Gewicht der Stahlkonstruktion: 7300 t

✻ Gesamtgewicht inklusive Fundament: ca. 10100 t

✻ Aussichtsplattformen: 3 (in 57 m, 115 m und 276 m Höhe)

✻ Stufen: 1665

✻ Erbauer: Alexandre Gustave Eiffel (15.12.1832–28.12.1923), wichtigste Werke: Ponte Maria Pio, Garabit-Viadukt, Tragwerk der Freiheitsstatue, Eiffelturm

Ein fantastischer Anblick: Das Wahrzeichen der französischen Metropole wird nachts beleuchtet.

indes klassisch: das Fachwerk. Bei der Eröffnung der Weltausstellung war der Eiffelturm die absolute Sensation. Eine Meisterleistung herausragender Ingenieurskunst. Den Konstrukteuren des Eiffelturms gelang eine perfekte Kombination aus klassischer Fachwerkbauweise und modernem Fertigteilbau.

Die Planungen sahen vor, dass der Eiffelturm spätestens 1909 wieder abgerissen werden sollte. Jedoch erwies sich der Turm schon bald als ausgesprochen wertvoll für die Kommunikation: Er ermöglichte die ersten transatlantischen Funkverbindungen des neuen Jahrhunderts und durfte deshalb auch über das Jahr 1909 hinaus stehen bleiben.

Etwa alle sieben Jahre erhält der Eiffelturm einen neuen Schutzanstrich. Für die rund 200 000 m^2 große Fläche der Eisenkonstruktion werden etwa 60 t Spezialfarbe benötigt. 25 Maler erledigen die Arbeiten in rund 15 Monaten. Dabei verbrauchen Sie 1500 Pinsel, 5000 Schleifpapierscheiben und 1500 Arbeitsanzüge. Für die Sicherung in Schwindel erregender Höhe und an exponierten Stellen verwenden die Maler 50 km Sicherungsseile und ca. 20 000 m^2 Schutznetz. Jeder Anstrich kostet etwa 3 Mio. Euro. Der Eiffelturm wird in drei Farbabstufungen in einem Bronzeton gestrichen. Der hellste Ton an der Spitze, der dunkelste am Boden.

Gustave Eiffel nannte ihn den „300-m-Turm“. Den Namen Eiffelturm erhielt das Bauwerk von seinen Kritikern. Die gewagte Konstruktion sah sich lange Zeit ungewöhnlich harscher Kritik und offenem Widerstand ausgesetzt. Jedoch: Turm und Name haben aller Kritik und allen Ängsten widerstanden.

Die Kritiker sind inzwischen verstummt. Die Pariser Bevölkerung hat ihre „Eiserne Dame“ längst in ihr Herz geschlossen. Über 200 Mio. Menschen haben den Eiffelturm seit 1889 besucht. Heute ist er aus Paris nicht mehr wegzudenken.

Oben: Plakat, das für die Weltausstellung 1889 in Paris wirbt.

Links: Der Eiffelturm wurde aus 18038 vorgefertigten Eisenteilen zusammengesetzt.

NORDIRLAND

Giant's Causeway

VOR MEHR ALS 60 MILLIONEN JAHREN SCHUFEN UNGLAUBLICHE URGEWALTEN AUS DEM ERDINNEREN EINES DER BERÜHMTESTEN NATURWUNDER EUROPAS AUS ÜBER 40000 BASALTSÄULEN: DEN „DAMM DER RIESEN", GIANT'S CAUSEWAY.

Glaubt man der alten irischen Überlieferung, dann soll der sagenhafte Riese Finn MacCumhaill Giant's Causeway erschaffen haben, als er sich unsterblich in die hübsche Tochter des Riesen, der auf der gegenüberliegenden Insel Staffa in Schottland lebte, verliebt hatte.

Um trockenen Fußes zu seiner Angebeteten zu gelangen, soll Finn MacCumhaill den Damm aus riesigen Felsblöcken aufgeschüttet haben. Er entführte die Geliebte und flüchtete mit ihr zurück über den Damm nach Antrim. Sein unterlegener Widersacher und Nebenbuhler um die Gunst der schönen Riesentochter, der Riese Benandonner, jedoch folgte dem Paar über den Riesendamm, um Rache an Finn zu nehmen. Doch Finn MacCumhaill ersann eine kluge List. Er verkleidete sich als Säugling und legte sich in die Wiege seines bereits geborenen Kindes. Als der rachsüchtige Riese Benandonner eintraf, erklärte die schöne Riesin, dass der „Säugling" in der Wiege der Sohn von Finn MacCumhaill und ihr sei. Benandonner erschrak heftig: Was für ein Gigant müsse wohl der Vater des riesigen „Säuglings" sein, den er da vor sich in der Wiege sah. Hals über Kopf und von Panik erfasst floh Benandonner daraufhin zurück über Giant's Causeway nach Schottland und zerschmetterte dabei den Übergang. Die Reste des Damms sind bis zum heutigen Tag

Rechts: Über diesen Damm flüchtete einst der Riese Benandonner.

Unten: Die geometrische Anordnung der Säulen ist das Ergebnis der Abkühlung der Lava.

stumme Zeugen dieses Riesendramas. – So romantisch die Sage klingen mag, so nüchtern erscheint hingegen die geologische Erklärung für das Naturwunder des Giant's Causeway.

Vor mehr als 60 Mio. Jahren, als die Europäische und die Nordamerikanische Platte auseinander zu driften begannen, setzte in Nordeuropa verstärkt vulkanische Aktivität ein. Entlang einer Bruchkante, die westlich von Schottland und nordöstlich von Irland verlief, brach die Erdkruste durch die ungeheuren Kräfte der tektonischen Verschiebungen und Spannungen an mehreren Stellen auf. Es entstanden Risse, durch die flüssiges Magma an die Erdoberfläche quellen konnte. Die Lava durchdrang das Kalkgestein und kühlte aus.

Der Abkühlungsprozess der glühend heißen Lava verlief sehr langsam. Basalt erstarrt dabei zu gleichmäßig geformten Säulen, wobei die Säulen stets senkrecht zur Abkühlungsfläche stehen. So erhob sich im Lauf von etwa 2 Mio. Jahren ein Plateau aus bizarren Basaltformationen, die heute einen Großteil der Küste der Grafschaft Antrim bedecken. Über 40 000 senkrecht aufragende Basaltsäulen bilden den Giant's Causeway, der etwa 5 km entlang der Küste von Antrim führt und schließlich im Meer endet. Die meisten der Säulen sind sechseckig, einige haben jedoch vier, fünf, sieben oder acht Ecken. Die größten Säulen sind über 12 m hoch und an manchen Stellen bis zu 25 m dick. Der Legende von Finn und Benandonner folgend erhielten einige besonders exponierte Basaltsäulen fantasievolle Namen. So überragt beispielsweise „Chimney Tops" die Basaltlandschaft weithin sichtbar. Passiert man „Giant's Organ", so fühlt man sich unwillkürlich an überdimensionierte Orgelpfeifen einer Riesenorgel erinnert. Und angesichts der gigantischen Säule „Giant's Boot" beginnt man zu grübeln, welche Schuhgröße wohl Finn MacCumhaill gehabt haben mag.

Als der Magmafluss zum Stillstand kam, herrschte im Nordosten Irlands subtropisches Klima. Wind und Wasser schufen eine beeindruckende Landschaft. Erosionskräfte hinterließen überall rostrotes Lateritgestein. Stellenweise bildeten sich entlang der Küste durch kleinere Eruptionen, bei denen sich die Lava in Kanälen und Tälern aufstaute, Lavaseen.

Längst haben zahlreiche Seevogelarten die zerklüfteten Felsformationen als Nistplätze und Lebensraum erobert. Große Kolonien von Eissturmvögeln, Basstölpeln oder Felsentauben bevölkern die Höhlen entlang der Küste. Daneben halten sich Lummen, Tordalks, Austernfischer, Kormorane, Rothalstaucher, Nordtaucher und Eiderenten in den Buchten auf.

FAKTEN

* **Entstehungszeit:** vor ca. 60 Mio. Jahren
* **Anzahl der Basaltsäulen:** über 40 000
* **maximale Höhe:** 12 m
* **maximale Dicke:** 25 m
* **berühmteste Sehenswürdigkeiten:** Chimney Tops, Giant's Organ und Giant's Boot

PORTUGAL

Hieronymitenkloster

„EIN MEISTERWERK IN STEIN, DAS ALLE SEHEN SOLLTEN UND NIE MEHR VERGESSEN WERDEN.“ – DERART INS SCHWÄRMEN GERIET DER PORTUGIESISCHE DICHTER FERNANDO PESSOA (1888–1935) BEIM ANBLICK DES KREUZGANGS DES HIERONYMITENKLOSTERS.

Und der Dichter hat Recht: Die großartige Klosteranlage in Lissabon ist ein einzigartiges Bauwerk. König Dom Manuel I. löste mit dem Bau des Klosters ein Versprechen ein: Sollte Vasco da Gamas Fahrt nach Indien von Erfolg gekrönt sein, so wolle er ein Kloster errichten. Und damit der legendäre Seefahrer auch sicher wieder in den heimatlichen Hafen finden würde, ließ der Monarch an der Mündung des Tejo gleich auch noch einen eindrucksvollen Leucht- und Wehrturm errichten.

Portugal zu Beginn des 16. Jahrhunderts. Das Land steht in der Blüte seiner Macht. Die berühmten Seefahrer wie Vasco da Gama und Pedro Alvares Cabral besegeln die Weltmeere. Die Mündung des Tejo ist das Tor zu dieser neuen Welt. Das Land wird von König Dom Manuel I. – „dem Glücklichen“ – regiert. Kein herausragender Diplomat, jedoch besessen von Macht und Größe. Eine Besessenheit, die ihn zeit seines Lebens vorantreibt. Sein Traum von einer portugiesischen Welt lässt ihn zu einem der baufreudigsten Herrscher seiner Epoche in Europa werden.

Im Jahr 1516 lässt er den Turm von Belém (Torre de Belém) in der Mündung des Tejo errichten. Über den Tejo verließen die Seefahrer den Hafen von Lissabon – und über ihn kehrten sie nach erfolgreicher

Der Kreuzgang des Hieronymitenklosters gilt als einer der schönsten der Welt.

DATEN

✻ 1502: Baubeginn am Kloster auf Anordnung König Manuels I.

✻ 1515–1521: Errichtung des Turms von Belém.

✻ 1517: Das großartige Westportal mit der knienden Statue Manuels I. wird gestaltet.

✻ 1894: In der Almeida-da-Garrett-Kapelle erhält Vasco da Gama ein Grabmal.

✻ 21.12.1918: Neben dem Grabmal da Gamas wird der Leichnam des verstorbenen portugiesischen Präsidenten Dr. Sidónio Pais aufgebahrt.

Fahrt wieder heim. Manuel I. ließ den Turm von Belém als Leuchtturm errichten, als weithin sichtbares Signal für seine Seeleute. Eine zweite Funktion übernahm der Torre de Belém als Wehr- und Wachturm vor dem Hafen der portugiesischen Hauptstadt: Als Zeichen von Macht und Stärke, um die Piraten abzuschrecken, die zur damaligen Zeit mit ihren Schiffen vor der Küste kreuzten, um den reich beladenen Schiffen der königlichen Entdecker und Eroberer aufzulauern.

Manuel I. beauftragt seine besten Baumeister mit dem Bau und der Ausschmückung des Turms. Die weit gereisten Baumeister und Steinmetze errichten ein Bauwerk, das den militärisch notwendigen Anforderungen ebenso entspricht, wie es den Hang des Monarchen zu filigraner Kunst und üppigen Ornamenten befriedigt. Die strenge Linie eines militärischen Zweckbaus harmoniert perfekt mit den Schmuckelementen fremdländischer Architektur.

Das Hieronymitenkloster (Mosteiro dos Jerónimos) – eine aufregendere Architektur findet man sonst wohl nirgendwo auf der Welt! Beladen mit den kostbarsten Gewürzen der Zeit kehrt Vasco da Gama von seiner Indienreise zurück. Und Dom Manuel I. lässt das Hieronymitenkloster am Ufer des Tejo errichten. Das Geld für den Bau der prächtigen Klosteranlage stammt aus dem Verkauf der wertvollen Gewürze, die da Gama seinem König aus Indien mitbringt.

Manuels Baumeister, inspiriert von den Eindrücken fremder, orientalischer Länder, konstruieren und meißeln ein wahres Meisterwerk aus bzw. in Stein. Es entsteht ein neuer, nach Manuel I. benannter Baustil, der manuelinische Stil, der nirgendwo sonst auf der Welt zu finden ist. Vor allem im Kreuzgang kann man den Zauber der Manuelinik entdecken. Er gilt als einer der schönsten Kreuzgänge der Welt. Der deutsche Schriftsteller Reinhold Schneider (1903–1953) schreibt entrückt: „Unten ruhen große Gewölbe auf machtvollen Pfeilern, die Bögen spannen sich weit, fast flach; oben flügelt die Phantasie zwischen den Bogen und baut ein tieferes, zerbrochenes Rund, das auf zierlichen Säulen mehr schwebt als steht, in die Öffnung. Über alle Flächen wächst die Ornamentik in betörendem Reichtum von Harmonie bis Überfluss. Gotisches Getier, die Kränze und Reliefs der Renaissance, maurische Verschlingungen, indische Pflanzen werden umwunden von den Zeichen der Seefahrt und des Meeres, die diese Wunder erweckten."

Mitte: Das Hieronymitenkloster ist ein Symbol für das goldene portugiesische Zeitalter.

Unten: Der Innenhof und der Kreuzgang des Klosters.

DEUTSCHLAND

Kölner Dom

DER DOM IST DAS WAHRZEICHEN DER STADT KÖLN. HIER DREHT SICH – BEINAHE – ALLES UM DEN DOM. WIE EIN STEIN GEWORDENER WÄCHTER RUHT DIE DRITTGRÖSSTE GOTISCHE KATHEDRALE DER WELT MITTEN IM HERZEN DER STADT AM RHEIN UND SEINER BEWOHNER.

Die imposante gotische Kathedrale trägt offiziell den Namen Hohe Domkirche St. Peter und Maria. Bekannt und weltberühmt aber ist das Meisterbauwerk jedoch einfach unter dem Namen Kölner Dom. Unter den großen Kirchen der Welt verkörpert der Kölner Dom wie keine andere den Typus der hochgotischen Kathedrale. Mit einer Höhe von 157 m ist der Dom die zweithöchste Kirche Deutschlands sowie die dritthöchste weltweit. In den Jahren zwischen 1880 und 1888 galt der Kölner Dom sogar als höchstes Gebäude der Welt. Die imposante Westfassade mit ihren beiden weithin sichtbaren Türmen umfasst eine Fläche von mehr als 7000 m^2 – bis heute Weltrekord!

Der Platz, an dem der Kölner Dom heute steht, wurde schon seit spätrömischer Zeit von Christen als Versammlungsort genutzt. Hier errichteten sie ihre erste Kirche. Im 9. Jahrhundert wurde an der Stelle der karolingische Dom errichtet. Dieser so genannte Alte Dom – im Jahr 873 geweiht – gilt als direkter Vorgänger des heutigen Sakralbaus. Der Alte Dom blieb bis ins 13. Jahrhundert hinein bestehen.

Im Jahr 1164 brachte der neu ernannte Erzbischof von Köln, Rainald von Dassel, die Reliquien der Heiligen Drei Könige in die Stadt am Rhein. Die Reliquien waren Friedrich I. Barbarossa bei einem Beutezug in

FAKTEN

* Gesamtlänge: 144,58 m
* Gesamtbreite: 86,25 m
* Breite der Westfassade: 61,54 m
* Breite der Querhausfassade: 39,95 m
* Breite des Langhauses innen: 45,19 m
* Höhe des Südturmes: 157,31 m
* Höhe des Nordturmes: 157,38 m
* Höhe des Dachreiters: 109,00 m
* Höhe der Querhausfassaden: 69,95 m
* Höhe des Dachfirstes: 61,10 m
* Innenhöhe der Mittelschiffe: 43,35 m
* Innenhöhe der Seitenschiffe: 19,80 m
* Fensterfläche: ca. 10000 m²
* umbauter Raum ohne Strebewerk: 407000 m³
* verbaute Steinmasse: ca. 300000 t
* Anzahl der Glocken: 11
* Stufen bis zur Turmspitze: 509

Das Mittelschiff des Kölner Doms. Seine Innenhöhe beträgt stattliche 43,35 m.

Mailand in die kaiserlichen Hände gefallen. In Köln angekommen ließ Rainald von Dassel einen goldenen Schrein für die heiligen Gebeine anfertigen, den größten Reliquiensarkophag des Abendlandes.

In der Folge zog der Schrein Pilgerscharen aus aller Welt nach Köln. Der Alte Dom drohte aufgrund des Ansturms der Gläubigen aus allen Nähten zu platzen. So entstanden um das Jahr 1225 Pläne für den Bau eines neuen, größeren Domes. Am 15. August 1248 schließlich erfolgte die Grundsteinlegung für die gotische Kathedrale. Doch bereits ab 1288 gerieten die Bauarbeiten ins Stocken. Erst 1322 konnte der Chor geweiht werden, 1410 erreichte der Südturm das zweite Geschoss. Um1530 führten Geldmangel und Desinteresse nach beinahe 300 Jahren Bauzeit zur Einstellung der Arbeiten. Lediglich das Mittelschiff des Langhauses wurde mit einer Dachkonstruktion notdürftig geschlossen. Der Bau blieb ein Fragment – weitere 300 Jahre lang. 1794 zogen die französischen Revolutionstruppen in Köln ein. Erzbischof und Domkapitel flohen. Die Besatzungssoldaten übernahmen die Verwaltung der Stadt und nutzen die Kathedrale u.a. als Pferdestall und Lagerraum. Erst 1801 wurde sie wieder zum Gotteshaus geweiht.

An die Franzosen erinnert noch heute ein kleines blaues Emailschild rechts neben dem Haupteingangsportal des Doms mit der Aufschrift „Domkloster 4“. Der Kölner Dom ist die einzige Kirche der Welt mit einer eigenen Hausnummer. Im Köln zur Zeit der französischen Besatzung gab es keine Hausnummern. Um einen Überblick über die Stadt zu bekommen, versahen die Franzosen alle Gebäude der Stadt mit einer (Haus)Nummer. Auch der Dom blieb nicht „verschont“: Er erhielt die Hausnummer 2583 1/2. Der Zusatz 1/2 kennzeichnete den Dom als öffentliches Gebäude. Er war somit von jedweder Steuer befreit. Die Domgeistlichkeit konnte aufatmen.

Oben: Die beiden Türme der Westfassade.

Links: Blick in den Altarraum. In dem goldenen Schrein ruhen die Reliquien der Heiligen Drei Könige.

Das prächtig geschmückte Hauptportal des Kölner Doms.

1814 bzw. 1816 entdeckte man eher zufällig in Darmstadt und Paris die verschollenen Originalkonstruktionspläne wieder. Die Idee für den Weiterbau war geboren. Als große Förderer und Unterstützer erwiesen sich in dieser Phase der preußische König Friedrich Wilhelm IV. und Erzbischof Johannes von Geissel. Am 4. September 1842 konnten die Bauarbeiten am unvollendeten Dom wieder aufgenommen werden. Die Grundsteinlegung für den Weiterbau des Kölner Doms fand im Beisein des preußischen Königs statt. Der Regent verlieh seiner Begeisterung über den Weiterbau der Kathedrale schon beinahe poetisch Ausdruck: „ Hier, wo der Grundstein liegt, dort mit jenen Türmen zugleich, sollen sich die schönsten Tore der Welt erheben."

Die Finanzierung übernahmen der Staat Preußen und der Zentral-Dombau-Verein zu Köln, in dem sich viele engagierte Kölner Bürger zusammengeschlossen hatten, die nun erfolgreich Spenden für den Dombau sammelten. Die Begeisterung der Kölner und der deutschen Bevölkerung für den Dombau war riesengroß. Die Spendenbereitschaft war immens.

Am 15. Oktober 1880 war der Kölner Dom nach über 600 Jahren Bauzeit vollendet. Nach dem Fund der Originalpläne und mangels Stilrichtung im 19. Jahrhundert hatte man sich entschlossen, den Dom getreu den Plänen der Dombaumeister des Mittelalters und dem erhaltenen Fassadenplan von 1280 fertig zu stellen. Der Kölner Dom ist dementsprechend ein original gotischer Bau, wenngleich mit den modernsten Techniken des 19. Jahrhunderts errichtet, so z. B. einer Dachstuhlkonstruktion aus Eisenträgern statt aus Holzbalken. Im Zweiten Weltkrieg wurde der Kölner Dom schwer in Mitleidenschaft gezogen. Bei Luftangriffen auf die Stadt wurde er von 14 Fliegerbomben getroffen und schwer beschädigt. Vor allem im Innenraum waren die Schäden immens. Der eiserne Dachstuhl hingegen widerstand den Bomben und hielt stand.

Der Kölner Dom, das zentrale Gotteshaus des Erzbistums Köln, ist nicht nur von außen ein prachtvoller christlicher Sakralbau, auch der Innenraum ist ein herausragendes Beispiel gotischer Kirchenbaukunst.

Das spätmittelalterliche Chorgestühl ist mit seinen 104 Sitzen das größte Chorgestühl in Deutschland. Daneben weist es außerdem eine weitere einzigartige Besonderheit auf: Je ein Platz im Gestühl ist ständig für den Papst und den Kaiser reserviert.

DATEN

✱ **1164:** Überführung der Gebeine der Heiligen Drei Könige

✱ **1180–1230:** Dreikönigsschrein, größter Reliquienschrein des Abendlandes

✱ **15. August 1248:** Grundsteinlegung

✱ **um 1311:** das größte Chorgestühl in Deutschland mit 104 Sitzen (je ein reservierter Platz für den Kaiser und den Papst)

✱ **1322:** Weihe des Hochchors

✱ **um 1355:** Baubeginn der beiden Türme

✱ **1814:** Wiederentdeckung eines Teils des Plans der Westfassade

✱ **1816:** Wiederentdeckung der zweiten Hälfte des Plans der Westfassade

✱ **1842:** Wiederaufnahme der Bauarbeiten

✱ **15. Oktober 1880:** Fertigstellung nach einer Bauzeit von 632 Jahren

✱ **1939–1945:** schwere Schäden im Zweiten Weltkrieg

✱ **1996:** Ernennung zum Kulturdenkmal der UNESCO

Der mächtige Kölner Dom, im Vordergrund die Dachkonstruktion des Museums Ludwig.

Der goldene Sarkophag, der Dreikönigsschrein, in dem die Gebeine der drei Weisen aus dem Morgenland ruhen, gilt als der bedeutendste Schrein des Abendlandes. Jedes Jahr pilgern hunderttausende Gläubige nach Köln, um am Schrein der Heiligen Drei Könige im Dom zu Köln zu beten.

Im Glockenstuhl des Kölner Doms hängen elf imposante Glocken. Die größte der Glocken, die St.-Petersglocke wurde dem Geläut im Jahr 1924 hinzugefügt. „D'r dicke Pitter", wie die Kölner die große Glocke des Doms liebevoll bezeichnen, war mit einem Gewicht von 24 t die seinerzeit größte frei schwingende Glocke der Welt.

Der Dom verfügt über zwei Orgeln, die von einem Spieltisch aus bedienbar sind. Unmittelbar nach dem Zweiten Weltkrieg wurde die Chor- oder Querhausorgel in der nordöstlichen Ecke der Vierung aufgebaut (1948). Die Querhausorgel befindet sich in relativ geringer Höhe, was unüblich ist für gotische Kathedralen. Der Grund: Das Langhaus war bis 1956 wegen Wiederaufbauarbeiten gesperrt, so musste man sich zunächst mit der Querhausorgel behelfen.

1998 erhielt der Dom schließlich die lang ersehnte Schwalbennest- oder Langhausorgel. Sie befindet sich hoch oben vor der nördlichen Wand des Langhauses und sorgt für einen beeindruckenden Klang.

Seit 1996 zählt das Ensemble des Kölner Doms zum Weltkulturerbe der UNESCO.

Heute machen dem Dom vor allem Umwelteinflüsse zu schaffen. Saurer Regen nagt am Mauerwerk, Abgase färben den hellen Sandstein dunkel. Seit der Fertigstellung des Doms im Jahr 1880 wird deshalb ständig an ihm repariert und gearbeitet.

Richtig fertig wird der Kölner Dom aber wohl nie. Und das ist auch gut so. Besagt doch ein altes Kölner Sprichwort: „Wenn der Dom fertig ist, geht die Welt unter."

Oben: Das Querschiff des Doms ist fast 70 m hoch.

Links: Köln von seiner schönsten Seite. Rechts der Dom, links die Kirche St. Martin.

ITALIEN

Kolosseum in Rom

DAS KOLOSSEUM WAR DAS GRÖSSTE AMPHITHEATER DES RÖMISCHEN IMPERIUMS UND DAS GRÖSSTE GESCHLOSSENE BAUWERK DER RÖMISCHEN ANTIKE. RUND 60 000 MENSCHEN KONNTEN GLADIATORENSPIELEN, TIERHETZEN UND SEESCHLACHTEN BEIWOHNEN.

Kein Bauwerk Roms ist so bekannt wie das Kolosseum. Seinen Namen erhielt das Amphitheater im Herzen der Ewigen Stadt allerdings erst im 7. Jahrhundert n. Chr. Der Name leitet sich von den Kolossalstatuen ab, die in seiner unmittelbaren Nähe stehen. Das Wahrzeichen Roms legt eindrucksvoll Zeugnis ab von der einstigen Größe des römischen Imperiums und seiner großartigen Baumeister und Architekten. Aber auch von der Vorliebe der Römer für grausame Schauspiele und Unterhaltung.

Kaiser Vespasian ließ um 72 n. Chr. mit dem Bau eines gigantischen Amphitheaters beginnen. Finanziert wurde das Bauvorhaben mit dem geraubten Goldschatz aus dem Tempel von Jerusalem (70 n. Chr.). Im Jahr 79, dem Todesjahr Vespasians, war das Amphitheatrum Flavium (oder: Amphitheatrum Novum) – wie es ursprünglich hieß – beinahe fertig gestellt. Es bestand aus drei übereinander angeordneten Arkadenreihen. Jede Arkadenreihe hatte 80 Bögen. Das untere Geschoss wurde im dorischen, das mittlere im ionischen und das obere im korinthischen Stil errichtet. Vespasians Sohn ließ ein weiteres Stockwerk mit massiven Mauern und rechteckigen Fensternischen hinzufügen. Die Außenmauern wurden aus Travertin gebaut, im Inneren fanden günstigere Ziegel- und Tuffsteine Verwendung.

Ein Modell des antiken Rom. In der Mitte die gigantische Ellipse des Amphitheatrum Flavium, des Kolosseums.

FAKTEN

* **Name:** Kolosseum
* **Höhe:** 48,5 m
* **Länge:** 188 m
* **Breite:** 156 m
* **Tiefe des Fundaments:** 12 m
* **Länge der Arena:** 86 m
* **Breite der Arena:** 54 m
* **Eingänge:** 80
* **Sitzplatzreihen:** 50
* **Sitzplätze:** 50000
* **Stehplätze:** 10000

Im Jahr 80 wurde das Amphitheatrum Flavium offiziell eröffnet. 100 Tage dauerten die Eröffnungsspiele mit Gladiatorenkämpfen, Seeschlachten und Tierhetzen, bei denen über 5000 Tiere getötet worden sein sollen. Das Bauwerk hatte die Form einer Ellipse: 188 m lang, 156 m breit, 48,5 m hoch und mit einem Umfang von 527 m bot der Bau Platz für beinahe 60000 Menschen. Die Zuschauer konnten ihre Sitzplätze über 80 Eingänge und ein Labyrinth aus Treppen und Aufgängen erreichen. Das Treppen- und Aufgangsystem des Kolosseums ist noch heute Vorbild beim Bau moderner Sportanlagen. Die Arena selbst maß 54 m in der Breite und 86 m in der Länge. Die Ellipsenform sollte verhindern, dass Gladiatoren oder gejagte Tiere in einer Ecke Schutz suchen konnten. Der Boden der Arena war mit Holzbohlen bedeckt, die bei Bedarf entfernt werden konnten, um die Arena für Seeschlachten zu fluten. Später wurden im Fundament Versorgungsschächte und Kerker eingerichtet sowie eine komplizierte Bühnenmaschinerie installiert, die es mithilfe eines ausgeklügelten Systems von Flaschenzügen und Winden ermöglichte, Dekorationen und Bühnenbilder in die Arena zu befördern.

„Panem et circenses", Brot und Spiele, galt für viele Jahrhunderte im größten Amphitheater der Antike in Rom. Die Römer und ihre Herrscher ergötzten sich an den grausamen Spielen. Wie viele Gladiatoren und Tiere ihr Leben zur Belustigung des römischen Volkes im Sand der Arena lassen mussten, ist bis heute umstritten. Im Jahr 404 n. Chr. erhob sich erstmals Protest gegen die Spiele: Der Mönch Telemachus sprang während der Kämpfe in die Arena und protestierte lautstark gegen das blutige Schauspiel. Doch sein Protest verhallte ungehört. Telemachus wurde in der Arena gesteinigt. Erst im Jahr 523 n. Chr. fanden schließlich die letzten Tierhetzen und Gladiatorenkämpfe im Kolosseum statt.

Von da an begann der Niedergang des Kolosseums. Im 7. Jahrhundert schrieb der Mönch und Schriftsteller Beda: „Solange das Kolosseum steht, besteht auch Rom. Wenn das Kolosseum fällt, fällt auch Rom. Wenn Rom fällt, fällt auch die Welt." Indes war der Verfall nicht mehr aufzuhalten. Erdbeben und bauwütige Römer zerstörten das Amphitheater in den folgenden Jahrhunderten. Im 15. Jahrhundert bediente sich sogar Papst Nikolaus V. an dem öffentlichen Steinbruch und ließ über 2500 Wagenladungen Steine für Bauten im Vatikan abtransportieren.

Mitte: Die Außenmauern des Kolosseums wurden aus Travertin gefertigt.

Unten: Gladiatorenkämpfe gehörten bis 523 n. Chr. zu den grausamen Vergnügungen der Römer.

RUSSLAND

Kreml und Roter Platz

DAS VERHÄLTNIS DER RUSSEN ZU DER GROSSEN STADT AN DER MOSKWA WAR SCHON IMMER EIN GANZ BESONDERS INNIGES. MAG ST. PETERSBURG JAHRHUNDERTELANG AUCH HAUPTSTADT GEWESEN SEIN, DAS HERZ RUSSLANDS SCHLUG STETS IN MOSKAU.

Ob Zaren, Bolschewisten oder Demokraten, alle zog es nach Moskau. Seit dem 14. Jahrhundert war Moskau das Zentrum des russischen Reiches und der Kreml die Residenz der Zaren. Nach 1917 regierten 70 Jahre lang die „roten Zaren" im Kreml. Und seit 1991 ist der Kreml Sitz der demokratischen Regierung Russlands.

„Über der Stadt ist der Kreml und über dem Kreml ist nur Gott", sagt ein altes Moskauer Sprichwort. Der Grundstein für den Kreml-Palast wurde 1147 gelegt, als Fürst Juri von Suzdal hier an der Moskwa eine einfache Jagdhütte errichtete. Kaum zu glauben, dass aus dieser einfachen Behausung im Lauf der Jahrhunderte eines der monumentalsten Gebäude der Welt und eine der wichtigsten Schaltzentralen politischer Macht wurde.

Bis zu 19 m hoch und fast 7 m stark umgibt die rote Mauer aus dem 15. Jahrhundert den Kremlpalast. Fast 2,5 km lang zieht sie sich um die ehemalige Zarenfestung. Dahinter befindet sich der Palast mit seinen beeindruckenden Gebäuden. Die ältesten Baudenkmäler sind die Maria-Entschlafens-Kathedrale (1479), die Kirche zur Gewandlegung der Muttergottes (1486), die Maria-Verkündigungs-Kathedrale (1489) mit ihrer 16 m hohen Ikonenwand, der Facettenpalast (1491), der erste Profanbau zu ausschließlich repräsentativen

FAKTEN

✻ **Name:** Kreml

✻ **Funktion:** Sitz des russischen Parlaments

✻ **Baudenkmäler:** Mauer mit 19 Türmen (15. Jh.), Maria-Entschlafens-Kathedrale (1479), Kirche zur Gewandlegung der Muttergottes (1486), Maria-Verkündigungs-Kathedrale (1489), Facettenpalast (1491), Glockenturm (1508), Kirche zu den zwölf Aposteln, Patriarchen- und Terem-Palast (alle 17. Jh.), Arsenal (1737), Senatsgebäude (1787), Großer Kremlpalast (1839–1850)

✻ **Der Kreml**, der Rote Platz, die Basilius-Kathedrale und das Lenin-Mausoleum zählen seit 1990 zum UNESCO-Weltkulturerbe.

Die Ehrenwache vor dem Lenin-Mausoleum. Wladimir Iljitsch Uljanow, genannt Lenin, gilt als „Vater der Sowjetunion".

Zwecken, der 80 m hohe Glockenturm (1508) – genannt „Iwan der Große" –, die Grabkirche der Zaren, die St.-Michaels-Kathedrale (1509) und der Große Kremlpalast, errichtet in elfjähriger Bauzeit zwischen 1839 und 1850. Herausragend im Innern sind sicherlich der Wladimir- und der Georgensaal: Prunkräume, in denen die Herrscher und die Mächtigen zu jeder Zeit dem Savoir-vivre frönten. Nach 1917 zogen die Kommunisten in den Kreml und ergänzten die Ausstattung um weithin sichtbare rote Sterne auf den Turmspitzen.

Vor den Kremlmauern öffnet sich der Rote Platz. 500 m lang und 150 m breit ist dieser wohl berühmteste Platz der Welt. Er hat seinen Namen allerdings nicht deshalb erhalten, weil an dieser Stelle so viel Blut geflossen ist; Es ist auch keine Anlehnung an die „roten Zaren". Vielmehr ist „rot" im Russischen gleichbedeutend mit „schön". Bis ins 17. Jahrhundert hinein war der „Schöne Platz" dicht mit Häusern bebaut.

Entlang der Kremlmauer liegen zahlreiche Gräber berühmter und verdienter Persönlichkeiten Russlands, u.a. befinden sich hier die letzten Ruhestätten von Josef Stalin und Juri Gagarin. Berühmt jedoch ist das Lenin-Mausoleum aus dunkelrotem Porphyr und schwarzem Labradorstein. Hier ist der Leichnam von Wladimir Iljitsch Uljanow, genannt Lenin, aufgebahrt. Lenin gilt als Mitbegründer des wissenschaftlichen Sozialismus und „Vater der Sowjetunion".

Das Wahrzeichen des Roten Platzes ist die Basilius-Kathedrale mit ihren neun bunten Kuppeltürmen, die vom orthodoxen Kreuz gekrönt sind: Bekenntnis und Siegeszeichen zugleich. Acht Tage hatte die Schlacht gegen die Mongolen gewährt, ehe die Armeen Iwans „des Schrecklichen" die wilden Horden bezwingen und zurückschlagen konnten. Im Angedenken an den hart erkämpften Sieg der Russen ließ Iwan der Schreckliche die Kathedrale erbauen.

Oben: Die Kirchen des Kreml mit ihren berühmten vergoldeten Kuppeltürmen.

Links: Der Kremlpalast an der Moskwa.

GRIECHENLAND

Metéora-Klöster

WIE ADLERHORSTE THRONEN DIE KLÖSTER VON METÉORA AUF FELSEN, DIE SICH BIS ZU 400 METER HOCH IM PINDOSGEBIRGE IN THESSALIEN ERHEBEN. EINSIEDLERMÖNCHE GRÜNDETEN EINST IM 11. JAHRHUNDERT DAS ERSTE DER INSGESAMT 24 KLÖSTER.

Der Name Metéora leitet sich ab von dem griechischen Wort „meteorizo“ und bedeutet so viel wie „in der Luft schwebend“. Treffender lässt sich die außergewöhnlich exponierte Lage der Klöster von Metéora nicht beschreiben. Auf den hoch aufragenden Felsen erbaut, scheint es manchmal bei Dunst, als würden die Klöster geradezu schweben. Während der Blütezeit von Metéora im Spätmittelalter bestanden 24 Mönchsklöster und Eremitagen. Heute sind nur noch sechs Klöster erhalten: vier werden von Mönchen – Megálo Metéoro, das Varlaám-Kloster, Agios Nikólaos Anapavsás und Agía Triáda –, zwei von Nonnen – Agios Stéphanos und das Rousánou-Kloster – bewohnt. Von den anderen 18 Klöstern findet man nur noch Fragmente und Ruinen. Bis heute bewahren die gläubigen Männer und Frauen das geistige und kulturelle Erbe von Byzanz.

Erste Eremitagen in der Felsenregion um Metéora wurden im 11. Jahrhundert urkundlich erwähnt. In einfachen Felshöhlen lebend, entsagten die gläubigen Männer allen weltlichen Ablenkungen und konzentrierten sich ganz auf Gott und ein asketisches demütiges Leben. Die Einsiedeleien wuchsen im Lauf der Jahre zu einer organisierten Gemeinschaft nach dem Vorbild der Mönchsrepublik Athos zusammen. Schließlich gründeten die Einsiedlermönche das

Rechts: Die Klöster scheinen regelrecht „in der Luft zu schweben".

Unten: Agía Triáda wurde vermutlich Mitte des 15. Jahrhunderts errichtet.

erste Kloster von Metéora, das Kloster Doùpiani. Das Kloster ist zwischenzeitlich verfallen. Lediglich eine Kapelle aus dem frühen 13. Jahrhundert erinnert noch an die Keimzelle der Metéora-Klöster.

Im Jahr 1334 floh der Mönch Athanasios nach Metéora. Mit ihm begann der Aufstieg klösterlichen Lebens in der Region. Um 1370 gründete der umtriebige Mönch zusammen mit 14 anderen Mönchen das Kloster Megálo Metéoro (Metamórphosis). Der Gebäudekomplex ist mit einer Fläche von 60 000 m² die größte Anlage von Metéora. Die Legende berichtet, dass Athanasios von einem Engel oder Adler auf das Felsplateau hinaufgetragen wurde. Athanasios machte sich daran, das Leben der Mönche zu strukturieren. Sein Schaffensdrang und sein Charisma zogen fromme Herrscher und Kirchenmänner in ihren Bann, die weitere Klostergründungen in der Region unterstützten.

Heute sind nur noch 6 der einstmals 24 Klöster bewohnt. In der Kirche Johannes des Täufers im Kloster Nikólaos Anapavsás werden zahlreiche Schädel von Mönchen, die hier früher lebten, aufbewahrt. Herausragend sind die großartigen Fresken und Malereien von Theophanes Streletzás (ca. 1500–1559), dem bedeutendsten Vertreter der Kretischen Schule, aus dem frühen 16. Jahrhundert. Das Kloster Rousánou (Arsánou) wurde vermutlich im Jahr 1388 gegründet. Das Kloster war im Lauf der Geschichte immer wieder das Ziel von Überfällen und Plünderungen. Seit 1950 ist Rousánou ein Frauenkloster. Sehenswert sind die Fresken aus dem 16. Jahrhundert. Zwischen 1518 und 1535 wurde das Kloster Varlaám errichtet. Ein Reisebericht aus dem Jahr 1779 vermerkt, dass seit dem Bau des Klosters keine Frau mehr den Ort betreten habe. Megálo Metéoro (Metamórphosis) ist die größte Anlage der Region. Seinen Namen Metéoro („der Schwebende") erhielt der Fels vom Gründer des Klosters, dem Mönch Athanasios. Bis 1923 war das Kloster nur über Strickleitern bzw. eine Seilwinde mit Netz zugänglich. Heute erreicht man den Gebäudekomplex über eine Steintreppe mit 143 Stufen und einen in den Fels gehauenen Tunnel. Die Klosterkirche ist mit fantastischen Fresken aus dem Jahr 1552 geschmückt. Agía Triáda wurde wahrscheinlich zwischen 1458 und 1476 erbaut. Die Kirche ist mit Fresken aus dem Jahr 1741 verziert. Herausragendes Exponat ist ein Evangeliar aus dem Jahr 1539. 1980 wurde hier ein Teil des James-Bond-Streifens „In tödlicher Mission" gedreht – gegen den Willen und den Widerstand der Mönche. Agios Stéphanos wurde um 1400 erbaut. 1961 wurde es in ein Frauenkloster umgewandelt. Die Nonnen setzten die Tradition der Ikonenmalerei nach byzantinischer Manier fort.

DATEN

* **11. Jh.:** erste Mönchseremitagen in den Höhlen der Felsen von Metéora
* **Um 1370:** Gründung des Klosters Megálo Metéoro (Metamórphosis)
* **1939/1945:** Im Zweiten Weltkrieg werden die Klöster während eines Bombardements schwer beschädigt.
* **seit 1972:** regelmäßige Erhaltungsmaßnahmen
* **1988:** Ernennung zum UNESCO-Kultur- und Naturdenkmal

DÄNEMARK/SCHWEDEN

Öresundbrücke

VOR MEHR ALS 8000 JAHREN RISSEN DIE NATURGEWALTEN DER EISZEIT DIE LANDMASSEN ZWISCHEN DÄNEMARK UND SCHWEDEN AUSEINANDER. DANK EINES HERAUSRAGENDEN BRÜCKENBAUWERKS SIND DIE KÜSTEN HEUTE WIEDER MITEINANDER VERBUNDEN.

Die Öresundbrücke ist Teil der Öresundverbindung, die die dänische Hauptstadt Kopenhagen mit Malmö in Schweden verbindet. Das fantastische Brückenbauwerk ist die längste Schrägseilbrücke der Welt für kombinierten Straßen- und Eisenbahnverkehr. Am 14. August 1999 wurde das letzte Teilelement der Öresundbrücke eingefügt. Am 1. Juli 2000 konnte die Brücke, im Beisein der dänischen und schwedischen Königsfamilien für den Autobahn- und Eisenbahnverkehr freigegeben.

Mit der Planung, dem Bau und der Finanzierung der gesamten Verkehrsverbindung wurde das extra für dieses Projekt gegründete „Öresundkonsortiet" beauftragt. Das Konsortium, das zu gleichen Teilen dem dänischen und dem schwedischen Staat gehört, fungiert als Eigner und Betreiber der Verkehrsverbindung. Die für den Bau der Öresundbrücke notwendigen Kredite in Höhe von rund 3 Mrd. EUR sollen durch Mautgebühren innerhalb von 27 Jahren zurückgezahlt werden.

Nach den Plänen des Architekten Georg Rotne entstand in vierjähriger Bauzeit ein fantastisches Bauwerk. Das Wunderwerk der Technik überwindet in mehreren Etappen den 18 km breiten Sund. Auf dänischer Seite wurde die künstliche Insel Peberholm angelegt, die durch einen 3750 m langen Senktunnel

FAKTEN

* **Name:** Öresundbrücke
* **Standort:** Öresund zwischen Dänemark und Schweden
* **Bauzeit:** 1996–2000
* **Konstruktionstyp:** zweistöckige Schrägseilbrücke
* **Funktion:** Autobahn- und Eisenbahnbrücke
* **Architekt:** Georg Rotne
* **Gesamtlänge:** 7845 m
* **Hauptspannweite:** 490 m
* **aufgehängte Länge:** 1092 m
* **lichte Höhe:** 57 m
* **Höhe der Pylonen:** 203,5 m
* **Breite der Brückentafel:** 23,5 m
* **Gewicht der Schrägseile:** 2300 t
* **verbauter Stahl insgesamt:** ca. 145 000 t
* **verbauter Beton:** 320 000 m^3

Die Pylone der Öresundbrücke bestehen aus Spezialbeton, sind 203,5 m hoch und gelten als das höchste Bauwerk Schwedens.

unter der Drogden-Rinne mit der dänischen Küste verbunden ist. An der Ostküste Peberholms erhebt sich die Öresund-Hochbrücke, unter der selbst Hochseeschiffe mühelos hindurchgleiten können.

Die Gesamtlänge der Brücke beträgt 7845 m. Die westliche Zufahrt besteht aus einer Rampenbrücke mit 3014 m Länge und 22 Brückenfeldern, von denen 18 eine Stützweite von 140 m aufweisen. Die 3739 m lange östliche Rampenbrücke besteht aus 28 Brückenfeldern, von denen 24 eine Stützweite von je 140 m und vier eine Länge von je 120 m haben.

Dazwischen überspannt die Hauptbrücke, die eigentliche Öresundbrücke, das Hauptfahrwasser, die so genannte Flint-Rinne. Die Öresundhochbrücke ist 1624 m lang und weist eine Feldspannweite von 490 m auf. Die Zufahrtsrampen haben zunächst eine freie Höhe von 8 m und steigen bis zur Öresundhochbrücke langsam auf eine Durchfahrtshöhe von 65 m an.

Die Pylone, an denen das gigantische und zugleich filigrane Bauwerk an zwei je 85 cm dicken Stahlseilen aufgehängt ist, bestehen aus einem speziellen Stahlbeton. Mit einer Höhe von 203,5 m gelten sie als das höchste Bauwerk Schwedens. Am Fuß messen die riesigen Träger 9,4 x 12,6 m, an der Spitze 2,6 x 5,8 m.

Die Brückentafel der doppelstöckigen Öresundbrücke hat eine Breite von 23,5 m. Auf der Stahlbetondecke des oberen Stockwerks fließt der Verkehr auf einer vierspurigen Autobahn. In der stählernen Fachwerkkonstruktion des Unterdecks befinden sich zwei Eisenbahntrassen.

Im Mittelalter wurden Brücken als Verkörperung des gefahrvollen Wegs zum Heil betrachtet, geschmückt von Kapellen und Heiligenbildnissen. Finanziert wurden die frommen Werke durch Ablässe, Stiftungen und Spenden. Heute denkt man wesentlich profaner: Die Überquerung der Öresundbrücke kostet für Pkw 32 EUR.

Oben: Am 1. Juli 2000 wurde die Brücke im Beisein der dänischen und schwedischen Königsfamilien eröffnet.

Links: Die 7845 m lange Öresundbrücke verbindet die Städte Kopenhagen und Malmö.

ITALIEN

Petersdom

ER IST „NUR" DIE ZWEITGRÖSSTE CHRISTLICHE KIRCHE DER WELT UND DOCH ZENTRALES HEILIGTUM UND MEISTBESUCHTE PILGERSTÄTTE DER RÖMISCH-KATHOLISCHEN KIRCHE: DER PETERSDOM. GRABSTÄTTE DES APOSTELS SIMON PETRUS UND ZAHLREICHER PÄPSTE.

Den Petersdom auf seine architektonische Brillanz zu reduzieren würde der Bedeutung dieses fantastischen Ensembles im Herzen der Ewigen Stadt nicht annähernd entsprechen. St. Peter ist weit mehr als nur ein kunsthistorisch bedeutendes Bauwerk. Die Kathedrale ist das zentrale Bauwerk der Christenheit – aus kunsthistorischer, architektonischer, historischer und nicht zuletzt geistlicher Sicht. Die Entstehungsgeschichte des Petersdoms geht ursprünglich zurück auf eine Initiative Kaiser Konstantins im Jahr 324. Dieser ließ auf dem Vatikanischen Hügel über dem Grab des Apostel Simon Petrus eine fünfschiffige Basilika errichten, die zum Vorläufer des später errichteten Doms werden sollte.

Im 15. Jahrhundert sollte die konstantinische Basilika schließlich erweitert werden. Doch war die Bausubstanz derart marode, dass Papst Julius II. den Auftrag für einen monumentalen Neubau erteilte. Am 18. April 1506 wurde der Grundstein für die neue Peterskirche gelegt. Finanziert wurde das kostenintensive Unterfangen durch einen regen und lukrativen Ablasshandel sowie durch den so genannten „Peterspfennig".

Der erste Entwurf für das neue großartige Gotteshaus stammte von Bramante. Nach dessen Tod 1514 führten die Baumeister Raffael, da Sangallo d. J. und

Rechts: Das Innere der riesigen Kuppel des Petersdoms.

Unten: Ein Meisterwerk der Bildhauerkunst: Die Pietà von Michelangelo in der Seitenkapelle.

Peruzzi die Arbeit Bramantes fort. Allerdings machte der Bau bis 1546 nur schleppend Fortschritte. Die Konkurrenz der ehrgeizigen Baumeister sorgte für fortwährende Verzögerungen. Mehrmals wurden die Pläne geändert, immer wieder gerieten die Bauarbeiten ins Stocken.

Im Jahr 1547 schließlich beauftragte Papst Paul III. den damals schon 72-jährigen Michelangelo mit der Fortführung des Baus. Oder besser: Der Papst befahl dem störrischen Meister die Fortführung der Bauarbeiten! Michelangelo beugte sich dem nachdrücklichen Wunsch des Papstes und machte sich an sein Werk. Bis zu seinem Tod im Jahr 1564 arbeitete der Künstler an der Gestaltung des Petersdoms. Bezahlt wurde er nicht, er erhielt aber vom Papst freie Hand bei der künstlerischen Gestaltung der Basilika. Das hielt freilich das Oberhaupt der katholischen Kirche nicht davon ab, sich immer wieder in die Arbeit des Künstlers einzumischen – was mehrmals zu heftigem Streit und groben Unstimmigkeiten zwischen Michelangelo und dem Papst führte.

Am 18. November 1623 waren die Bauarbeiten am Petersdom schließlich beendet und Papst Urban VIII. konnte die neue Grabeskirche weihen. Beinahe 120 Jahre hatte der Bau der großen Basilika gedauert. 20 Päpste von Julius II. bis zu Urban VIII. waren während ihrer Amtszeit mit dem Bau des prächtigen Gotteshauses beschäftigt. Die Liste der Baumeister, Architekten und Künstler, die ihren Teil zum Gelingen des großartigen Bauwerks beitrugen, liest sich wie das „Who's who" der Architekturgeschichte, u.a. waren Bramante, Raffael, Bernini und natürlich Michelangelo an den Arbeiten beteiligt.

Alle zusammen schufen sie mit der Basilika St. Peter ein wahres Meisterwerk. Außen- und Innenarchitektur sowie die künstlerische Ausgestaltung der Kirche erlangten Weltberühmtheit. Weithin sichtbares und Kennzeichen der Basilika ist die fantastische Kuppel, die sich hoch über dem Bauwerk erhebt. Sie ist das größte freitragende Ziegelbauwerk der Welt. Der Durchmesser beträgt 42,34 m, die Höhe 43,20 m. Die gigantische Kuppel ruht auf vier fünfeckigen Pfeilern. Jeder dieser Pfeiler hat einen Durchmesser von 24 m.

Das Innere des Petersdoms, der neben einer Hauptkuppel auch acht kleinere Nebenkuppeln besitzt, schmücken etwa 800 Säulen und 390 Riesenstatuen aus Travertin, Marmor, Stuck und Bronze sowie 45 Altäre. Von der Vorhalle gelangt man durch die Bronzetür des Filarete in das Innere der Basilika. Daneben befindet sich die Porta Santa, die nur während eines heiligen Jahres geöffnet wird. Direkt am

DATEN

* **324:** Errichtung einer fünfschiffigen konstantinischen Basilika auf dem Vatikanischen Hügel
* **18. April 1506:** Grundsteinlegung für die neue Peterskirche
* **1514:** Tod Bramantes, des ersten Baumeisters des Doms
* **1515–1546:** Raffael, da Sangallo d. J. und Peruzzi leiten die Bauarbeiten.
* **1547–1564:** Michelangelo leitet den Kirchenbau.
* **18. November 1623:** Konsekration der Basilika St. Peter

Blick von der Kuppel der Basilika über den Petersplatz und die Ewige Stadt.

Anfang des Mittelschiffs ist eine Porphyrscheibe in den Boden eingelassen, die sich vor dem Hochaltar der konstantinischen Vorgängerbasilika befand und auf der Karl der Große im Jahre 800 von Papst Leo III. zum Kaiser gekrönt wurde.

Direkt unterhalb der gigantischen Kuppel befindet sich der Papstaltar mit Berninis Bronzebaldachin, der zwischen 1624 und 1633 entstand. Darunter liegt die Confessio, gemäß einer Überlieferung das Grab des Heiligen Petrus, mit einer Figur von Papst Pius VI. In jeder der vier Nischen der Kuppelpfeiler steht eine ca. 4,5 m hohe Heiligenstatue aus Marmor. Sie stellen Veronika, Helena, Longinus und Andreas dar. Dieses Figurenprogramm verweist auf die kostbaren Reliquien, die dort aufbewahrt werden bzw. wurden: Das Schweißtuch der Veronika, ein Stück vom heiligen Kreuz, die Lanze des Longinus und der Kopf des Apostels Andreas (1964 nach Patras in Griechenland überführt). Die Statuen wurden von vier verschiedenen Bildhauern gefertigt: Der Longinus stammt von Bernini, Andreas wurde von François Duquesnoy, Veronika wurde in der Werkstatt von Francesco Mochi geschaffen und die Helena fertigte Andrea Bolgi.

Die Kuppel des Petersdoms ist das größte freitragende Ziegelbauwerk der Welt. Sie ist über 537 Stufen oder einen Lift zu erreichen und bietet einen fantastischen Rundblick über den Vatikan und Rom. Die gigantische Kuppel hat einen Durchmesser von exakt 42,34 m. Getragen wird die großartige Konstruktion von vier riesigen fünfeckigen Pfeilern mit einem Durchmesser von je 24 m. Im inneren Kuppelfries steht in 2 m hohen Buchstaben das Zitat aus dem Matthäus-Evangelium: „Tu es Petrus et super hanc petram aedificabo ecclesiam meam et tibi dabo claves regni caelorum.“ – „Du bist Petrus, und auf diesen Felsen werde ich meine Kirche bauen, und dir gebe ich die Schlüssel zum Himmelreich.“

Auf großartiges Kunsthandwerk stößt man in der Peterskirche überall. Herausragend sicherlich das Meisterwerk Michelangelos: seine großartige Pietà. Sie befindet sich in der ersten Seitenkapelle des rechten Seitenschiffs. Die Pietà ist 1,75 m hoch und ruht auf einer 1,68 m breiten Standplatte. Michelangelo vollendete sein Meisterwerk bereits im Jahr 1500. Er war damals gerade einmal 25 Jahre alt. Auf dem Brustband Marias hat Michelangelo sein Meisterwerk „signiert“: „Michael Angelus Buonarrotus Florentinus

FAKTEN

* **Name:** Basilika St. Peter, San Pietro in Vaticano
* **Status:** päpstliche Palastkirche (nicht Kathedralkirche)
* **Länge:** 211,5 m
* **Breite:** 138 m
* **Höhe:** 132,5 m
* **Grundfläche:** 15 160 m²
* **Bauzeit:** 120 Jahre
* **Fassungsvermögen:** 60 000 Menschen
* **Kuppeldurchmesser:** 42,34 m
* **Kuppelhöhe:** 433,20 m

Statue des Namensgebers der Basilika St. Peter: der Apostel Simon Petrus.

Faciebat", der Florentiner Michelangelo Buonarroti hat das gemacht. Leider kann man die Pietà nur noch durch eine dicke Panzerglasscheibe betrachten, die errichtet wurde, nachdem 1972 ein geistig verwirrter Attentäter die Pietà mit einem Hammer attackierte und schwer beschädigte.

In der Apsis befindet sich die Cathedra Petri, die Bernini 1666 schuf. Es handelt sich dabei um einen Bronzemantel für einen darin befindlichen Holzstuhl. Angeblich ist es der Lehrstuhl von Simon Petrus. Wahrscheinlicher ist jedoch, dass es sich um den Krönungsstuhl Karls des Kahlen handelt.

Ein weiteres herausragendes Kunstwerk Berninis im Innenraum des Petersdoms ist das Grabmal für Papst Alexander VII. Unter dem Faltenwurf des marmornen Tuches erkennt man – allerdings erst auf den zweiten Blick – ein lebensgroßes Skelett, das dem betenden Papst das Stundenglas der abgelaufenen Zeit entgegenhält.

Der Taufbrunnen ist der Porphyrdeckel eines Sarkophags aus dem Mausoleum Hadrians, in dem Kaiser Otto II. bestattet wurde. Dieser wurde im Jahr 1600 in einen einfachen Steinsarg umgebettet und in die Vatikanischen Grotten verlegt, als man das Atrium im Zuge der Bauarbeiten für den Dom schließlich abbrechen musste.

Nach Papst Gregor XIII. wurde die Gregorianische Kapelle benannt. Der Papst war ein großer Freund von Mosaiken. Er ließ diesen Teil des Innenraums vollständig mit Mosaiken ausschmücken. Im Lauf seiner Amtszeit wurden deshalb auch fast alle großen Altargemälde der Basilika St. Peter durch Mosaikkopien ersetzt. Die Originale befinden sich heute in der vatikanischen Kunstsammlung.

Oben: Die fantastische Kuppel des Petersdoms.

Links: Die Hauptfassade des Petersdoms zum Petersplatz.

FRANKREICH

Pont du Gard

DER PONT DU GARD NAHE DER STADT NÎMES IST DIE GRÖSSTE ERHALTENE AQUÄDUKTBRÜCKE DER ANTIKE. DER BEINAHE 2000 JAHRE ALTE AQUÄDUKT IST DAS WOHL BEEINDRUCKENDSTE ZEUGNIS RÖMISCHER ZIVILISATION IN SÜDFRANKREICH.

Eindrucksvoll überspannt der Pont du Gard das Flüsschen Gardon nahe der südfranzösischen Römerstadt Nemausus (Nîmes). Ein imposantes und dabei höchst filigranes Bauwerk zugleich. Die Römer errichteten den Pont du Gard im 1. Jahrhundert n. Chr., um die Stadt mit jenem notwendigen Trinkwasser zu versorgen, das heute unter dem Namen Perrier weltbekannt ist. Die Aquäduktbrücke markierte einen Teilabschnitt einer beinahe 50 km langen Wasserleitung, über die das Wasser von den Quellen nahe Uzès ohne Pumpen oder mechanische Hebewerke nach Nîmes transportiert wurde. Nur unter Zuhilfenahme einfachster Messgeräte gelang den römischen Baumeistern die Berechnung des notwendigen stetigen Gefälles für ihren Aquädukt. Eine absolute Meisterleistung, wenn man sich vor Augen führt, dass der Höhenunterschied zwischen den Quellen der Stadt Nîmes gerade einmal 17 m beträgt. Entsprechend gering ist das durchschnittliche Gefälle der Wasserleitung: nur 0,25 m/km. Über 300 Jahre lang versorgte der Aquädukt die Stadt mit Wasser.

Der Pont du Gard ist eine architektonische Meisterleistung. Vollkommen ohne Mörtel wurden die teilweise bis zu 6 t schweren Steinquader passgenau ineinander gefügt (Opus-quadratum-Technik). Die Römer perfektionierten die Technik weiterhin, indem

52 Bögen auf drei Ebenen überspannen den Fluss Gardon. In der obersten Ebene, getragen von 35 Arkaden, verbirgt sich die geschlossene Wasserrinne.

DATEN

* **1. Jh.:** Bau des Pont du Gard als römischer Aquädukt
* **5. Jh.:** Der Pont du Gard ist durch Kalkablagerung verstopft und verfällt langsam.
* **19. Jh.:** Restaurierung unter Napoleon III.
* **1985:** Ernennung zum Kulturdenkmal durch die UNESCO

FAKTEN

* **Name:** Pont du Gard
* **Funktion:** Aquädukt, Straßenbrücke
* **Baumaterial:** Stein
* **Höhe:** ca. 49 m
* **Gesamtlänge:** 275 m
* **Bogenweite:** max. 24,4 m
* **Neigung der Wasserrinne:** 0,19 m/km
* **durchschnittliche Neigung des Aquädukts:** 0,25 m/km
* **Breite der Rinne:** 1,2 m

sie Läufer- und Binderschichten abwechselten. Allein durch den Druck und die daraus resultierenden Reibungskräfte hielten die Felsblöcke stabil zusammen.

Die mächtigen Pfeiler der unteren und mittleren Reihe des Pont du Gard wurden exakt übereinander angeordnet, um eine zu große Belastung der Arkadenbögen zu vermeiden. Die Bogenspannweiten nehmen von der Mitte der Brücke ausgehend zu beiden Uferseiten hin ab. Über 61 bis zu 6 t schwere riesige Keilsteine wurden für den Bau der Arkaden sorgfältig bearbeitet und zusammengesetzt. Etwa 1000 Arbeiter waren drei Jahre lang mit dem Bau des Pont du Gard beschäftigt. Mit einfachen Werkzeugen bearbeiteten sie die Felsblöcke und errichteten die Brücke. Baukräne mit Flaschenzügen wurden von Arbeitern, die wie Hamster in einem Antriebsrad liefen, angetrieben.

Der Pont du Gard ist rund 49 m hoch und verläuft über drei Ebenen. Insgesamt besteht die Aquäduktbrücke aus 52 Arkadenbögen. Die unterste Ebene der Aquäduktbrücke ist 142 m lang, 22 m hoch und 6 m breit. Sechs Bögen überspannen den Gardon. Die mittlere Ebene ist bereits 242 m lang, 20 m hoch und nur noch 4 m breit. Elf Bögen bilden das Mittelstück des Pont du Gard. Die oberste Ebene schließlich ist die eigentliche Wasserleitung. Sie ist 275 m lang, 7 m hoch und lediglich 3 m breit. Insgesamt 35 kleine Arkadenbögen tragen die Wasserleitung in rund 49 m Höhe über dem Gardon. Die Wasserleitung selbst wiederum misst 1,8 m in der Höhe und 1,2 m in der Breite. Das Gefälle der Rinne beträgt 0,19 m/km. Zur Zeit der Römer flossen täglich etwa 20 000 m^3 über den Pont du Gard nach Nîmes.

Ab dem 4. Jahrhundert wurde der Aquädukt mehr und mehr vernachlässigt und verfiel zusehends. Im 9. Jahrhundert schließlich war die Wasserrinne vollkommen verkalkt und verstopft. Bis ins 18. Jahrhundert wurde der Pont du Gard als Straßenbrücke genutzt. Der Übergang über den Gardon verlief auf der mittleren Brückenebene. Um Platz für den Fahrweg zu schaffen, mussten die Pfeiler mechanisch verjüngt werden, was der Stabilität der Aquäduktbrücke alles andere als zuträglich war. 1702 wurden die Pfeiler daher komplett saniert und die Brücke für den Verkehr gesperrt. Als Ersatz wurde 1747 eine neue Brücke neben dem Aquädukt errichtet.

Heute ist der Pont du Gard eine der bedeutendsten Sehenswürdigkeiten in Südfrankreich. Aus Sicherheitsgründen ist das Betreten des Aquädukts verboten.

Mitte: Bis zu 6 t schwere Kalksteinquader wurden als Baumaterial verwendet.

Unten: Auf der 1747 errichteten Straßenbrücke kann man sich dem Pont bis auf wenige Meter nähern.

SPANIEN

La Sagrada Família

DIE KIRCHE LA SAGRADA FAMÍLIA IST WOHL DAS BERÜHMTESTE BAUWERK BARCELONAS. UND BISLANG UNVOLLENDET. SEIT 1882 WIRD AN DEM MONUMENTALEN SAKRALBAU GEARBEITET. IM JAHR 2026 SOLL DAS WERK ENDLICH FERTIG GESTELLT SEIN.

Weithin sichtbar ragen die Türme der Sagrada Família aus dem Häusermeer Barcelonas heraus. Die Kirche, deren vollständiger Name Temple Expiatori de la Sagrada Família (Sühnekirche der Heiligen Familie) lautet, wurde vom zunächst beauftragten Architekt Francesc del Villar ursprünglich im neukatalanischen Stil entworfen. Die Bauarbeiten begannen 1882. Geplant war eine „Kirche der Armen", die bis 1910 fertig gestellt sein sollte. Doch bereits ein Jahr nach Baubeginn kam es zum Zerwürfnis zwischen dem Architekt Francesc del Villar und seinen Auftraggebern.

Nach dem Streit übertrugen die Stifter die Verantwortung für den Kirchenbau im Jahr 1883 dem Architekten Antoni Gaudí. Gaudí verwarf die Pläne seines Vorgängers und erstellte ein neues Konzept. Statt eines Kirchenbaus im Stil des Historismus sollte nun eine Komposition aus Elementen des Jugendstils, der Moderne, aus naturalistischen Konstruktionsformen und Gaudís persönlicher Spiritualität entstehen.

Der Bau der Sagrada Família ging jedoch nur äußerst schleppend voran. Zum einen flossen die Finanzmittel nur spärlich. Zum anderen sorgte Antoni Gaudí mit seinen konkreten Vorstellungen von seinem Meisterwerk und seiner überschäumenden Kreativität selbst für zahlreiche Verzögerungen und Baustopps.

FAKTEN

* **Name:** La Sagrada Família
* **Standort:** Barcelona, Spanien
* **Baubeginn:** 1882
* **Fertigstellung:** vorauss. 2026
* **Türme:** 13 (zwölf mit einer Höhe von 115 m, einer mit 170 m Höhe)
* **Besucher pro Jahr:** ca. 2 Mio.
* **Finanzierung:** Spenden und private Zuwendungen
* **Architekt:** Antoni Placid Gaudí y Cornet (25. Juni 1852–10. Juni 1926), wichtigste Arbeiten: La Sagrada Família (1883–1926), Palau Güell (1886–1890), Bischofspalast von Astorga (1887–1894), Park Güell (1900–1914), Casa Batlló (1904–1906), Casa Milà (1906–1910)

Insgesamt zwölf 115 m hohe Türme soll die Kirche erhalten. Sie symbolisieren die zwölf Apostel. Der Turm über der Hauptkuppel soll sogar 170 m hoch werden.

Häufig ließ der begnadete Architekt ganze Gebäudeteile wieder rückbauen und ändern. Nicht selten mahnte der umtriebige Architekt Änderungen an dem Gebäude so lange an, bis sie perfekt ausgeführt waren und seinen Vorstellungen exakt entsprachen.

Mit zunehmendem Baufortschritt wurden immer fantastischere Details und Elemente erkennbar. Gaudí entwarf ein überragendes Bauwerk mit spindelartigen Türme, aufwändigen Ornamenten und Dächern, deren Giebel und Spitzen gekrönt wurden von Schmuckelementen, die deutlich kubistische Merkmale trugen. Gestaltung und Formen der Verzierungen und Dekorationen entlehnte er dem Jugendstil. Auf die Frage, wann denn mit der Fertigstellung des Meisterwerks zu rechnen sei, antwortete der Architekt lächelnd: „ Mein Kunde hat keine Eile."

Am 10. Juni 1926 erlag der 74-jährige Antoni Gaudí den Verletzungen, die er sich bei einem Zusammenstoß mit einer Straßenbahn zugezogen hatte. In der Krypta der Sagrada Família wurde er begraben. 40 Jahre lang hatte der begnadete Architekt an der Errichtung der Sagrada Família gearbeitet, die letzten 15 Jahre seines Lebens sogar ausschließlich.

Von da an geriet der Bau der Kathedrale immer wieder ins Stocken. In den Wirren des Spanischen Bürgerkriegs wurden die ursprünglichen Pläne vernichtet. Nach 1940 setzten die Architekten Fransesc Quintana, Isidre Puig-Boada und Lluís Gari den Bau der Sagrada Família fort.

Bis heute wird ununterbrochen an dem fantastischen Sakralbau gearbeitet. Der Turm über der Hauptkuppel soll einmal 170 m hoch aufragen. Die zwölf bis zu 115 m hohen Türme der Kathedrale, die die zwölf Apostel symbolisieren, sind dagegen schon teilweise fertig.

Bei ihrer Fertigstellung wird die Sagrada Família der größte und höchste Sakralbau der Welt sein.

Oben: Detailverliebt bis in die Spitzen. Aufwändige Verzierungen schmücken die Türme.

Links: Blick von den Türmen über die Millionenmetropole Barcelona.

ITALIEN

Schiefer Turm von Pisa

ALS DIE MÄCHTIGEN DEN BAU DES CAMPANILE IN AUFTRAG GABEN, WOLLTEN SIE EIN ZEICHEN IHRER MACHT ERRICHTEN. STATTDESSEN WURDE DER „SCHIEFE TURM VON PISA" ZU EINEM SYMBOL DER VERGÄNGLICHKEIT – DER ARCHITEKTUR WIE DER MACHT.

Der Architekt Bonanno Pisano wurde um 1173 mit dem Bau eines Glockenturms für den Dom in der toskanischen Stadt Pisa beauftragt. Pisano wollte einen frei stehenden säulenartigen Campanile errichten. Doch schon bald erwies sich das Fundament des Turms als zu schwach, der Turm geriet bereits nach Fertigstellung der ersten drei Stockwerke in Schräglage und neigte sich deutlich sichtbar um 5 cm nach Südosten. Grund für das Absinken des Bauwerks ist der instabile Untergrund, auf dem der Turm steht. Pisano fürchtet um seinen Ruf als Baumeister und lässt den Bau einstellen.

Beinahe 100 Jahre lang ruhen die Arbeiten an dem Glockenturm. Dann riskiert Giovanni di Simone den Weiterbau. Er versucht, die Schräglage des Turms dadurch auszugleichen, indem er die fehlenden vier Stockwerke senkrecht baut, was einen kleinen Knick im Turm verursacht. Die Folgen allerdings sind katastrophal: Der Turm senkt sich weiter ab. Di Simone lässt daraufhin den Bau erneut einstellen, obwohl der Glockenstuhl noch nicht errichtet ist. Im Jahr 1298 wird eine Abweichung vom Lot von 1,43 m gemessen, 1360 sind es bereits 1,63 m. Dennoch entschließt sich Tommaso Pisano, den Glockenstuhl auf den Turm zu bauen und den Bau abzuschließen. Er setzt den Glockenstuhl senkrecht auf den schiefen Turm. Im Jahr

Rechts: Der Aufgang zum Turm ist nicht durch Geländer gesichert.

Unten: Der Schiefe Turm. Weltberühmtes Wahrzeichen und größte Touristenattraktion von Pisa.

1372 ist der – schiefe – Glockenturm nach rund 200-jähriger, immer wieder unterbrochener Bauzeit fertig.

In den folgenden Jahrhunderten verlangsamt sich die Neigungsdynamik. Man vermutet, dass das Gewicht des Turms – immerhin rund 14 500 t – den Untergrund teilweise verdichtet und dadurch stabilisiert hat. 1838 unternimmt der Architekt Alessandro Gherardesca einen ersten Sanierungsversuch. Er entfernt das weiche, lehmige Erdreich und ersetzt es durch ein Marmorbecken. Die Folge: Statt einer Stabilisierung des Bauwerks löst Gherardesca eine verstärkte Neigungsbewegung des Turms aus. 1918 weicht die Turmneigung 5,1 m von der Senkrechten ab! Bis 1990 neigt sich der Campanile jährlich um ca. 1 bis 1,2 mm. Der Schiefe Turm von Pisa droht einzustürzen. Aus Sicherheitsgründen wird das Wahrzeichen der Stadt am 7. Januar 1990 für Besucher geschlossen.

Die italienische Regierung leitet umfangreiche Rettungsmaßnahmen zum Erhalt des Turms ein. 1994 und 1995 werden zunächst 690 t schwere Bleibarren als Gegengewicht mit Erdankern, die 40 m tief im Boden verankert werden, an der Nordseite des Turms befestigt. Die Maßnahme wirkt: Die Neigungsbewegung des Turms kann gestoppt werden. Weitere Stabilisierungsversuche, wie z. B. Betoninjektionen in das Fundament oder die Vereisung des Untergrunds, zeigen allerdings keinerlei Wirkung. 1998 schließlich wird der Turm mit zwei jeweils 100 m langen und 4 t schweren Stahlseilen, die an der Nordseite angebracht werden, gegen den drohenden Einsturz gesichert.

Architekten und Kunsthistoriker wollen den weltberühmten Schiefen Turm jedoch nicht aufgeben. Von Februar 1999 bis Juni 2001 kommt eine neue Technik zum Einsatz. Auf der Nordseite des Torre Pendente werden Extraktionsrohre unter das Fundament geschoben. Mit den Rohren sollen 30 t Erdreich auf sanfte Art und Weise entfernt und der Turm um rund 50 cm aufgerichtet werden. Und tatsächlich: Die neuartige Technik funktioniert. Der Schiefe Turm von Pisa richtet sich wieder auf. Heute präsentiert er sich in einer moderaten Schräglage wie vor etwa 250 Jahren. Zwar wird der Campanile nie wieder ganz aufrecht stehen, doch seine derzeitige Lage kann durchaus als stabil bezeichnet werden. Der Patient ist außer Lebensgefahr und wird die nächsten 200 bis 300 Jahre wohl unbeschadet überstehen können.

Seit dem 16. Juni 2001 ist der Schiefe Turm von Pisa wieder für Besucher geöffnet. Die Besteigung des 55 m hohen Glockenturms ist wieder gefahrlos möglich. Und selbst die sieben Glocken in der Glockenstube des weltberühmten Campanile dürfen wieder läuten.

FAKTEN

* **Name:** Torre Pendente di Pisa
* **Funktion:** Glockenturm (Campanile)
* **Bauzeit:** ca. 200 Jahre (1173–1372)
* **Höhe:** ca. 56 m
* **äußerer Durchmesser an der Basis:** ca. 15,5 m
* **innerer Durchmesser an der Basis:** ca. 7,4 m
* **Gewicht:** rund 14 500 t
* **Stockwerke:** 7 + Glockenstuhl
* **Anzahl der Glocken:** 7

GROSSBRITANNIEN

Stonehenge

MITTEN AUF DER HOCHEBENE VON SALISBURY IM SÜDEN ENGLANDS BEFINDET SICH EINE DER BERÜHMTESTEN KULTSTÄTTEN DER MENSCHHEIT: STONEHENGE. VIELE MYTHEN UND LEGENDEN RANKEN SICH UM DIE STEINKREISE UND HÜGELGRÄBER DER MEGALITHKULTUR.

Selten in der Geschichte konnte ein Bauwerk sein Geheimnis so lange bewahren wie die Steinkreise auf der Hochebene von Salisbury in Südengland. Stonehenge gibt Archäologen, Historikern und New-Age-Jüngern noch immer zahlreiche Rätsel auf. Sicher ist, dass Stonehenge bereits im Mesolithikum (etwa 8500 v. Chr.) seinen Ursprung als Kult- und Grabstätte hatte. Der Name Stonehenge stammt vermutlich von dem altenglischen Begriff „Stanhen gist", was so viel wie „hängende Steine" bedeutet.

Die Errichtung der eigentlichen Anlage mit seinen mächtigen Megalithen – große, grob bearbeitete Steinblöcke, die als Bausteine für Grab- und Kultanlagen dienten – und Trilithen – Tore aus zwei Tragsteinen und einem quer liegenden Deckstein – dauerte rund 2000 Jahre und lässt sich in drei Bauphasen einteilen.

In der ersten Phase um etwa 3100 v. Chr. wurde ein Graben ausgehoben und ein kreisrunder Wall mit etwa 100 m Durchmesser aufgeschüttet.

Nach 2500 v. Chr. setzte die zweite Bauphase ein. Die ersten Megalithe wurden aufgerichtet und der nordöstliche Eingang in seiner Ausrichtung gen Sonnenaufgang korrigiert. Die hohe Präzision, mit der die Berechnungen für diese Korrektur ausgeführt wurden, versetzt Wissenschaftler noch heute in Staunen.

FAKTEN

✻ Heilige Stätte: seit etwa 8500 v. Chr.

✻ 1. Bauphase: um 3100 v. Chr.

✻ 2. Bauphase: um 2500 v. Chr.

✻ 3. Bauphase: um 2000 v. Chr.

✻ Bauzeit: rund 2000 Jahre

Die Aufrichtung der mächtigen Megalithe gibt den Forschern noch heute Rätsel auf. Die Trilithe zeigen bereits Spuren des aufkommenden Bronzezeitalters.

Um das Jahr 2000 v. Chr. begann die dritte Phase des Ausbaus. Weitere tonnenschwere Megalithe wurden aufgerichtet und der so genannte Sarsenkreis angelegt. Er besteht aus 30 Sandsteinblöcken – jeder etwa 4,25 m hoch und rund 25 t schwer –, die einen Kreis mit 30 m Durchmesser markieren. Auf diese Steinblöcke wurden Quersteine aufgelegt – jeder etwa 7 t schwer –, die entsprechend der Krümmung des Kreises behauen wurden. Befestigt wurden die Quersteine auf den Pfeilern durch Zapfen, Nuten und Federn: Ein deutlicher Hinweis auf die Einflüsse des Bronzezeitalters. Im Inneren des Kreises wurden fünf Trilithe in Hufeisenform aufgestellt.

Alle Steine, Pfeiler und Quersteine sind nach den Positionen der Sonnenwende sowie nach der Tagundnachtgleiche angeordnet. Ob Stonehenge als frühzeitliches Observatorium genutzt wurde, ist bis heute nicht geklärt. Im Innersten der Kreise befindet sich ein Altar aus grünem Sandstein. Alle weiteren Steine im inneren Kreis sind Blausteine. Blaustein ist eine Basaltart, die in den Preseli Hills im heutigen Wales vorkommt. Die riesigen Steine mussten über eine Strecke von 380 km herantransportiert werden. Eine unglaubliche Kraftanstrengung zur damaligen Zeit. Glaubt man der Legende, so schrieb der sagenhafte Magier Merlin den Blausteinen besondere Eigenschaften zu.

Der Mythos von Stonehenge lebt, seine Anziehungskraft als geheimnisvoller Ort und magische Kultstätte ist ungebrochen. Jahr für Jahr pilgern unzählige Touristen und Besucher auf die Hochebene. Seit 1986 zählt die Anlage zum Weltkulturerbe der UNESCO und steht unter dem besonderen Schutz der britischen Regierung. Der Zugang zum Steinkreis von Stonehenge ist seitdem untersagt. Lediglich einmal im Jahr während der Tagundnachtgleiche erhält die British Druids Society Zugang zu der Anlage, um geheimnisvolle keltische Rituale abzuhalten.

Oben: Mitglieder der British Druids Society begehen das Sonnwendfest in Stonehenge.

Links: Rätselhaft und geheimnisvoll: die Kultstätte von Stonehenge.

ISLAND

Nationalpark Þingvellir

ÞINGVELLIR IST DER NAME ZWEIER BEDEUTENDER ORTE IM SÜDEN ISLANDS. ÞINGVELLIR (ISLÄNDISCH „ÞING": VOLLVERSAMMLUNG, „VELLIR": EBENE) BEZEICHNET EINMAL EINEN HISTORISCHEN VERSAMMLUNGSORT, ZUM ANDEREN EINEN GRANDIOSEN NATIONALPARK.

Um das Jahr 930 wurde hier von den landnehmenden norwegischen Wikingern die erste gesetzgebende Versammlung in Island, das Alþing, abgehalten. Das Alþing gilt entsprechend als eines der ältesten Parlamente der Welt. Es bestand bis ins Jahr 1798, als die Dänen es auflösten. 1928 wurde das Gebiet rund um das ehemalige Alþing zum Nationalpark ernannt. Am 17. Juni 1944 wurde an dieser historisch bedeutenden Stätte schließlich die Republik Island ausgerufen.

Der Nationalpark Þingvellir befindet sich im Südwesten Islands, rund 40 km nordöstlich der Landeshauptstadt Reykjavík. 1928 wurde das Gebiet zum Nationalpark erklärt. Es liegt inmitten einer bemerkenswerten Grabenbruchzone: Hier treffen die Amerikanische und die Europäische Kontinentalplatte aufeinander. Jedes Jahr driften diese beiden gigantischen Platten der Erdkruste um bis zu 2 cm auseinander, was zu unglaublichen tektonischen Spannungen führt, die sich nicht selten sicht- und spürbar als Erdbeben und Vulkanausbrüche deutlich bemerkbar machen. Der Þingvellir ist umgeben von insgesamt vier aktiven Vulkansystemen, darunter der Hengill, am Nordufer des Sees Þingvallavatn. Der Þingvallavatn ist mit einer Fläche von 83 km^2 der größte See Islands. An seiner tiefsten Stelle misst er 114 m!

Rechts: Der „Große Graben" – in Þingvellir treffen zwei Kontinentalplatten aufeinander.

Unten: Der Oxara-Fluss durchfließt den Þingvellir-Nationalpark.

In den vergangenen 9000 Jahren – im Verlauf der Erdgeschichte nicht mehr als ein Wimpernschlag – hat sich der Graben um 60 bis 90 m abgesenkt. Wer hier durch die einzigartige Landschaft wandert kann die gigantischen Kräfte der Natur erahnen, die hier am Werke sind.

Das Auseinanderdriften der Amerikanischen und Europäischen Kontinentalplatten lässt imposante Felsspalten, Schluchten und Risse entstehen. Paradebeispiel für eine derartige Spalte ist die Almannagjá, die Allmänner-Schlucht, die sich tief in den Vulkanboden eingegraben hat. Durch die Almannagjá fließt der Öxará, der am Ende der Schlucht einen sehenswerten Wasserfall, den Öxaráfoss, formt. Der Dampf, der ständig über der Schlucht liegt, rührt von dem ausgeprägten Vulkanismus im Gebiet des Þingvellir her.

Nur einen Steinwurf vom Þingvellir und dem Öxaráfoss entfernt, stürzt der wohl schönste Wasserfall Islands tosend in die Tiefe: Der Gullfoss (isländisch „gull": golden, „foss": Wasserfall). In zwei Stufen überwindet der Fluss Hvitá hier 32 m Höhenunterschied. Je nach Jahreszeit stürzen hier Wassermengen von 30 m^3/s im Winter und bis zu 1600 m^3/s im Sommer die beiden Kaskaden hinunter. Die hinabfließenden riesigen Wassermengen werden von der Schlucht regelrecht verschluckt. Der Gullfoss ist der wohl berühmteste und vielleicht schönste Wasserfall Islands.

Die Gründe, warum gerade in Island derart häufig große Wasserfälle vorkommen, sind sehr vielfältig. Beim Gullfoss-Wasserfall ist es zum einen eine bevorzugte Kluftrichtung im Basaltgestein von Südwest nach Nordost, in dessen Richtung der obere Wasserfall verläuft. Zum zweiten verursacht eine Spaltenzone in Nordwest/Südost-Richtung den unteren Fall. Kann das mit Schutt und Geröll schwer beladene Wasser erst einmal in die Klüfte und Spalten eindringen, entfaltet es seine volle Erosionskraft. Unterhalb des Gullfoss hat sich die Hvitá in eine tiefe Schlucht eingeschnitten. Weiter flussabwärts finden sich in den abgelagerten Flussschottern Versteinerungen verschiedenster Meerestiere. Dies beweist, dass einst das Meer weit bis ins Landesinnere eingedrungen ist.

Der Nationalpark Þingvellir, der Wasserfall Gullfoss und die benachbarten Geysire des Haukadalur, des bekanntesten Heißquellengebiets im Südwesten Islands, bilden zusammen den so genannten „Golden Circle", eine der berühmtesten Sehenswürdigkeiten der Insel im Norden Europas. Im Jahr 2004 wurde der Nationalpark Þingvellir in die Liste des UNESCO-Weltnaturerbes aufgenommen.

FAKTEN

* In **Island** leben auf einer Fläche von 103 100 km² lediglich 290 000 Menschen.

* **Besonderheiten:** Das isländische Alphabet umfasst 32 Buchstaben, die größtenteils den lateinischen entsprechen. Ein zusätzlicher Buchstabe ist Þ/þ. Er stammt aus dem Runenalphabet und wird wie „hartes" englisches „th" ausgesprochen, wie z.B. in engl. „thing", im Gegensatz dazu allerdings mit heruntergebogener Zungenspitze.

ITALIEN

Venedig

VENEDIG, DIE WELTBERÜHMTE „STADT IM MEER", GLEICHT EINEM ZAUBERHAFTEN WASSERSCHLOSS. DIE STADT IST EIN GESAMTKUNSTWERK, EIN SCHEINBAR UNÜBERSICHTLICHES GEWIRR AUS UNZÄHLIGEN GASSEN, KANÄLEN, BRÜCKEN, STEGEN UND INSELN.

Was heute als Venedig bezeichnet wird, entwickelte sich schon seit der Spätantike aus vielen verstreuten kleinen Siedlungen auf den Inseln der entstehenden Lagune. Die Lagune von Venedig, in deren Herzen die Stadt Venedig liegt, ist ein durch Landzungen, Halbinseln und Inseln abgetrennter Meerbusen an der Nordküste der Adria. Sie entstand in vorgeschichtlicher Zeit durch die Ablagerung von Flusssedimenten.

Die Lagune von Venedig hat eine Fläche von rund 550 km². Lediglich 8 % der Lagune sind Festland, 11 % sind ständig von Wasser bedeckt. Der weitaus größte Teil – rund 80 % – besteht aus Watt- und Marschland. Die Lagune von Venedig ist eine einzigartige Landschaft zwischen Festland und Meer.

Der nördliche Teil der rund 50 km langen und bis zu 15 km breiten Lagune enthält überwiegend Süßwasser. Man bezeichnet ihn als „laguna morta", tote Lagune. Der südliche Teil hingegen ist die Salzwasserlagune, die im Rhythmus von Ebbe und Flut vom Meerwasser durchspült wird. Sie wird „laguna viva", lebendige Lagune, genannt.

Im Herzen der Lagune liegt die wohl bekannteste Siedlung: die Stadt Venedig. Oder besser: das historische Zentrum der weltberühmten Lagunenstadt. Venedig hat heute rund 300 000 Einwohner,

Das Leben am Wasser hat nicht nur romantische Seiten. Mehrmals im Jahr wird der historische Stadtkern von Überschwemmungen heimgesucht. Hier die Piazza San Marco.

DATEN

* **421:** wahrscheinlich Gründung
* **828/29:** Überführung der Reliquien des Evangelisten Markus von Alexandria nach Venedig
* **830–1094:** Bau des Markusdoms (Basilica San Marco)
* **1309–1442:** Bau des Dogenpalastes
* **1312–1320:** Bau des Baptisteriums von San Marco
* **1453:** Venedig größte und reichste italienische Stadt
* **12. Mai 1797:** Abdankung des letzten Dogen, Lodovico Manin
* **1902:** Einsturz des Campanile
* **1903–1912:** Wiederaufbau des Campanile
* **1987:** Aufnahme in die UNESCO-Liste des Weltkulturerbes

von denen jedoch nur etwa 65 000 im historischen Kern mitten in der Lagune leben. Und dieser Kern Venedigs ist ein ganz besonderes Gesamtkunstwerk.

Über 3000 Gassen und Gässchen schlängeln sich durch die eng aneinander gebauten Häuser, Paläste, Kirchen und Profanbauten auf den mehr als 100 Inseln des historischen Stadtzentrums. Unterbrochen hin und wieder lediglich durch kleine und größere Plätze. Der bekannteste ist sicherlich der Markusplatz vor dem weltberühmten Markusdom. Etwa 180 Wasserstraßen und Kanäle durchqueren die Stadt. Weit über 400 Brücken und Stege überspannen die Wasserwege. Die „Hauptstraße" der Lagunenstadt ist der 3,8 km lange Canal Grande. Er ist die meistbefahrene Wasserstraße Venedigs. Auf ihm und den von ihm abzweigenden und ihn kreuzenden Kanälen pulsiert der Verkehr, spielt sich das tägliche Leben in der Lagunenstadt ab. Vaporetti – Wasserbusse – befördern Pendler, Einheimische und Touristen in beinahe jeden Winkel der Stadt. Polizeiboote fahren Streife und halten Ausschau nach Bootsführern, die gegen die strengen Verkehrsregeln auf den engen und viel befahrenen Wasserstraßen verstoßen. Unfälle sind an der Tagesordnung. Und das Hupkonzert und die lautstarken Auseinandersetzungen der Bootsführer, wenn es wieder einmal nicht vorwärts geht, unterscheidet sich nur wenig von überfüllten Verkehrsstraßen an Land. Sanitätsboote übernehmen die Rolle von Krankenwagen und jagen mit laut heulenden Sirenen durch die engen Wasserstraßenschluchten. Selbst die Feuerwehr ist in Venedig mit Lösch- und Einsatzbooten unterwegs. Und dazwischen: unzählige Fischerboote, Müllentsorgungsboote der Stadt Venedig, Wassertaxis, Traghetti – kleine Personenfähren, die ihre Passagiere von einem Kanalufer zum anderen transportieren –, unzählige private Motor-, Ruder- und Tretboote und natürlich: die weltberühmten Gondeln, ohne die Venedig undenkbar wäre.

Die Kanäle sind die Lebensadern der Lagunenstadt. Ohne die gut ausgebauten Wasserstraßen könnte die Stadt nicht versorgt werden. Venedig ist in vielerlei Hinsicht einzigartig. Dies erkannte bereits der bekannte venezianische Komödiendichter Carlo Goldoni (1707–1793): „Venedig ist eine so ungewöhnliche Stadt, dass man sich gar keine rechte Vorstellung von ihr machen kann, wenn man sie nicht wirklich gesehen hat. Landkarten, Pläne, Modelle und Reisebeschreibungen genügen nicht, man muss sie sehen."

Mitte: Über 400 Brücken überspannen die Kanäle der Lagunenstadt.

Unten: Die Hauptstraße Venedigs – der Canal Grande.

FRANKREICH

Schloss Versailles

DAS BAROCKSCHLOSS VON VERSAILLES WURDE VON KÖNIG LUDWIG XIII. ALS KLEINES JAGDSCHLOSS ANGELEGT. LUDWIG XIV., DER „SONNENKÖNIG", LIESS VERSAILLES ZU EINEM POMPÖSEN SCHLOSS MIT EINER GRANDIOSEN PARKLANDSCHAFT AUSBAUEN.

Was für eine Bühne des höfischen Zeremoniells: Versailles! Nur hier konnte das barocke Herrscherhaus sich selbst inszenieren. Die Voraussetzungen dafür schufen die Könige, Königinnen und Adeligen selbst. Versailles, Wiege des absolutistischen Systems, Sinnbild der Dekadenz und des illustren höfischen Lebens, Symbol der Französischen Revolution. Jeder Raum, jeder Saal, jeder Wandelgang des imposanten Schlossbauwerks erzählt unzählige Geschichten vom Leben des Hochadels im vorrevolutionären Zeitalter. Versailles, der Spiegel einer bewegten Epoche.

König Ludwig XIV. (1638–1715) war wie kein anderer französischer Regent ein Meister der Selbstinszenierung. Er liebte große Auftritte und Gesten. Für den selbstverliebten Sonnenkönig war das Leben eine pompöse Theateraufführung, in der er selbst die Hauptrolle spielte. Für seine Auftritte bot die Enge der Hauptstadt Paris nicht genügend Platz und so schuf sich der Herrscher eine großartige Bühne: Schloss Versailles. Ab 1668 ließ er das einstige Jagdschloss seines Vaters Ludwigs XIII. in einen imposanten Palast mit einer fantastischen Parkanlage um- und ausbauen.

Das Schloss erhielt beeindruckende Ausmaße. Allein die Gartenfront des Schlosses misst 570 m. Horizontale Linien dominieren und nur schmale Risalite

FAKTEN

✻ Name:
Schloss Versailles

✻ Bauherr:
König Ludwig XIV., der Sonnenkönig

✻ Bauzeit: 1668–1710

✻ Kosten: 25,7 Mio. Livres (1 Livre = 409 g Silber; je nach Silberpreis ergeben sich nach heutigem Standard Baukosten zwischen 2,6 und 260 Mrd. Euro)

DATEN

✻ 5. Oktober 1789:
König Ludwig XVI. muss Versailles verlassen.

✻ ab dem 19. Jh.:
Umfangreiche Sanierungs- und Instandhaltungsmaßnahmen, die bis heute anhalten

✻ 18. Januar 1871:
Im Spiegelsaal wird König Wilhelm I. von Preußen zum deutschen Kaiser proklamiert.

✻ 26. Februar 1871:
Unterzeichnung des Friedensvertrags zwischen Deutschland und Frankreich in Versailles

✻ 28. Juni 1919:
Friedensvertrag von Versailles

Der Bauherr des Schlosses: Sonnenkönig Ludwig XIV. mit den Plänen der Schlossanlage von Versailles.

lockern die erhabene Front auf. Der Hauptbau wird im ersten Stockwerk auf seiner gesamten Breite von der großen Spiegelgalerie und den Salons des Krieges und des Friedens eingenommen, deren üppige Verzierung und Ausstattung mit Plafondgemälden, Spiegeln, Säulen und Pilastern überwältigen.

Jeder Innenraum des Schlosses hat eine besondere symbolische Bedeutung. Privaträume gibt es nicht. Der gesamte Hofsstaat war ständig und überall zugegen, um sich im Glanz des Lichts des absolutistischen Regenten „sonnen" zu können. Zentrum des Schlosses war nicht, wie man gemeinhin vermuten würde, der Thronsaal oder das Arbeitszimmer des Königs. Vielmehr waren die Schlafgemächer des Sonnenkönigs und seiner Königin geradezu Kultstätten des höfischen Zeremoniells. Das alltägliche „lever" (das Aufstehen) sowie das „coucher" (das Zubettgehen) des Regentenpaares wurden nach strengsten Regeln zelebriert. Jedem der Diener, jedem Mitglied des Hofstaates war dabei eine exakte Aufgabe zugedacht.

Die perfekte Ergänzung der imposanten Schlossanlage ist der großartige weitläufige Park. Er bildete die Bühne für prachtvolle, rauschende Feste, die der Sonnenkönig mit tausenden von Gästen häufig zu feiern pflegte. Der Park wurde in drei Ausbauphasen von 1662 bis 1689 nach Plänen von André le Nôtre angelegt. Die herrlichen Gartenanlagen erstrecken sich kilometerweit um das Schloss und zählen zu den größten und bedeutendsten Parkanlagen in Europa. Der Park steigt terrassenförmig zum Schloss hin an und ist mit seinen Broderieparterres, Rasenteppichen, seiner Orangerie, seinen Bassins, Springbrunnen und Skulpturen die konsequente Fortsetzung der Schlossarchitektur.

Ludwig XIV. war von seinem Schlosspark derart begeistert, dass er es sich nicht nehmen ließ, den ersten Führer für die Parkanlagen selbst zu verfassen.

Oben: Der Park gilt als Meisterwerk eines Barockgartens.

Links: Der weltberühmte Spiegelsaal (Galerie des Glaces oder Galerie de Louis XIV) von Schloss Versailles.

Geheimnisvolle Hochkulturen haben ihre Spuren überall zwischen Mexiko im Norden und Patagonien im Süden hinterlassen. Sagenhafte Bauwerke, riesige Tempelanlagen und einzigartige Pyramiden wurden von den legendären Völkern der Inka, Maya und Azteken erschaffen. Grandiose Naturparadiese prägen die unterschiedlichen Gesichter des süd- und mittelamerikanischen Teilkontinents.

MITTEL- UND SÜD- AMERIKA

AMAZONIEN

Amazonas-Becken

ALS AMAZONAS-BECKEN BEZEICHNET MAN DIE RIESIGE VON REGENWÄLDERN BEDECKTE TIEFEBENE IM NÖRDLICHEN TEIL DES SÜDAMERIKANISCHEN KONTINENTS. DIE REGION UMFASST ETWA 6,5 MIO. KM² – ETWA 5 % DER GESAMTEN LANDFLÄCHE DER ERDE.

Das Amazonas-Becken beherbergt den größten zusammenhängenden Wald unseres Planeten. Es umfasst Gebiete in neun Staaten: Brasilien, Französisch-Guayana, Suriname, Guyana, Venezuela, Kolumbien, Ecuador, Peru und Bolivien. Sein Name stammt von dem gleichnamigen Fluss, der sich in verschlungenen Mäandern durch die endlosen Regenwälder in Richtung Atlantik schlängelt. Lediglich mit einem im All stationierten Satelliten lässt sich die ganze Ausdehnung des Amazonas-Beckens erkennen.

Das gesamte Amazonas-Becken ist noch immer von dichtem Regenwald bedeckt, wenngleich der Raubbau in den vergangenen Jahrzehnten schlimme Wunden hinterlassen hat. Durch diesen grünen Teppich mit seiner üppigen Vegetation windet sich der Amazonas. Tatsächlich jedoch handelt es sich nicht nur um diesen einen Fluss, vielmehr wird mit dem Begriff das gesamte riesige Flusssystem bezeichnet, zu dem auch der Rio Amazonas gehört. Das flache Becken dieses immer von Wasser überfluteten Systems liegt nur knapp 200 m über dem Meeresspiegel.

In der üppigen Vegetation blinken die etwa 1100 Nebenflüsse und kleineren Wasserläufe des Hauptstroms. Sie verzweigen sich vielfach und reichen weit zurück bis in die Höhen- und Gebirgszüge, die das

FAKTEN

✱ **Name:** Amazonien

✱ **Staaten:** Brasilien, Französisch-Guayana, Suriname, Guyana, Venezuela, Kolumbien, Ecuador, Peru und Bolivien

✱ **Fläche:** etwa 6,5 Mio. km² (ca. 5 % der gesamten Landfläche der Erde)

✱ **größter Fluss:** Amazonas

✱ **Länge:** 6788 km (vom Atlantik bis zur Quelle)

✱ **Breite:** 5 – 120 km

✱ **Tiefe:** 30 – 100 m

Wie eine riesige Anaconda windet sich der Rio Negro durch den Regenwald. Über 50000 km der Flüsse Amazoniens sind schiffbar.

gigantische Becken begrenzen. 17 der Hauptzuflüsse des Amazonas sind über 1500 km lang. Man vermutet bislang, dass im Amazonas-Becken rund ein Fünftel des gesamten Süßwassers der Erde fließt. Dabei hat das Becken ein derart geringes Gefälle, dass die Flüsse meist nur eine sehr geringe Fließgeschwindigkeit aufweisen. Das Gefälle des Amazonas beträgt lediglich 5 mm/km. Zum Vergleich: Selbst ein Badewanne weist ein stärkeres „Gefälle" auf. Je nach Jahreszeit werden dem Atlantik zwischen 100000 und über 200000 m³ Wasser pro Sekunde zugeführt.

Die großen Nebenflüsse des Amazonas lassen sich anhand der Farben ihres Wassers unterscheiden. Der Rio Negro gibt seine Farbe Schwarz bereits im Namen an. Der Rio Madeira gilt als gelb-roter Fluss, der Rio Tapajos und der Rio Xingu hingegen führen klares Wasser. Bei Manáus, wo der Rio Negro auf das lehmgelbe, sedimentreiche Wasser des Rio Solimões aus den Anden trifft, wälzen sich die Ströme im gemeinsamen Bett des Amazonas nebeneinander her wie zwei Elemente, die sich nicht vermischen wollen. Erst etwa 80 km weiter flussabwärts gewinnt das gelbe Wasser des Rio Solimões die Oberhand.

Die Quelle des Rio Solimões, die als eigentlicher Ursprung des Rio Amazonas bezeichnet wird, wurde erst spät, im Jahr 1971 entdeckt. Am Oberlauf besitzt der Fluss insgesamt sechs Namen. Der mittlere Teil des Stroms wird häufig als Rio Solimões bezeichnet und nur im letzten Drittel trägt er den Namen Rio Amazonas.

Der Amazonas ist 6275 km lang und damit der größte Fluss der Erde – der Fluss der Flüsse. Bei Hochwasser schwillt seine Flut auf über 280000 m³/s an. Sein Flussbett ist so tief, dass Überseeschiffe bis zu 3700 km stromaufwärts, fast durch den gesamten nördlichen Teil des Kontinents bis ins peruanische Iquitos fahren können.

Oben: Das Theater in Manáus.

Links: Das lehmgelbe Wasser des Solimões vermischt sich erst 80 km nach dem Zusammenfluss mit den schwarzen Fluten des Rio Negro.

MEXIKO

Chichén Itzá

GEHEIMNISVOLL, MYSTERIÖS, RÄTSELHAFT. DIE GESCHICHTE DES VOLKES DER MAYA UND IHRER SAGENHAFTEN HOCHKULTUR IN MITTELAMERIKA LÄSST AUCH HEUTE NOCH IMMER ZAHLREICHE FRAGEN OFFEN. WARUM GING IHRE KULTUR SO ABRUPT UNTER?

In der kurzen Blütezeit ihrer Hochkultur schufen die Maya Bauwerke, Tempel und Städte von beeindruckender Größe und beinahe unglaublicher Schönheit. Juwel der Maya-Zivilisation und Zentrum ihrer einzigartigen Hochkultur war die sagenhafte Stadt von Chichén Itzá auf der Halbinsel Yucatán, weit im Süden Mexikos. Wann und woher genau die Maya und ihre fortschrittliche Kultur kamen, ist bis heute ungeklärt. In der zweiten Hälfte des ersten Jahrtausends ließen die Maya-Herrscher eine große Stadt mit einem Durchmesser von etwa 1 km um zwei Brunnen (Cenoten) errichten.

Viele tausend Maya waren am Bau beteiligt. Bewohnt wurde die prachtvolle Stadt jedoch nur von den Herrschern und den Priestern. Die Untertanen mussten als Bauern rings um die Maya-Hauptstadt Ackerbau betreiben, um die Versorgung der Stadt zu gewährleisten. Sie fristeten ihr Dasein in ärmlichen Lehm- und Strohbehausungen.

Dass die Maya jedoch kein friedliches Volk von Ackerbauern war, belegt die Tatsache, dass sich die jeweiligen Herrscher eine große Streitmacht hielten, die nicht nur zu Verteidigungszwecken eingesetzt wurde. Die Herrscher trachteten nach Ruhm und Reichtum und die Krieger waren ihr schlagkräftiges Instrument. Von Chichén Itzá unternahmen sie blu-

Der Thron der Maya-Herrscher in Form eines Jaguars mit Jade-Augen (um 1050). Der Jaguar galt als Zeichen von Macht und Stärke.

DATEN

*** um 435–455:** Gründung von Chichén Itzá durch Mayas laut Manuskript von Chumayel

*** um 682:** Die Mayas verlassen den Ort.

*** um 987:** vermutlich „Einwanderung" von Tolteken unter Führung des Herrschers von Tula

*** 999:** vermutlich Tod des Herrschers von Tula, Quetzalcóatl

*** 1533:** Spanische Eroberer dringen in den Ort ein.

*** 1841/42:** Erforschung durch den Gelehrten John Stephens

*** 1904–1907:** Erforschung des „heiligen Brunnens"

*** 1923:** systematische Untersuchung und Freilegung der Ruinenstadt

*** 1988:** Ernennung zum Weltkulturerbe der UNESCO

tige Raubzüge und plünderten andere Ansiedlungen und Städte der Maya.

Die Maya-Herrscher vermehrten im Lauf der Jahre Reichtum und Macht. Umso verwunderlicher, ja mysteriöser mutet es deshalb an, dass gegen Ende des 7. Jahrhunderts – je nach Quelle 682 oder 690 – die Maya ihre Stadt Chichén Itzá urplötzlich verließen. Warum, ist bis heute ungeklärt. Vieles spricht für eine Katastrophe, die das große Volk der Maya samt seiner hoch entwickelten Kultur auslöschte. Trockenheit, Missernten, Hunger. Nur wenige haben überlebt. Als Mitte des 16. Jahrhunderts spanische Eroberer auf der Halbinsel Yucatán landeten, trafen sie nur noch auf ein kleines, elendes Häuflein Maya-Krieger. Mission und Inquisition beendeten für immer die Existenz der Maya-Kultur.

Weithin sichtbares Zeichen der Macht war der Sitz des Herrschers hoch auf der Kukulcán-Pyramide. Mehr als 30 m überragte die Pyramide alle anderen Gebäude der Anlage. Welch hohen Entwicklungsstand, welch enormes Wissen die Maya damals bereits erlangt hatten, beweist die üppige Zahlensymbolik und die Ikonografie, mit der die Kukulcán-Pyramide geschmückt und verziert ist: Die Stufen der Pyramide – 4 mal 91 plus eine Sockelstufe – addieren sich zu 365, den Tagen eines Jahres.

Gegenüber der Kukulcán-Pyramide im beeindruckenden Tempel der Krieger (Templos de los guerreros) mit der Halle der 1000 Säulen hatte die Streitmacht des Herrschers ihre Unterkunft. An seine Rückseite grenzt der 91 mal 36 m große Ballspielplatz.

Das Ballspiel – „pok ta pok" (Mannschaft gegen Mannschaft) – nahm in der Maya-Kultur breiten Raum ein. Zwei Mannschaften mussten versuchen, einen medizinballgroßen Kautschukball in das „Tor" – einen schlangenverzierten Ring – des Gegners zu bugsieren. Die Spieler durften weder Hände noch Füße einsetzen und waren dick gepolstert. Ein Spiel dauerte so lange, bis eine der Mannschaften geschlagen war. Es wurde nicht zum Zeitvertreib, sondern aus religiösen oder politischen Gründen gespielt. Es war ein blutiges Spiel: Der Spielführer der unterlegenen Mannschaft wurde auf dem Spielfeld geköpft. Es galt als höchste Ehre, derart den Göttern geopfert zu werden.

Allgegenwärtig ist in Chichén Itzá das Symbol der Schlange. Kukulcán, die Schlange, die vom Tempel steigt, und Quetzalcóatl, die gefiederte Schlange, waren die höchsten Gottheiten der Maya.

Mitte: Der größte erhaltene Ballspielplatz Mexikos.

Unten: Der Tempel der Krieger mit seiner Halle der 1000 Säulen.

ECUADOR

Galápagos-Archipel

DIE GALÁPAGOS-INSELN (ARCHIPIÉLAGO DE COLÓN) LIEGEN IM PAZIFISCHEN OZEAN ETWA 1000 MEILEN VOR DER OSTKÜSTE SÜDAMERIKAS. DER ARCHIPEL GEHÖRT ZU ECUADOR UND BESTEHT AUS 61 GRÖSSEREN UND KLEINEREN INSELN.

Hier scheinen wir in Raum und Zeit jener großen Tatsache, jenem Geheimnis aller Geheimnisse, dem Erscheinen neuer lebender Wesen auf der Erde näher gebracht zu werden", schrieb der britische Naturforscher Charles Darwin in seinen Aufzeichnungen über die Inselgruppe im Pazifischen Ozean: die Galápagos-Inseln. Der britische Naturforscher war 1835 nach Galápagos gereist, um einen Beweis für die biblische Schöpfungsgeschichte zu finden. Was er vorfand, belehrte ihn eines Besseren, und seine Theorie von der „Entstehung der Arten durch natürliche Zuchtwahl" veränderte radikal und für immer das Bild des Menschen von sich und seiner Stellung in der Natur.

Der Archipel wurde 1535 eher zufällig entdeckt. Der Spanier Tomás de Berlanga, Bischof von Panama, strandete mit seinen Reisegefährten auf einer der Vulkaninseln, nachdem die Seefahrer vom Kurs Richtung Peru abgekommen waren. Nach ihrer glücklichen Heimkehr berichteten sie von den Islas Encantadas, den „Verzauberten Inseln".

Niemand hätte so weit draußen im Ozean noch Inseln vermutet und die starken Strömungen im Bereich des Archipels ließen bei den Seefahrern leicht den Eindruck entstehen, die Inseln selbst änderten immer wieder ihre Lage.

Rechts: Die Namensgeberin des Inselreichs: die Galápagos-Schildkröte.

Unten: Die Galápagos-Inseln vom All aus gesehen.

Im 17. Jahrhundert dienten die Inseln als Schlupfloch für Piraten, die von hier aus auf Kaperfahrt gingen und die aus Mexiko zurückkehrenden Goldschiffe der Spanier überfielen.

Im 19. Jahrhundert wurde die Inselgruppe schließlich nach den dort lebenden Riesenschildkröten Galápagos benannt. 1832 nahm General José María Villamil die Inseln für Ecuador in Besitz. Er nannte die Inseln nun Archipiélago del Ecuador und es begann die erste dauerhafte Besiedlung. 1892 wurden die Galápagos zu Ehren von Christoph Kolumbus in Archipiélago de Colón (Kolumbusarchipel) umbenannt.

Die Galápagos-Inseln sind vulkanischen Ursprungs. Die tektonische Platte (Nasca-Platte), auf der die Inseln liegen, bewegt sich über eine riesige Magmakammer, die noch immer vulkanische Aktivitäten vor allem auf den Inseln Isabella und Fernandina, bewirkt. Der Vulkan Cumbre auf Fernandina brach zuletzt im Mai 2005 aus. Der Archipel liegt in der Nähe des Äquators. Dennoch ist das Klima aufgrund des mit 20 °C relativ kühlen Meerwassers (Humboldtstrom) eher gemäßigt. Das nährstoffreiche Tiefenwasser rund um den Archipel ist der Grund für den Artenreichtum in den Gewässern. Die Regenzeit dauert von Januar bis Juni. Das übrige Jahr fällt fast kein Niederschlag. In so genannten El-Niño-Jahren verändern sich sowohl die Meeresströmungen als auch die Niederschlagsmengen mit nachhaltigen Auswirkungen auf Fauna und Flora.

1835 bereiste Charles Darwin den Archipel. Er hoffte, ein biblisches Paradies vorzufinden. Was er stattdessen fand, revolutionierte die Vorstellungen und Normen der damals anerkannten Wissenschaft. Auf den Inseln entstanden neue Lebensformen unter einmaligen, geradezu einzigartigen Bedingungen. Frühzeitliche Formen hatten sich erhalten. Worauf Charles Darwin seine revolutionären Thesen letztlich stützte, war in erster Linie das Vorkommen von Riesenschildkröten und von Scalesia-Wäldern. Sowohl die Tiere als auch die Pflanzen, die zufällig hier angelandet, angespült oder angeweht wurden, entwickeln auf den Inseln unter dem Einfluss ihrer Umgebung vollkommen neue, vollkommen eigene Ausprägungen und Formen, die nur hier und nirgendwo sonst auf der Welt zu verzeichnen sind. Dass diese evolutionären Prozesse auf Galápagos so überschaubar sind, macht die Inseln zu einem besonders schützenswerten Fleckchen Erde. Der Archipel wurde daher 1978 auf die Liste des Weltnaturerbes aufgenommen. Dieses Welterbe ist jedoch durch immer stärkere Eingriffe des Menschen in seinem Bestand nachhaltig gefährdet.

FAKTEN

* **Name:** Galápagos-Archipel, offizieller Name Archipiélago de Colón
* **Staat:** Ecuador
* **Lage:** Pazifischer Ozean, vor der Ostküste Südamerikas
* **Umfang:** 61 Inseln
* **Einwohnerzahl:** 25 000 Menschen
* **Weltnaturerbe der UNESCO:** seit 1978
* **Charles Robert Darwin,** britischer Naturforscher (12. Februar 1809 – 19. April 1882). Er gilt als einer der bedeutendsten Naturwissenschaftler der Geschichte. Seine Theorie eines natürlichen Prinzips der Evolution durch graduelle Variation und natürliche Selektion (Darwinismus) revolutionierte im 19. Jahrhundert die Wissenschaft. Sie erklärt die langsame Aufspaltung der Organismen in viele verschiedene Arten als Folge von Anpassungen an den Lebensraum.

ARGENTINIEN / BRASILIEN

Wasserfälle von Iguazú

„POOR NIAGARA!" („ARME NIAGARAFÄLLE!"), SOLL ELEONOR ROOSEVELT, GATTIN DES US-PRÄSIDENTEN, BEIM ANBLICK DES ATEMBERAUBENDEN NATURSCHAUSPIELS IM GRENZGEBIET ZWISCHEN ARGENTINIEN UND BRASILIEN AUSGERUFEN HABEN.

Was die First Lady schon damals beeindruckte, übt auch heute noch Jahr für Jahr eine unglaubliche Faszination auf die zahlreichen Besucher aus aller Welt aus: die Wasserfälle von Iguazú. Das „große Wasser", wie die Guaraní-Indianer den Fluss Iguazú und die imposanten Wasserfälle bezeichnen, stürzt auf einer Breite von 2,7 km in mehr als 270 einzelnen Wasserfällen bis zu 75 m hinab in die Garganta del diablo, die „Kehle des Teufels". Zahlreiche indianische Sagen, Legenden und Mythen ranken sich um die Entstehung des „großen Wassers". Die dramatischste und zugleich poetischste Legende ist der Mythos von der schönen Häuptlingstochter Naipi:

Am Ufer des Iguazú lebte einst die schöne Häuptlingstochter Naipi. Sie liebte den tapfersten Krieger ihres Stammes. Doch sie war der Großen Schlange, dem Gott M'boi, versprochen. Da flohen die verzweifelte Naipi und der Krieger in einem Kanu auf dem Iguazú. Damals floss er ganz ruhig dahin. Doch M'boi erwachte und bemerkte die Flucht seiner Braut. Wütend wirbelte er das Wasser auf, auf dass der Fluss nie mehr zur Ruhe kommen sollte. Unter seinen gewaltigen Schlägen brach das Felsenbett ein und das Wasser stürzte in die Tiefe. Kein Boot konnte mehr über diese Schwelle fahren. Den Krieger aber verwan-

FAKTEN

* Name: Iguazú-Wasserfälle
* Staaten: Argentinien und Brasilien
* Gesamtbreite: 2700 m, davon 800 m auf brasilianischer und 1900 m auf argentinischer Seite
* max. Höhe: 75 m
* max. Durchflussmenge: 7000 m³/s
* min. Durchflussmenge: 1700 m³/s (wobei die Durchflussmenge auf 2300 m³/s durch den Stausee von Salto de Caixas reguliert wird)
* Entdecker: Álvar Núñez Cabeza de Vaca (1490–1557), spanischer Seefahrer
* Jahr der Entdeckung: 1542
* Weltnaturerbe der UNESCO: seit 1986

Von der brasilianischen Seite hat man den schönsten Blick auf die Wasserfälle. Im Vordergrund lässt sich die üppige Regenwaldvegetation erahnen.

delte M'boi in einen Felsen, der zur Strafe ununterbrochen von dem herabstürzenden Wasser gepeitscht wird. Die schöne Häuptlingstochter Naipi verwandelte er in eine Palme. Vom Ufer des „großen Wassers" streckt sie im Abendwind ihre Zweige unablässig nach dem Felsen im Wasserfall – sehnsüchtig, vergeblich.

So erklärt der Mythos die Entstehung der Wasserfälle des Iguazú. Die Wissenschaft erklärt die Entstehung der Wasserfälle deutlich nüchterner durch eine geologische Verschiebung in der Region vor etwa 100 000 Jahren. Die Garganta del diablo bildete sich, weil sich der Mündungsfluss des Iguazú absenkte. So entstand die Abbruchkante, über die der Iguazú seitdem zu Tal stürzt.

Der Iguazú hat eine Gesamtlänge von 1320 km. Er entsteht durch den Zusammenfluss der beiden Flüsse Iraí und Atuba unweit der brasilianischen Stadt Curitiba. Die letzten Kilometer bis zu seiner Mündung in den Paraná bilden die Grenze zwischen Argentinien und Brasilien. Durch die Wasserfälle verläuft die Grenze zwischen den beiden Staaten: 800 m des Wasserfalls liegen auf brasilianischer Seite, der größere Teil (1900 m) befindet sich in Argentinien. Von argentinischer Seite besteht ein Zugang bis in die unmittelbare Nähe der „Kehle des Teufels". Den besseren Gesamteindruck erhält man von der brasilianischen Seite.

Früher flossen nach Niederschlägen bis zu 7000 m³ Wasser pro Sekunde über die Kante rund 75 m hinunter in die Teufelsschlucht. Durch den äußerst umstrittenen Bau eines Staudamms in Salto de Caixas hat sich die Durchflussmenge deutlich reduziert, auf 2300 m³/s . Wissenschaftler und Umweltexperten befürchten dadurch nachhaltige Schäden für die Flora und Fauna des Regenwaldgebiets.

Oben: In mehr als 270 einzelnen Wasserfällen stürzt das „große Wasser" hinab in die Schlucht.

Links: Die Garganta del diablo, die „Kehle des Teufels".

BRASILIEN/PARAGUAY

Itaipú-Staudamm

DER ITAIPÚ-STAUDAMM AN DER GRENZE ZWISCHEN BRASILIEN UND PARAGUAY IST DAS GRÖSSTE WASSERKRAFTWERK DER ERDE. DER ERSTE SPATENSTICH ERFOLGTE 1971. ZWÖLF JAHRE SPÄTER ERZEUGTEN DIE ERSTEN BEIDEN DER RIESIGEN TURBINEN STROM.

Der Name Itaipú bedeutet in der Sprache der Guaraní-Indianer etwa so viel wie „Steine, die singen". Die Planungen für das größte Wasserkraftwerk der Welt begannen bereits Mitte der 1960er-Jahre. Der Grenzfluss zwischen den beiden südamerikanischen Ländern, der Rio Paraná, sollte zwischen den Wasserfällen Sete Quedas und Foz do Iguaçu auf einer Länge von 170 km aufgestaut werden. Am 26. April 1973 ratifizierten der brasilianische Präsident Medici und Paraguays Staatschef Stroessner den Vertrag für den Bau des gigantischen Projekts. Brasilien übernahm zunächst die Finanzierung des kostspieligen Megaprojekts. Paraguay verpflichtete sich im Gegenzug, seinen Anteil an den Baukosten in den Folgejahren in Form von Stromlieferungen „abzustottern". Insgesamt verschlang das Megabauwerk rund 20 Mio. US-Dollar.

Zwölf Jahre sollte der Bau der gigantischen Staumauer und des Kraftwerks dauern. Das Vorhaben stieß jedoch nicht überall auf Begeisterung. Umweltschutz- und Menschenrechtsorganisationen weltweit liefen Sturm gegen das Projekt. Die ökologischen und sozialen Folgen des Projekts waren tatsächlich gravierend: Etwa 40 000 Menschen – hauptsächlich Guaraní-Indianer – mussten umgesiedelt werden. Der Itaipú-Stausee schluckte 800 km² landwirtschaftliche

Das Kraftwerk von Itaipú lockt Jahr für Jahr tausende Besucher aus aller Welt an. Die aufschäumenden Wassermassen sind ein beeindruckendes Schauspiel.

FAKTEN

* **Name:** Itaipú oder Itaipú Binacional
* **Länge der Staumauer:** 7700 m
* **Höhe der Staumauer:** 196 m
* **höchstes Stauziel:** 190 m
* **normaler Wasserpegel:** 100 m (tiefste Stelle)
* **Staukapazität für Hochwasser:** 29 Mio. m^3
* **maximaler Stauraum:** 29 Mrd. m^3
* **Wasseroberfläche:** min. 1305 km^2/max. 1460 km^2
* **Länge des Stausees:** 170 km
* **Breite des Stausees:** min. 7 km/max. 12 km
* **Durchflussmenge:** 62 200 m^3/s
* **Nennleistung:** 14 000 MW
* **Maximalleistung:** 95 000 GWh/a
* **verbauter Beton:** 12,57 Mio. m^3

Nutzfläche und 600 km^2 Waldland. Rund 600 km Straßen und Wege sowie 50 km Eisenbahnstrecke wurden überflutet. Große Flächen intakten subtropischen Regenwaldes wurden rigoros abgeholzt oder versanken schließlich in den Fluten des riesigen Stausees. Das ökologische Gleichgewicht in der Region wurde empfindlich gestört.

Am 13. Oktober 1983 wurde der Staudamm fertig gestellt. Zwei Wochen später war der Wasserspiegel im Stausee um 100 m angestiegen. Der Itaipú-See war voll gelaufen, das Kraftwerk konnte mit der Stromerzeugung beginnen.

Bis zu 30 000 Menschen arbeiteten an dem gigantischen Projekt mit. Die Betonmenge, die für die Staumauer verbaut wurde, würde ausreichen, um Rio de Janiero neu zu erbauen. Mit dem verbauten Eisen und Stahl könnte man 380 Eiffeltürme errichten. Die Höhe der gigantischen Hauptstaumauer – 196 m – entspricht einem 65-stöckigen Wolkenkratzer.

Seit 1991 arbeitet das Itaipú-Kraftwerk unter Volllast. 20 gigantische Turbinen – die größten der Welt – erzeugen 14 000 MW Strom pro Jahr und damit etwa achtmal so viel wie der Assuan-Staudamm in Ägypten. Ein thermoelektrisches Kraftwerk müsste täglich 434 000 Barrel Erdöl verbrennen, um dieselbe Menge Energie zu erzeugen. In nur einer Sekunde schießen 62 200 m^3 Wasser durch die Turbinen. Dies entspricht 40-mal der Durchflussmenge der nahe gelegenen Iguazú-Wasserfälle. Die Leistung einer einzigen Turbine reicht aus, um den Strombedarf einer Stadt mit 1,5 Mio. Einwohnern zu decken.

Die Staumauer hat eine Gesamtlänge von 7700 m und ist 196 m hoch. Das Krafthaus mit den 18 Turbinen für die Stromerzeugung ist in die Hauptstaumauer integriert. Sie ist 968 m lang, 99 m breit und 112 m hoch! Der Statordurchmesser der Generatoren beträgt 16 m. Im Jahr 2000 stellte das Itaipú-Kraftwerk einen bislang unerreichten Weltrekord hinsichtlich der erzeugten Strommenge auf: In nur einem Jahr erzeugten die Generatoren 93 428 GWh Strom!

Heute deckt das Kraftwerk einen Großteil des Strombedarfs Paraguays und Brasiliens. Der Stausee ist Touristenattraktion und Erholungsregion gleichermaßen. Am Westufer des 170 km langen Lago Itaipú locken 180 km Strand, die „Costa Oeste". Mit einer Fläche von 1305 bis 1460 km^2 bietet der See zahlreiche Möglichkeiten der Freizeitgestaltung.

Mitte: Wassermassen stürzen die Überlaufrinne der Staumauer des Itaipú-Kraftwerks hinab.

Unten: Der Itaipú-Staudamm ist das größte Wasserkraftwerk der Erde.

PERU

Machu Picchu

HOCH IN DEN ANDEN VON PERU AUF ÜBER 2400 M MEERESHÖHE LIEGT VERSTECKT ZWISCHEN ZWEI STEILEN BERGGIPFELN EIN EBENSO RÄTSELHAFTER WIE FASZINIERENDER ORT: DIE SAGENHAFTE INKA-STADT MACHU PICCHU.

Wir schreiben das Jahr 1532. Spanische Konquistadoren dringen bei ihren Eroberungszügen ins Hochland von Peru vor. Sie besiegen und unterwerfen die einheimische Bevölkerung, die Inka, plündern deren sagenhafte Schätze und setzen die alten Inka-Herrscher als „Marionettenkönige“ wieder ein. Manco Cápac, einst stolzer Herrscher der Inka, findet sich mit seinem Status als Handlanger der spanischen Krone jedoch nicht ab. Er und seine getreuen Krieger zetteln eine Revolte gegen die spanischen Besatzer an. Deren Übermacht jedoch ist zu groß. Der Aufstand wird blutig niedergeschlagen. Manco Cápac und der Rest seiner Gefolgsleute müssen fliehen. Hinein in das unzugängliche Bergland der Anden.

Hoch in den Bergen finden sie schließlich einen geeigneten Ort für ihre neue Inka-Stadt. Ein Plateau, hoch über der wilden Schlucht des Urubamba-Tals, zwischen dem „jungen Gipfel“ (Huayna Picchu) und dem „alten Gipfel“ (Machu Picchu) gründen die Inka um Manco Cápac ihre neue Stadt in den Wolken. In den Überlieferungen wird sie Vilcabamba genannt. Ob es sich dabei tatsächlich um Machu Picchu handelt, ist bis heute ungewiss.

Manco Cápac und die Seinen errichten eine bis ins letzte Detail geplante Stadt: Auf der einen Seite die

Rechts: Machu Picchu wurde komplett aus Steinen errichtet.

Unten: Mithilfe der Sonnenuhr Intihuatana wurden vielfältige Berechnungen angestellt.

Häuser der Adeligen, mit dem Palast und den Tempeln, anschließend an den Hauptplatz das Viertel der Gelehrten und Handwerker, darunter die Häuser der Bauern, die Stallungen und Vorratslager – ein Spiegelbild der Gesellschaftsordnung der Inka. Die ganze Stadt wurde aus Steinen errichtet. Auf dem Plateau gab es Steinbrüche, aus denen das Baumaterial gebrochen wurde. Die Baukunst der Inka, das fugenlose Mauerwerk, gilt bis heute als unübertroffen.

Machu Picchu war vom Tal aus nicht zu sehen, der Weg hinauf versteckt und unzugänglich. Machu Picchu blieb über die Jahrhunderte hinweg unentdeckt. Die Inka hatten ein funktionierendes Selbstversorgungssystem installiert, sodass sie ihr Plateau niemals verlassen mussten. Im Süden wurden unterhalb der Stadt Terrassen für die landwirtschaftliche Nutzung angelegt. Diese so genannten „andenes" – daher der Name der Anden – wurden mit Erde gefüllt, die aus dem fruchtbaren Urubamba-Tal hinaufgeschafft wurde. Die mit Mauern gesicherten Terrassen ermöglichten die künstliche Bewässerung und verhinderten überdies das Abschwemmen des fruchtbaren Bodens. Das nötige Wasser wurde über ein ausgeklügeltes System von Leitungen aus den Bergen in die Stadt und auf die Terrassenfelder geleitet. Das Bewässerungssystem funktioniert heute noch wie vor 500 Jahren.

Großartige Zeugen der Hochkultur der Inka in Machu Picchu sind außerdem der sagenhafte Sonnentempel, ein Meisterwerk der Inka-Architektur mit den typischen trapezförmigen Tür- und Fensteröffnungen. Die Inka huldigten der Sonne. Sie stand im Zentrum ihres Glaubens, ihrer Religiosität. Das Wort Inka bedeutet „der Einzige", „der Sohn der Sonne". Unterhalb des Sonnentempels befindet sich der „Heilige Platz", der auch das „Gehege der Sonne" genannt wird. Religiöser Mittelpunkt in Machu Picchu ist der Hügel, auf dem man sich ehrfurchtsvoll vor der Sonne verneigte, der „Intihuatana". Hier befindet sich ein sakraler Stein, der einer Sonnenuhr ähnelt. In der Inka-Sprache bedeutet „Intihuatana" „der Ort, an dem man die Sonne fesselt". Astronomen, Priester und Gelehrte benutzten die Sonnenuhr, um den Sonnenlauf während des Jahres, die Monate und die Zeit zu berechnen. Nach welcher Methode sie ihre Berechnungen anstellten, ist jedoch nicht bekannt.

Das Ende von Machu Picchu liegt ebenfalls noch immer im Dunkel der Geschichte. Mit dem Zusammenbruch des Inka-Reichs war vermutlich auch der Untergang Machu Picchus unabwendbar. Der Urwald überwucherte die verlassene Stadt. Erst 300 Jahre später sollte Machu Picchu wieder entdeckt werden.

DATEN

* **15. Jh.:** vermutlich Anlage von Machu Picchu („alter Gipfel")
* **1776 und 1782:** urkundlich belegter Verkauf von Machu Picchu
* **1895:** Anlage eines Weges von Cuzco in den unteren Teil des „Heiligen Tals der Inka"
* **1911:** unter der Schirmherrschaft der amerikanischen Yale University Expedition der Wissenschaftler Hiram Bingham, Harry Foote und Isaia Bowman
* **1912 und 1915:** weitere Aufenthalte Binghams
* **1934:** Forschung des peruanischen Archäologen Luis E. Valcárcel
* **1940/41:** Forschungsexpedition unter Paul Fejos
* **1983:** Ernennung zum Weltkulturerbe der UNESCO

PERU

Linien von Nazca

ÜBER ALLEM STEHT DIE NOCH IMMER UNGEKLÄRTE FRAGE: WARUM HABEN DIE MENSCHEN DIE STRAPAZEN AUF SICH GENOMMEN, IN DER ÖDEN WÜSTE VON ATACAMA LINIEN UND FIGUREN ANZULEGEN? – DIE LINIEN VON NAZCA: GEHEIMNISVOLL, BIZARR, EINZIGARTIG.

Die teilweise mehrere hundert Meter langen Linien sind die Hinterlassenschaft einer Hochkultur, von der Archäologen bislang noch recht wenig wissen. Bisher konnte man über das Alter der Linien von Nazca lediglich Schätzungen anstellen. Die Nazca-Linien, eines der großen Rätsel der Menschheit.

Entdeckt wurden die Nazca-Linien erst in den 20er-Jahren des letzten Jahrhunderts, als die ersten Linienflugzeuge die Atacama-Wüste überflogen und Passagiere die Linien und Bilder am Boden ausmachten. Archäologen kamen schließlich zu dem Schluss, dass die Geoglyphen während der Zeit der Nazca-Kultur entstanden sein mussten, die zwischen 500 v. Chr. und 600 n. Chr. anzusiedeln ist. Ihre Hoch-Zeit erreichte die Kultur ab etwa 200 v. Chr. Die Nazca-Kultur wurde zu Beginn nachhaltig durch die zu Ende gehende Kultur der Paracas beeinflusst. In der Spätphase der Nazca-Kultur im 7. und 8. Jahrhundert finden sich bereits deutliche Spuren von Einflüssen aus der Kultur der Wari.

Warum haben die Menschen den Boden der Atacama-Wüste mit Scharrbildern geschmückt? Diese zentrale Frage ist noch immer ungeklärt. Theorien, die in den Figuren einen riesigen aufgezeichneten Kalender sehen, werden heute nur noch von wenigen Wissenschaftlern vertreten. Noch immer ist das Wissen

FAKTEN

* Die Geoglyphen von Nazca wurden 1994 von der UNESCO als „Linien und Bodenzeichnungen von Nazca und Pampa de Jumana" zum Weltkulturerbe erklärt.

* Als Geoglyphen bezeichnet man figurative Bodenzeichnungen. Diese Scharrbilder entstehen in der Regel, indem man eine dünne, dunkle Oberschicht von Gestein, Geröll oder Erdreich entfernt, sodass eine darunterliegende helle Schicht sichtbar wird. Die sichtbaren hellen Partien ergeben dann die eigentliche Zeichnung des Scharrbildes. Die Nazca-Linien sind die berühmtesten Geoglyphen.

Die Mumie eines Nazca-Indianers. Die Nazca begruben ihre Toten im heißen Sand der Atacama-Wüste. Noch heute findet man bei Grabungen gut erhaltene Mumien.

um die Kultur der Nazca äußerst bruchstückhaft. Vieles liegt im Dunkeln. Ein astronomischer und religiöser Kontext scheint jedoch wahrscheinlich. So gibt es scheinbar eindeutige Korrelationen zwischen den Richtungen bestimmter Linien und den Sonnwendpunkten. Die Tierfiguren könnten als rituelle Pfade bei religiösen Zeremonien gedient haben, auf denen Opfergaben hinterlegt wurden.

Der Publizist Hoimar von Ditfurth vertrat die These, die ganze Hochebe von Nazca sei eine riesige Sportarena, andere namhafte Wissenschaftler vermuteten ein Bewässerungssystem, um die Wüste urbar zu machen. Den gewagtesten Ansatz indes vertritt der Autor Erich von Däniken. Er ist der Ansicht, bei den Linien von Nazca handle es sich um Landebahnen außerirdischer Besucher. All diese Theorien entbehren letztendlich jedoch eines stichhaltigen Belegs für die Entstehung der Linien von Nazca. Neueste Erklärungsansätze gehen davon aus, dass die Atacama-Wüste einst eine fruchtbare Region war. Den Beweis dafür glauben die Forscher im Staub der Wüste gefunden zu haben: feinste Pflanzenteile. Wo Pflanzen wuchsen, da war auch regelmäßig Regen und lebensnotwendiges Wasser. Das Volk der Nazca, so die Theorie, war wahrscheinlich einem extremen Klimawandel ausgesetzt: Die Niederschläge blieben aus, die Wüste eroberte das Gebiet. Die Menschen waren jedoch auf das Wasser aus den Anden-Flüssen angewiesen. Die Quellen durften also nicht versiegen. Die Linien von Nazca werden entsprechend als Botschaften des Nazca-Volkes an ihre Götter interpretiert: symbolische Bitte um lebensnotwendiges Wasser.

Lange Zeit scheinen die Gebete der Menschen gewirkt zu haben. Dann jedoch muss es dennoch zur Katastrophe gekommen sein und das Volk der Nazca verschwand im Dunkel der Geschichte.

Oben: Gigantische Hände in der Wüste von Atacama.

Links: Dieser Geoglyph stellt einen riesigen Affen dar.

CHILE

Osterinsel

AM OSTERSONNTAG 1722 STIESS DER HOLLÄNDISCHE KAPITÄN JAKOB ROGGEWEGEN AUF EIN EILAND IM PAZIFISCHEN OZEAN, DAS NOCH NIE ZUVOR EIN EUROPÄER BETRETEN HATTE UND DAS AUF KEINER SEEKARTE VERZEICHNET WAR: DIE OSTERINSEL.

Man kann sich die Verwunderung Roggewegens und seiner Mannschaft sowie die Überraschung der Ureinwohner der Insel nur allzu gut vorstellen.

Nie hätten die Seefahrer in dieser Abgeschiedenheit des Pazifischen Ozeans eine bewohnte Insel erwartet. Niemals hätten die Ureinwohner mit der Ankunft der „weißen Götter" gerechnet. Und die waren wahrlich erstaunt. Vor allem waren sie fasziniert und beeindruckt von den unzähligen riesigen Steinskulpturen, die sich in einer schier endlosen Kette am Strand der Insel entlang aufreihten.

Woher kamen diese Menschen, die in der Lage waren, derartige Giganten aus Stein zu errichten? Woher stammten die Steine, die sie für ihre Skulpturen benötigten?

Um das Jahr 1400 erreichte das kleine Volk des polynesischen Inselkönigs Hotu Matua auf der Suche nach neuem Lebensraum die einsame Insel im Pazifik. Sie brachten mit, was sie zum Leben brauchten – Saatgut, Zuchttiere, Werkzeuge – und machten die Insel urbar. Sie nannten ihre neue Heimat „Te Pito o te Henua", „Nabel der Welt". Mitgebracht hatten die neuen Bewohner auch ihre Sitten und Gebräuche. So ließ Hotu Matua nach alter Tradition Kultstätten entlang der Küste anlegen. Auf seiner Heimatinsel war es

Ein typischer Moai auf der Osterinsel. Die steinernen Köpfe mit den langen Ohren und den großen Nasen sind bis zu 10 m hoch und über 150 t schwer.

FAKTEN

* **Name:** Osterinsel, Rapa Nui
* **Fläche:** 162,5 km²
* **Lage:** im Südostpazifik, bei 27° südlicher Breite und 109° westlicher Länge
* **Staat:** Chile
* **Entfernung zu den nächsten Nachbarn:** Das nächstgelegene bewohnte Eiland ist Pitcairn im Westen, in einer Entfernung von mehr als 2000 km. Die chilenische Küste ist 3700 km, Tahiti 4000 km entfernt.
* **Weltkulturerbe der UNESCO:** seit 1995
* **Besonderheit:** Steinfiguren (Moais) aus Tuffstein, bis zu 10 m hoch und über 150 t schwer

üblich, verstorbenen Stammesfürsten Gedenksteine zu errichten, meterhohe Statuten aus Stein, die so genannten Moais.

Die Figuren waren bis zu 10 m hoch und bis zu 150 t schwer. Für den Transport wurden vermutlich Baumstämme aus den dichten Palmenwäldern der Insel verwendet. Die Stämme dienten als Rollen oder Holzschlitten, mit denen die Figuren schließlich Zentimeter für Zentimeter an ihren manchmal viele Kilometer entfernten Bestimmungsort gebracht wurden. Ein unglaublicher Kraftakt, an dem sich meist hunderte Krieger beteiligten.

1774 erreichte der berühmte Kapitän James Cook die Osterinsel. Was er vorfand, hatte nichts mit den Schilderungen von einer blühenden Hochkultur, die die Holländer mit in die Alte Welt gebracht hatten, zu tun. Viele der sagenhaften Steinkolosse lagen umgestürzt am Boden oder waren zerstört. Nur noch ein paar wenige Ureinwohner lebten voller Angst in unzugänglichen Höhlen. Cook stand vor einem Rätsel: Was war hier passiert? Die Berichte der noch lebenden Inselbewohner waren widersprüchlich.

Vermutlich kam es nach der Abreise der Holländer zur Katastrophe. Überbevölkerung und eine große Hungersnot wurden zum riesigen Problem. Der Figurenkult und damit verbunden der Raubbau an den Wäldern hatten die Nahrungsmittelgrundlagen reduziert, Missernten taten ein Übriges. Kriegerische Auseinandersetzungen, Machtstreitigkeiten und um sich greifender Kannibalismus breiteten sich aus. Als Cook die Insel erreichte, lebten von den 20000 Bewohnern der Insel, die Roggewegen 1722 gezählt hatte, gerade einmal noch 4000. Lange Zeit geriet das Eiland mitten im Atlantik in Vergessenheit.

1862 überfielen peruanische Soldaten die Insel und entführten 900 Insulaner, um sie als Sklaven in die Guanofelder zu verschleppen. Nur 15 von ihnen überlebten, kehrten auf das Eiland zurück und – brachten die Pocken mit. Im Jahr 1877 schließlich lebten nur noch 111 Menschen auf der Osterinsel. 1888 wurde die Insel von Chile annektiert. 1966 durften die Bewohner erstmals einen eigenen Bürgermeister wählen. Seit 1964 ist die Insel über einen eigenen Flughafen mit der Außenwelt verbunden. Seither strömen jährlich etwa 20000 Touristen auf das mythenumrankte Eiland. Für die heute etwa 3800 Insulaner neben der seit Ende des 19. Jahrhunderts betriebenen Schafzucht ein wichtiger Wirtschaftszweig.

Mitte: Beeindruckend, geheimnisvoll und rätselhaft – die steinernen Köpfe der Osterinsel.

Unten: Steinerne Rundhütten finden sich überall auf der Insel.

PANAMA

Panamakanal

DER PANAMAKANAL IST DIE BEDEUTENDSTE KÜNSTLICHE WASSERSTRASSE DER WELT. ER DURCHSCHNEIDET DIE LANDENGE VON PANAMA, ÜBERWINDET DIE KONTINENTALE WASSERSCHEIDE UND VERBINDET DEN PAZIFIK UND DEN ATLANTIK.

Bereits zu Beginn des 16. Jahrhunderts hatten die spanischen Eroberer die Idee, die beiden großen Ozeane durch eine schiffbare Wasserstraße zu verbinden. Doch König Philipp II. verwarf den Plan alsbald wieder. Philipp II. drohte allen, die sich weiter mit kühnen Kanalprojekten beschäftigten, mit der Todesstrafe. Erst gut 300 Jahre später wurde der Plan erneut aufgegriffen. Beflügelt von seinem erfolgreichen Sueskanalprojekt, wollte der französische Architekt Ferdinand des Lesseps nun auch den Atlantik mit dem Pazifik verbinden. 1881 begannen die Bauarbeiten – und endeten in einem Fiasko. Nur sieben Jahre nach dem ersten Spatenstich mussten die Bauarbeiten an dem ehrgeizigen Projekt eingestellt werden. Die Baugesellschaft, die den Kanal finanzieren sollte, ging in einem Sumpf aus Missmanagement, Korruption und Schmiergeldskandalen bankrott.

Im Jahr 1902 verkaufte die Liquidationsgesellschaft die Kanalruine für 40 Mio. US-Dollar an die USA. Zu dieser Zeit gehörte Panama jedoch noch zum Staatsgebiet Kolumbiens. Die Amerikaner konnten also nicht einfach mit den Bauarbeiten beginnen. Die US-Regierung unter Präsident Theodore „Teddy" Roosevelt lancierte einen Putsch einer panamaischen Unabhängigkeitsbewegung und verhalf ihr zum Sieg. 1903 war Panama ein unabhängiger, souveräner Staat

Rechts: Die „Cape Charles" gehört zu den größten Schiffen, die den Kanal befahren dürfen.

Unten: Ein Frachtschiff passiert die Gatun-Schleusen.

und die Bauarbeiten am Kanal konnten beginnen. Bereits am 15. August 1914 passierte das erste Schiff den neuen Panamakanal. „Auf ewig", so die Vertragsvereinbarung zwischen Panama und den USA sollte der Kanal im Besitz der US-Regierung bleiben.

Der rund 80 km lange Panamakanal verläuft zwischen den Städten Colón am Atlantik und Panama City am Pazifik und führt durch den aufgestauten Gatun-See. Er verkürzt die Seereise von New York nach San Francisco von 26000 km auf 10000 km. Drei Schleusenanlagen müssen die Schiffe auf ihrem Weg durch den Isthmus passieren. Dabei müssen die Schiffe um 26 m auf das Niveau des Gatun-Sees angehoben werden, obwohl der Wasserspiegel des Atlantiks im Bereich des Kanals lediglich um 24 cm niedriger liegt als der des Pazifiks. Der Kanal kann beinahe auf der ganzen Passage im Gegenverkehr befahren werden. Die doppelspurigen Schleusen begrenzen die Größe der Schiffe allerdings auf bestimmte Abmessungen. Die so genannten Panamax-Schiffe dürfen maximal 294 m lang und 32 m breit sein. Ihr Tiefgang darf nicht mehr als 12 m betragen.

Seit der ersten Durchfahrung des Panamakanals 1914 haben mehr als 900000 Schiffe den Kanal passiert. Für jede Passage erheben die panamaischen Kanalbehörden, die seit der Rückgabe des Kanals an Panama am 1. Januar 2000 allein für die Verwaltung der Wasserstraße zuständig sind, Gebühren. Die Gebühren richten sich nach Größe und Tonnage des jeweiligen Schiffes. Im Jahr 2005 passierten ca. 14000 Schiffe den Kanal, die durchschnittlichen Gebühren betrugen etwa 70000 US-Dollar pro Schiff. Doch längst reichen die Kapazitäten des Panamakanals nicht mehr aus. Der Frachtverkehr zwischen den USA und Asien wird mit immer größeren Schiffen abgewickelt. Die Abmessungen der Schiffe der so genannten Post-Panama-Klasse liegen weit über den zulässigen Maßen für die Passage durch den Panamakanal. Rund 300 derartiger Ozeanriesen sind derzeit im Einsatz auf den Weltmeeren. Tendenz steigend. Mit einer Kapazität von mehr als 10000 Containern können sie doppelt so viele Container transportieren wie das größte Schiff der Panamax-Klasse.

Für Panama ist der Kanal eine Goldader. Um seine Attraktivität zu erhalten und die Einnahmen für den Staatshaushalt langfristig zu sichern, plant die panamaische Regierung den Ausbau des Kanals. Die Finanzierung des Ausbaus soll durch drastisch angehobene Kanalgebühren erfolgen. Der Startschuss für das höchst umstrittene Projekt soll nach einer Volksabstimmung bereits in den nächsten Jahren fallen.

DATEN

* **1881:** Erster Spatenstich durch ein französisches Konsortium
* **1902:** Verkauf der Kanalruine für 40 Mio. US-Dollar an die USA
* **1903:** Panama wird unabhängig; Wiederaufnahme der Bauarbeiten am Kanal durch die US-Regierung
* **15. August 1914:** Erste Schiffspassage
* **1920–1999:** Kanalzone im Besitz der USA
* **1. Januar 2000:** USA übergeben den Kanal an Panama.

FAKTEN

* **Länge:** 80 km
* **Schleusen:** 3
* **Schiffspassagen:** 900000 seit 1914
* **Durchschnittsgebühren:** für eine Kanaldurchfahrt 70000 US-Dollar (2005)
* **Panamax-Klasse:** Länge max. 294 m, Breite max. 32 m, Tiefgang max. 12 m
* **Schiffspassagen:** max. 45 pro Tag

ARGENTINIEN

Perito-Moreno-Gletscher

DER PERITO-MORENO-GLETSCHER IN PATAGONIEN IST DER EINZIGE GLETSCHER WELTWEIT, DER KONTINUIERLICH WÄCHST. BIS ZU 450 M PRO JAHR! SEIT 1981 STEHEN DER NATIONALPARK UND DER GLETSCHER AUF DER LISTE DES WELTNATURERBES DER UNESCO.

Wild und bizarr wirkt die Landschaft Patagoniens, des südlichsten Teils des amerikanischen Kontinents. In unregelmäßigen Abständen wiederholt sich hier ein einzigartiges beeindruckendes Naturschauspiel: Die vom Eis des Perito-Moreno-Gletschers aufgestauten Wassermassen des Lago Argentino sprengen den Eispanzer des Riesengletschers regelrecht auf.

Das Patagonische Eisfeld bedeckt den größten Teil der Fläche des Nationalparks Los Glaciares. Es ist nach der Antarktis die mächtigste zusammenhängende Eismasse der Welt: insgesamt 4459 km² Eisfläche! Das Patagonische Eisfeld erstreckt sich auf einer Länge von etwa 350 km und misst an seiner breitesten Stelle ca. 50 km. Seinen Ausgangspunkt hat das Eisfeld im Norden des Nationalparks an den Hängen des Fitz-Roy-Massivs auf lediglich 1500 m Höhe. Die Gletscherzungen der drei Hauptgletscher des Eisfelds – Perito-Moreno-, Uppsala- und Viedma-Gletscher – enden auf etwa 1300 m Höhe. Ihre Schmelzwasser haben große Seen geformt, die durch ihre intensive türkise Farbe bestechen. Die eisigen Abbruchkanten der Gletscher erheben sich wie gigantische Eisberge spitz, schroff und zerklüftet bis zu 60 m hoch aus dem Wasser. Der weitaus größte Teil der Gletscher – etwa 130 m – befindet sich unterhalb der Wasseroberfläche.

FAKTEN

*** Name:** Nationalpark Los Glaciares

*** Gründung:** 1945

*** Fläche:** 4500 km²

*** Weltnaturerbe der UNESCO:** seit 1981

*** Gletscher:** 13

*** Besonderheit:** Die Gletscher bilden die mächtigsten zusammenhängenden Eismassen außerhalb der Pole.

*** Etymologie:** Der Argentinier Francisco Pascasio „Perito" Moreno (1852–1919), war Geograf, Anthropologe und Entdecker sowie Namensgeber für den Gletscher.

Ausgedehnte Prärieflächen, die Pampas, kennzeichnen große Teile des Los-Glaciares-Nationalparks. Im Hintergrund: die schneebedeckten Ausläufer der südlichen Anden.

Der Perito-Moreno-Gletscher ist der größte Gletscher im Los-Glaciares-Nationalpark. Der Eisriese ist etwa 60 km lang und bis zu 5 km breit. Überall sonst auf der Welt sind die Gletscher auf dem Rückzug und schmelzen langsam ab. Der Perito-Moreno-Gletscher hingegen ist der weltweit einzige Gletscher, der kontinuierlich wächst! Pro Tag bildet sich an seinem Ursprung durch starke Niederschläge in den Gebirgsregionen etwa 1 m neues Eis und schiebt die Eiszunge vorwärts – rund 450 m pro Jahr.

Meter für Meter schiebt sich der Gletscher talwärts. Seine Zunge endet im Lago Argentino: beinahe 2 km breit und bis zu 60 m hoch ragt sie aus dem See heraus. In manchen Jahren teilen die Eismassen den See in zwei Teile. Der nördlich dieser eisigen Staumauer gelegene Teil des Sees kann ungehindert abfließen. Auf der Südseite der Eisbarriere hingegen staut sich das Wasser. Pegelunterschiede von bis zu 30 m zwischen Nord- und Südseite sind keine Seltenheit. Irgendwann wird der immense Druck der Wassermassen zu groß und es bricht sich mit Urgewalt seinen Weg durch den Gletscher. Es kommt zu einem einzigartigen, fantastischen Naturphänomen: „La Ruptura".

Haushohe Eisblöcke müssen den enormen Kräften des Wassers nachgeben, werden aus der Eismasse des Gletschers herausgesprengt und stürzen mit ohrenbetäubendem Krachen in die Fluten des Lago Argentino. Das Wasser frisst sich durch die Staumauer aus Eis und bricht sich einen Kanal oder Tunnel, bis sich schließlich ein Abfluss für die aufgestauten Wassermassen auftut und sich die Wassermassen in einer riesigen Flutwelle in den nördlichen Teil des Sees ergießen und Richtung Atlantik abfließen.

Alle vier bis zehn Jahre gibt der Perito-Moreno-Gletscher derartig beeindruckende „Vorstellungen". Zuletzt zog er im März 2006 tausende von faszinierten Besuchern in seinen eisigen Bann.

Oben: Immer wieder brechen Eisbrocken von der Gletscherzunge ab.

Links: Der Perito-Moreno-Gletscher ist der einzige Gletscher der Welt, der kontinuierlich wächst.

MEXIKO

Teotihuacán

TEOTIHUACÁN WAR DAS HAUPTZENTRUM DER ERSTEN INDIANISCHEN HOCHKULTUR IN ZENTRALMEXIKO. KEINE STADT, KEIN STAAT, KEIN VOLK HAT GRÖSSEREN EINFLUSS AUF DIE ENTWICKLUNG DER KULTUREN UND VÖLKER IN MESOAMERIKA GEHABT ALS TEOTIHUACÁN.

Die Gründung der Stadt Teotihuacán kennzeichnet den Beginn der klassischen Ära in Mesoamerika. Es gilt heute als sicher, dass Teotihuacán Hauptstadt eines Reiches war, das sogar jenes der Azteken an Macht, Größe und Einfluss bei weitem übertraf. Die Erbauer der monumentalen Stadt mit ihren überragenden Pyramiden sind bis heute unbekannt. Die Azteken, die im 14. Jahrhundert in Teotihuacán siedelten, waren beeindruckt von der Größe der Gebäude.

Glaubt man der alten indianischen Legende, versammelten sich die Götter an diesem Ort, um über die Erschaffung des Menschen zu beraten. Wahrscheinlicher jedoch ist, dass indianische Bauern, die aus dem Norden einwanderten, mit dem Bau der Stadt um etwa 300 v. Chr. begannen. Sie mussten fleißige und erfahrene Bauern gewesen sein, denn Teotihuacán entwickelte sich durch die intensive Landwirtschaft sehr schnell. Hinzu kam, dass die Bewohner der Stadt regen Handel mit anderen Regionen Mesoamerikas betrieben und die Stadt zu einem wichtigen Handelszentrum ausbauten. Während der Blütezeit etwa zwischen 300 und 600 lebten in Teotihuacán rund 200 000 Menschen. Nach 650 verfiel Teotihuacán. Zahlreiche Bewohner verließen die Stadt. Warum? Dies ist bis heute eines der großen Mysterien von Teotihuacán.

Die „Allee der Toten“ ist mehr als 1,5 km lang. Sie führt von der Mondpyramide zum Tempel des Quetzalcóatl.

DATEN

✱ **500 v. Chr.**: erste Keramiken im eigenen Stil

✱ **200 v. Chr.**: Baubeginn der Sonnenpyramide

✱ **50**: Bau des Quetzalcóatl-Tempels

✱ **100**: Blütezeit; die Stadt hat beinahe 200 000 Einwohner und dehnt sich auf einer Fläche von rund 30 km² aus.

✱ **200**: erste Angriffe von fremden Nomadenvölkern

✱ **400–420**: Verwüstungen durch feindliche Nomaden; erste Teile der Bevölkerung wandern ab.

✱ **650**: Teotihuacán wird endgültig von seinen Bewohnern verlassen.

Brandspuren, die man an zahlreichen Gebäuden fand, lassen die Vermutung zu, dass eine Katastrophe der Auslöser für die Flucht der Bewohner war. Um das Jahr 750 überfielen vermutlich Tolteken die Stadt, plünderten sie und richteten große Verwüstungen an.

Im 14. Jahrhundert nahmen die Azteken Teotihuacán in Besitz. Erst jetzt erhielt die Stadt ihren bekannten eindrucksvollen Namen, der in der Sprache der Azteken „der Ort, wo man zu Gott wird“ bedeutet. Die Azteken waren beeindruckt von der unwahrscheinlichen Größe der Stadt, ihren prächtigen Gebäuden und breiten Straßen. Sie waren davon überzeugt, dass Riesen Teotihuacán errichtet hatten und dass hier Mond und Sonne erschaffen wurden.

Das etwas kleinere der beiden überragenden Gebäude Teotihuacáns, die Mondpyramide, liegt am Beginn der breiten Hauptstraße der Stadt. Die „Allee der Toten“ – so benannt, da die Azteken sie für eine Grabstätte hielten – ist mehr als 1,5 km lang. Sie führt von der Mondpyramide zum Tempel des Quetzalcóatl. Der Tempel des Quetzalcóatl wurde mit einer Pyramide überbaut. An ihm sind Reliefs mit Schlangenmotiven angebracht. Quetzalcóatl, der Regengott, wird meist als gefiederte Schlange dargestellt. Folgt man dem Verlauf der „Allee der Toten“, gelangt man zu der alles überragenden, riesigen Sonnenpyramide.

Die Sonnenpyramide ist die drittgrößte Pyramide der Welt und das prächtigste Gebäude Teotihuacáns. Sie ist 63 m hoch und hat einen Grundriss von 222 m mal 225 m. Sie wurde um das Jahr 100 erbaut. Für ihren Bau um 200 v. Chr. wurden 995 000 km³ Material verwendet. Ihr enormes Gewicht berechneten Ingenieure auf annähernd 3 Mio. t. Anders als andere Pyramiden Mesoamerikas wurden sowohl die etwas kleinere Mond- als auch die Sonnenpyramide nicht durch wiederholte Ummantelungen des Kerns im Lauf von Jahrhunderten größer, vielmehr geht man heute davon aus, dass sie – wie auch die anderen Gebäude der Stadt – „nonstop“ errichtet wurden. Im Unterschied zu den ägyptischen Pyramiden waren sie keine Grabmäler, sondern lediglich Plattformen für Tempel. Im Jahre 1971 wurde ein 100 m langer Tunnel mit religiösen Darstellungen und Artefakten entdeckt. Zur großen Zeit von Teotihuacán war die Pyramide dunkelrot bemalt.

Die Zitadelle, die ebenfalls an der Prachtstaße liegt, war über die Jahrhunderte hinweg der Zentraltempel von Teotihuacán.

Mitte: Die drittgrößte Pyramide der Welt: 63 m hoch ragt die Sonnenpyramide über die Ruinen Teotihuacáns hinaus.

Unten: Der Regengott Quetzalcóatl.

GUATEMALA

Tikal

MITTEN IN DEN REGENWÄLDERN GUATEMALAS RAGEN STEINERNE MONUMENTE EINER LÄNGST VERSUNKENEN KULTUR IN DEN HIMMEL: DIE PYRAMIDEN-, TEMPEL- UND PALASTBAUTEN DER SAGENUMWOBENEN STADT TIKAL, DER STADT IM URWALD VON PÉTEN.

Mythenumrankt sind bis heute die Bewohner Tikals, die Maya. Sie tauchten vor beinahe 3000 Jahren aus den Tiefen der Geschichte auf, errichteten eine einzigartige Hochkultur, die länger Bestand hatte als das römische Imperium, und verschwanden schließlich auf ebenso mysteriöse und rätselhafte Weise wieder, wie sie die große Bühne der Geschichte einst betreten hatten.

Im 5. Jahrhundert befindet sich die Maya-Kultur auf ihrem Höhepunkt. Prunkvolle Städte, Paläste und Tempel werden errichtet, Tikal entwickelt sich zu einem der wichtigsten religiösen Zentren der Maya-Kultur, die mächtige Herrscherdynastie erweitert und festigt durch Eroberung und Unterwerfung angrenzender Kleinstaaten ihren Herrschafts- und Einflussbereich. Das Leben in Tikal pulsiert. Nur knapp 300 Jahre später, im 8. Jahrhundert, liegt Tikal verlassen inmitten des Urwalds. Die Bevölkerung hat die einst blühende Metropole binnen kürzester Zeit verlassen. Die hoch entwickelte Maya-Kultur war mit den Menschen verschwunden. – Was war geschehen?

Aus dem Rätsel wurde ein Mythos. Lange Zeit wurden die Maya als ein friedliches Volk beschrieben, das im Einklang mit der Natur gelebt haben soll. Indes: Die Geschichte der Maya in Tikal war tatsächlich eine gänzlich andere. Dies belegen neuere Studien.

Rechts: Während der Hoch-Zeit der Maya lebten 100 000 Menschen in Tikal.

Unten: Tikal war eines der bedeutendsten Zeremonienzentren des Maya-Reiches.

Im Maya-Staat von Tikal ging es um Macht, um Einfluss, um Selbstverherrlichung und um Vergöttlichung der herrschenden Elite, die rücksichtslos ihre Untertanen und ihren Lebensraum ausbeutete. Bis hin zur Selbstvernichtung: Das Ergebnis jahrelanger Misswirtschaft und egoistischer Politik, die allenfalls darauf ausgerichtet war, Macht und Wohlstand einer kleinen politischen Elite zu mehren, war der ökologische Super-GAU, der schließlich zum Untergang einer der bedeutendsten Hochkulturen des Altertums führte.

Die Maya-Herrscher nutzten den Volksglauben ihrer Untertanen an die Gottkönige. Sie rissen den Machtbereich der einflussreichen Schamanen an sich und erklärten sich selbst zu Gottkönigen. Den Gottkönigen sagte man einen engen Kontakt zu den mächtigen Göttern der Maya nach. Denn – so der Volksglaube – durch den Gottkönig würden heilige Energien fließen. So etablierten die neuen Gottkönige ein streng hierarchisches System mit beinahe absoluter Macht. Wichtigstes Instrument zur Festigung der Macht war die Erfindung der Schrift. Der Gottkönig konnte seine Taten niederschreiben und erlangte so Unsterblichkeit. Beweis für die Allmächtigkeit der Gottkönige.

Doch Zugang zu dem großartigen Wissen um Schrift, Mathematik – die Maya entdeckten als erstes Volk die Zahl Null – und Zeit – die Maya verfügten über einen Ritualkalender – hatten nur wenige Auserwählte. Die Gruppe der Mächtigen blieb klein und die Kaste der Herrschenden ging mit grausamer Härte gegen jeden vor, der an ihrem Macht- und Wissensmonopol zu rütteln wagte. Tausende fanden den Tod im Rahmen blutiger Opferrituale und -spiele. Immer gewaltiger wurden die Palast- und Tempelbauten von Tikal, immer opulenter wurde die Ornamentik. Stuckverzierungen wucherten an Säulen, Stelen, Treppen und Gesimsen. Zum Brennen des Stuckkalks benötigte man große Mengen Holz. Also ließen die Herrscher rigoros die Wälder rund um Tikal abholzen. Auf den abgeholzten Flächen wurden Maisfelder angelegt, um die Ernährung der Bevölkerung sicherzustellen. Jedoch wurde die nun schutzlos der Witterung ausgesetzte fruchtbare Erde vom tropischen Regen binnen kürzester Zeit fortgespült. Zurück blieb karger, unfruchtbarer Boden, auf dem nichts mehr wuchs. Die Folge: Nahrungsmittelknappheit und eine katastrophale Hungersnot. Die Macht der Maya-Herrscher verfiel und mit ihr ging Tikal unter. Zu tausenden wanderten die Menschen aus Tikal ab und hinterließen eine Geisterstadt. Zugleich ein beeindruckendes Monument einer blühenden Hochkultur und für die Vergänglichkeit von Macht und Reichtum.

DATEN

*** 400 v. Chr.:** erste Siedlung in Tikal

*** 219–238:** Regentschaft von König Yax Moch Xoc („Große Jaguarpranke")

*** 250:** Tikal ist ein bedeutendes religiöses Zentrum.

*** 292:** König Balam Ajaw („Verzierter Jaguar")

*** 682–734:** König Doppelmond oder Ah Cacao („Fürst Schokolade")

*** 900:** Untergang Tikals

Hightech und Natur gehen in den USA und in Kanada eine einzigartige, unvergleichliche Symbiose ein. Großartige, moderne Bauwerke und Monumente, von Menschenhand entworfen und geformt, sind Belege eines ungebremsten Fortschritts und fantastischen Know-hows. Grandiose Natur- und Tierparadiese machen überdies den unglaublichen Reichtum Nordamerikas sicht- und erlebbar.

NORD-
AMERIKA

KANADA

CN Tower

NÄHERT MAN SICH DER KANADISCHEN MILLIONENMETROPOLE TORONTO VON SÜDEN MIT DEM SCHIFF ÜBER DEN LAKE ONTARIO, KANN MAN IHN SCHON LANGE VOR DER SKYLINE VON DOWNTOWN TORONTO ERKENNEN: DEN CN TOWER.

Der CN Tower – ein gigantisches filigranes Bauwerk, ist das höchste frei stehende Bauwerk der Welt. Exakt 553,33 m ist der Fernsehturm hoch. Deshalb wird er auch als „Kanadas Weltwunder" bezeichnet. Ein wahrer Wolkenkratzer. Seinen Namen erhielt der Turm in Ahnlehnung an die kanadische Eisenbahngesellschaft „Canadian National Railway", die den Turm in den 1970er-Jahren zusammen mit der „Canadian Broadcasting Company" (CBC) errichten ließ.

Am 6. Februar 1973 wurde der Grundstein für den CN Tower gelegt. Für das Fundament mussten zunächst 62 000 t Erde und Tonschiefer ausgehoben und abtransportiert werden. Das Fundament besteht aus einer 6 m dicken Spannbetonplatte mit einem Durchmesser von 70 m. Insgesamt waren allein für das Fundament über 57 000 t Beton nötig. Das Gesamtgewicht des CN Towers beträgt über 130 000 t.

Der aus Beton gefertigte Schaft des Turms wurde mit hydraulischen Pressen in die Höhe getrieben. Dabei wuchs der Turm um bis zu 6 m pro Tag. Größte Herausforderung für die Konstrukteure: Der Tower durfte bei dieser Bauart keine Schlagseite bekommen. Die Lösung: Die Ingenieure hängten einen über 100 kg schweren Stahlzylinder an einem Stahlseil im sechseckigen hohlen Kern des Turmschaftes auf.

Rechts: Downtown Toronto wird überragt vom CN Tower.

Unten: Toronto at Night. Ein Lichtermeer am Lake Ontario.

Mit hoch empfindlichen optischen Instrumenten wurden regelmäßig exakte Messungen durchgeführt. Das Ergebnis ist beeindruckend: Der über 550 m hohe CN Tower weicht lediglich 2,7 cm von der perfekten Senkrechten ab.

Auf der Spitze des Turms wurde ein Sendemast angebracht. Die Stahlnadel wurde aus 39 Einzelteilen zusammengefügt und mit einem riesigen Hubschrauber des Typs Sikorsky auf die Spitze des so genannten „Space Deck" transportiert. Damit verkürzte sich die Bauzeit für die Antenne auf dreieinhalb Wochen. Mit konventionellen Methoden hätte die Errichtung der Antenne ein halbes Jahr in Anspruch genommen. Das letzte Teil wurde am 2. April 1975 montiert.

Gewagt, aber stabil: die Konstruktion. 1976 wurde der CN Tower eröffnet. Die Konstruktion weist eine gewagte architektonische Besonderheit auf. Der CN Tower ist nicht wie üblicherweise rund, sondern hat einen hexagonalen – Y-förmigen – Querschnitt.

Dieser Querschnitt ist in vielerlei Hinsicht problematisch. Der größte Nachteil ist, dass eine solche Konstruktion äußerst windanfällig ist. Das Gebäude ist ein regelrechter Windfänger und einer drei- bis viermal größeren Windlast ausgesetzt als ein Turm mit einem runden Schaft. Kein Wunder also, dass die Spitze des CN Tower bei starken Winden bis zu 3 m ausschlägt.

Über vier gläserne Aufzüge, die mit einer Geschwindigkeit von über 365 m/s an der Außenwand des CN Towers auf- und abschweben, erreicht man das so genannte „Space Deck" auf ca. 350 m Höhe. Der runde Turmkorb hat einen maximalen Durchmesser von 36,5 m. Hier befinden sich ein Restaurant, ein Nachtclub und zwei Aussichtsdecks. Das untere der beiden Decks bot ursprünglich einen grandiosen Blick hinunter in die Senkrechte: Der gesamte überstehende Boden besteht aus 6,35 cm dicken Panzerglasplatten, die insgesamt 38 t Gewicht tragen können. Da sich die Besucher jedoch nicht über diesen „unsichtbaren Boden" trauten, wurde ein großer Teil einfach mit Teppich belegt.

Der untere Teil des „Space Deck" ist ein wulstartiger teflonbeschichteter Ring aus Kunststoff, der mit Glasfaser verstärkt ist. Dahinter befinden sich die Antennen des Turms. Der obere Teil des „Space Deck" ist mit einer Edelstahlverkleidung ausgestattet, die bei Sonnenschein weithin sichtbar strahlt.

Am höchsten öffentlich zugänglichen Punkt des Turms auf 447 m Höhe befindet sich das höchste Aussichtsdeck der Welt, das „Skypod". Von hier aus hat man einen unglaublichen Ausblick – vorausgesetzt man ist schwindelfrei.

FAKTEN

* **Name:** CN Tower
* **Standort:** Toronto, Kanada
* **Grundsteinlegung:** 6. Februar 1973
* **Fertigstellung:** 2. April 1975
* **Höhe:** 553,33 m
* **Fundament:** 6 m dicke Spannbetonplatte, Durchmesser 70 m
* **Gewicht des Fundaments:** 57 000 t
* **Gesamtgewicht des CN Towers:** über 130 000 t
* **Aufzüge:** 4 gläserne Aufzüge an der Außenwand
* **Geschwindigkeit der Aufzüge:** über 365 m/s
* **Besonderheit:** Das runde „Space Deck" auf ca. 350 m Höhe. Durchmesser: 36,5 m. Das untere Deck bot ursprünglich einen grandiosen Blick hinunter in die Senkrechte: Der überstehende Boden besteht aus 6,35 cm dicken Panzerglasplatten, die insgesamt 38 t Gewicht tragen können.
* **Treppenstufen:** 2570

USA

Death-Valley-Nationalpark

DURCHQUERT MAN DAS GLÜHEND HEISSE TAL IM KLIMATISIERTEN AUTO, DANN FÄLLT ES SCHWER ZU GLAUBEN, DASS ES HIER EINMAL METERDICKES EIS GAB. MINDESTENS ZWEIMAL IN SEINER GESCHICHTE WAR DAS „TAL DES TODES“ VOLLSTÄNDIG VERGLETSCHERT.

Heiß, heißer, am heißesten! Im Death Valley ist es unerträglich heiß und trocken. Die Luft flimmert. Nicht selten erreichen die Temperaturen in den Sommermonaten die 50-°C-Marke. Am 10. Juli 1913 wurde bei der Furnace Creek Ranch eine Temperatur von 56,7 °C gemessen – die höchste jemals in den USA registrierte Temperatur. Das Death Valley liegt nur wenige hundert Kilometer vom Pazifischen Ozean entfernt. Dennoch zählt die Region zu den trockensten Gegenden der Erde. Die feuchten Winde, die vom Meer über das Festland ziehen, regnen bereits auf ihrem Weg Richtung Landesinnere ab. Im Death Valley kommt dann nur noch die sprichwörtliche „heiße Luft“ an.

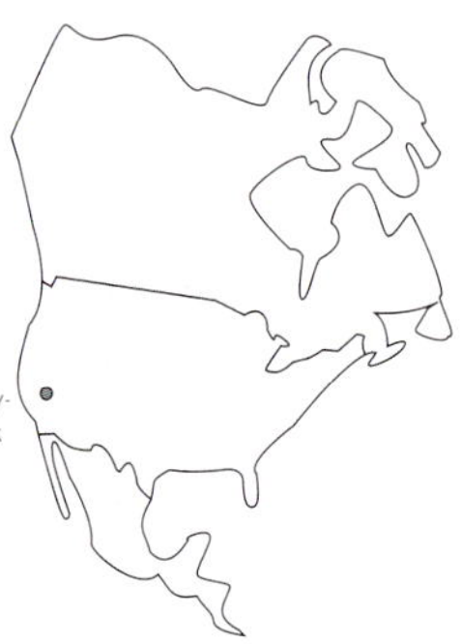

Trotz der unwirtlichen und lebensfeindlichen Bedingungen gibt es Leben im Death Valley. Seit mehr als 7000 Jahren ist das Gebiet besiedelt. Überall finden sich Felszeichnungen, Feuerstätten und Überreste menschlicher Siedlungen. Heute zählen zu den ständigen Bewohnern des Death Valley nur noch ein paar Indianer vom Stamm der Timbisha-Shoshone in der Nähe von Furnace Creek.

Im Nationalpark hat außerdem eine Population von Bighornschafen ihren Lebensraum gefunden. Diese äußerst anpassungsfähigen Tiere haben sich an die unwirtlichen Bedingungen im Death Valley hervorra-

FAKTEN

✻ Name: Death-Valley-Nationalpark

✻ Gründung: 11. Februar 1933 als National Monument; seit 31. Oktober 1994 Nationalpark

✻ Lage: Kalifornien und Nevada, USA

✻ Höhenlage: 85,5 m unter NN (Badwater Basin), bis 3368 m über NN (Telelscope Peak)

✻ Fläche: 13 628 km² (15-mal so groß wie Berlin)

✻ Besucher: ca. 1 Mio. pro Jahr

✻ Besonderheit: tiefster Punkt der USA und der westlichen Hemisphäre

✻ Ethymologie: Seinen Namen verdankt das Death Valley, Tal des Todes, einem tragischen Unglück. 1849 versuchte eine Gruppe von Goldgräbern den Weg nach Kalifornien abzukürzen. Statt eines kürzeren Weges fanden zahlreiche Männer aufgrund der unerträglichen Hitze und Wassermangels den Tod.

Ein wirklich heißes „Green": Selbst nachts sinken die Temperaturen auf dem Golfplatz des Teufels, Devil's Golf Course, selten unter 38 °C.

gend angepasst. Die Flora ist karg. Lediglich nach den heftigen Frühjahrsunwettern erwachen die im Boden des Death Valley vergrabenen Samen zum Leben und ein zarter bunter Blütenteppich überzieht die schroffe Landschaft für kurze Zeit.

Das Death Valley ist eine relativ junge Formation. Es ist erst wenige Millionen Jahre alt. Dennoch kann die Region auf eine bewegte geologische Vergangenheit zurückblicken: Mindestens vier Perioden mit Vulkanismus formten das Tal, während drei oder vier Perioden wurden Sedimente abgelagert und es kam zu bemerkenswerten tektonischen Verschiebungen. Zudem war das Death Valley zweimal in seiner Geschichte von mächtigen Gletschern bedeckt.

Artists Palette ist berühmt für seine farbigen Gesteinsformationen. Bei Badwater Basin liegt der tiefste Punkt der USA: Er befindet sich 85,5 m unter dem Meeresspiegel. In unmittelbarer Nähe liegt eine Messstation, die am 10. Juli 1913 exakt 56,7 °C anzeigte. Über dem Death Valley erhebt sich der 1669 m hohe Aussichtsberg Dante's View. Von hier aus hat man einen einzigartigen Panoramablick über den zentralen Teil des Death Valley: Vom Badwater Basin über die großen Salzseen (Devil's Golf Course) bis zum Telescope Peak, der mit 3368 m Höhe den höchsten Punkt des Death-Valley-Nationalparks markiert.

Im nördlichen Teil des Death Valley erheben sich mächtige Sanddünen bis zu 50 m hoch, die Mesquite Flat Dunes. Hier drehte der Regisseur George Lucas Teile seiner berühmten Star-Wars-Filme. Bemerkenswert sind die „wandernden Felsen" der Racetrack Playa. Felsbrocken bewegen sich hier wie von Geisterhand gelenkt über den glühend heißen Sand. Theorien gehen davon aus, dass gelegentliche starke nächtliche Regenfälle den Sand für kurze Zeit in eine glitschige Rutschbahn verwandeln, auf der starke Winde die Felsen über den Sand treiben.

Oben: Nur kurz zeigt das Death Valley nach den Frühjahrsunwettern ein freundliches Gesicht.

Links: Die Mesquite Flat Dunes im nördlichen Teil des Death Valley.

USA

Empire State Building

ALS DAS EMPIRE STATE BUILDING AM 1. MAI 1931 FEIERLICH ERÖFFNET WURDE, VERLIEBTEN SICH DIE NEW YORKER AUF DEN ERSTEN BLICK IN IHR ESB. DAS NEUE WAHRZEICHEN SETZTE EIN MARKANTES AUSRUFEZEICHEN AN DAS ENDE DER „ROARING TWENTIES".

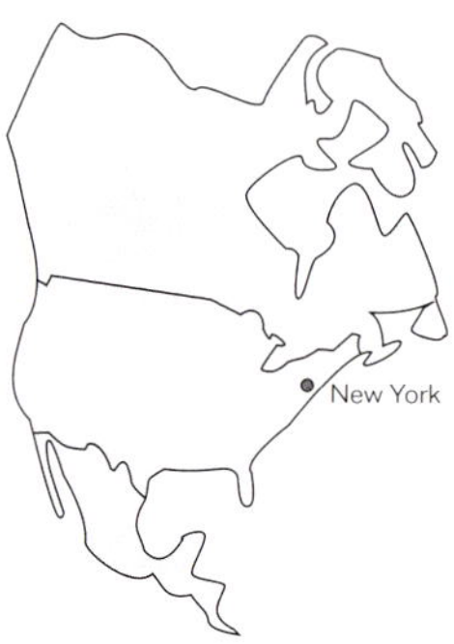

Während an der Wall Street die Börse am „Schwarzen Freitag" zusammenbrach, wurde zwischen der 33. und der 34. Straße in Manhattan mit dem Bau des Empire State Buildings begonnen. Der Crash hatte in NYC nahezu alle Großbaustellen lahm gelegt: Die Bauherren hatten ihre Hochhausprojekte am boomenden Aktienmarkt bis zu 90 % fremdfinanziert. Durch den Crash waren viele Anleger und Investoren mit einem Schlag pleite, die Bautätigkeit in New York kam beinahe völlig zum Erliegen.

Das ESB war das ehrgeizige Projekt des New Yorker Börsenspekulanten und Gründers von General Motors John Jacob Raskob – einem der wenigen Gewinner des „Schwarzen Freitags". Raskob beauftragte den Architekten William F. Lamb, das höchste Gebäude New Yorks zu bauen. Für die New Yorker war von Beginn an klar: Entweder würde der Bau ein gigantisches Desaster werden oder ein gewaltiger Triumph. Niemand glaubte ernsthaft an einen Erfolg des Unternehmers. Im März 1930 wurde mit dem Bau begonnen. Die offizielle Grundsteinlegung erfolgt erst später im September 1930 durch den früheren Gouverneur von New York und Präsidenten der Empire State Corporation Alfred E. Smith.

William F. Lamb entwickelte ein großartiges Logistiksystem für den Bau des Empire State Buildings:

Das Empire State Building galt gerade in der Zeit der Weltwirtschaftskrise als ein unumstößliches Zeichen amerikanischen Mutes und Durchhaltevermögens.

FAKTEN

*** Name:** Empire State Building

*** Standort:** Manhattan, New York City, USA

*** Material:** ca. 55000 t Stahl, 10 Mio. Ziegel, etwa 5660 m³ Sandstein, 30000 m² Marmorboden

*** Versorgungsleitungen:** ca. 760 km elektrische Leitungen, über 110 km Wasserrohre, rund 1700 km Telefonkabel

*** Fenster:** 6500 (Gesamtglasfläche: 2 km²)

*** Gewicht:** ca. 331000 t

Er adaptierte Henry Fords Fließbandidee aus dem Automobilbau und ließ im Innern des Gebäudes ein komplexes vertikales Eisenbahnsystem installieren. Ein ausgeklügeltes „Fahrplansystem" sorgte minutiös dafür, dass angeliefertes Baumaterial sofort abgeladen und per Transportsystem oder Schwerlastkran an die Stelle transportiert wurde, wo es benötigt wurde. So entstand ein äußerst effektives Logistiksystem, das Ruhe- oder Ausfallzeiten auf ein Minimum reduzierte.

50000 Stahlträger wurden auf diese Weise in Rekordzeit bei der Errichtung des Empire State Buildings verbaut. In nur etwas mehr als einem Jahr schoss das Bauwerk aus dem Boden. Durchschnittlich wurden 4,5 Stockwerke pro Woche fertig gestellt. Der absolute Rekord lag bei 14 kompletten Stockwerken in nur zehn Tagen! Die erklärten Helden unter den Bauarbeitern waren die Nieter. In eingespielten Teams schlugen die Nieter, viele vom Stamm der Mohawk-Indianer, bis zu 800 Nieten pro Tag in Schwindel erregender Höhe in die monströsen Stahlträger ein.

Die feierliche Eröffnung des Empire State Buildings fand am 1. Mai 1931 durch US-Präsident Herbert Hoover statt. Doch obwohl die New Yorker ihr ESB sofort ins Herz schlossen, standen viele Büros noch jahrelang leer. In den ersten Jahren seines Bestehens lagen die Einnahmen aus den Eintrittsgeldern für die Aussichtsplattform deutlich über den Mieteinnahmen. Schnell hatten die New Yorker einen Spitznamen für das Gebäude gefunden: „Empty State Building".

Bereits in den 1930er-Jahren entdeckte Hollywoodproduzenten den Wolkenkratzer als prächtige Filmkulisse. Wer erinnert sich nicht an den Riesengorilla King Kong, der an die Spitze des ESB geklammert um sein Leben, die „weiße Frau" und gegen angreifende Flugzeuge kämpft. Und auch so mancher unvergessliche Hollywoodkuss wurde auf der Aussichtsplattform des Empire State Buildings auf Zelluloid gebannt.

Doch auch wenn es dem Empire State Building nicht gelang, ein neues Zentrum in Manhattan abseits der Wall Street zu begründen, kann von einem Fehlschlag keine Rede sein. Das Empire State Building ist bis heute aufgrund seiner exponierten, frei stehenden Lage das Wahrzeichen New Yorks schlechthin. Und mit einer Höhe von 381 m – mit Antenne 443 m – war das Empire State Building bis 1972 sogar das höchste Gebäude der Welt.

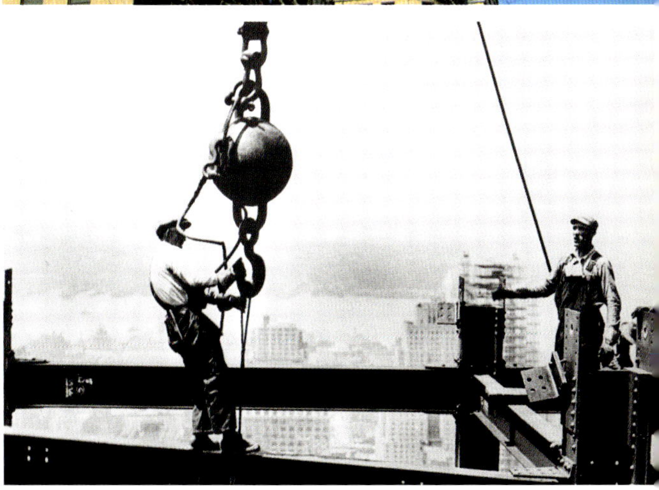

Mitte: Am Bau waren zahlreiche Mohawk-Indianer beteiligt.

Unten: Mit einer Höhe von 381 m war das ESB bis 1972 das höchste Gebäude der Welt.

USA

Everglades

„THE RIVER OF GRASS" HEISST DER BESTSELLER DER ENGAGIERTEN AMERIKANISCHEN NATURSCHÜTZERIN UND AUTORIN MARJORY STONEMAN DOUGLAS. ES IST EINE LIEBESERKLÄRUNG AN EINE URLANDSCHAFT, DIE WELTBERÜHMTEN EVERGLADES.

Trotz intensiver Bemühungen in den vergangenen 100 Jahren ist die einmalige Naturlandschaft der Everglades akut in ihrem Bestand gefährdet. Das Sumpfgebiet der Everglades im Süden des US-Bundesstaats Florida steht vor dem ökologischen Kollaps. Trockenlegung und Raubbau durch landwirtschaftliche Großbetriebe zu Beginn des 20. Jahrhunderts, aber auch die zunehmende Zersiedelung und Landnahme durch die unaufhörliche Ausbreitung der Städte Miami und Orlando haben das Feuchtgebiet der Everglades an den Rand des ökologischen Kollaps gebracht. Seit 1947 existiert der Everglades National Park, der etwa 20 % der ursprünglichen Gesamtfläche der Everglades umfasst. Ein allerletzter Versuch, um zu retten, was der Menschheit keinesfalls verloren gehen darf.

Seit vielen tausenden Jahren wiederholt sich hier das immer gleiche Schauspiel. Bei Sonnenaufgang erwacht rund um die Kissimee-Seen das Leben. Das Wasser der Seen speist die einzigartige Urlandschaft der Everglades. Die Seen in Südflorida, die „Quelle" der Everglades, liegen nur 5 m über dem Meeresspiegel des 500 km entfernten Golfs von Mexiko. Das langsam gen Meer fließende Wasser breitet sich auf seinem Weg zum Golf auf einer Breite von bis zu 80 km aus und bildet eine faszinierende Sumpflandschaft. Nur

FAKTEN

* **Name:** Everglades
* **Land:** Florida, USA
* **Status:** Nationalpark
* **Gründung:** 6. Dezember 1947
* **Fläche:** ca. 6100 km² (siebenmal so groß wie Berlin)
* **UNESCO-Weltnaturerbe:** seit 1979; seit 1993 auf der Roten Liste
* **Besonderheit:** subtropisches Sumpfgebiet mit eindrucksvoller Flora und Fauna, z. B. Orchideen, Mangroven, Alligatoren, Seekühe etc.

Landwirtschaftliche Nutzfläche trifft auf die Urlandschaft der Everglades.

30 m legt das Wasser pro Tag zurück und braucht dementsprechend 40 Jahre, bis es das Meer erreicht hat. Je weiter sich das Wasser der Seen dem Golf von Mexiko nähert, desto salzhaltiger wird das Wasser. Das Süßwasser der Everglades vermischt sich mit dem Salzwasser der Florida Bay. Die üppige, artenreiche Vegetation der Sümpfe wird in der Küstenregion von Mangrovenwäldern verdrängt.

Bis das Wasser aus den Kissimee-Seen den Golf von Mexiko erreicht, hat es sich auf einer Fläche von rund 6000 km² breit gemacht. Die Urlandschaft der Everglades sind das größte zusammenhängende Sumpfgebiet der Erde. – Doch wie lange noch?

Als im 16. Jahrhundert spanische Eroberer an der Küste Floridas landeten, stießen sie nur wenige Kilometer landeinwärts auf eine riesige, moskitoverseuchte Sumpflandschaft, in dem sich außer Alligatoren, Giftschlangen und eben Moskitos niemand wohl fühlte. Was die Spanier damals nicht wussten, war, dass sie eines der größten zusammenhängenden Sumpfgebiete der Erde entdeckt hatten, ein ökologisches Juwel. Gefährliches, wertloses Land. Sie ließen die Sümpfe unberührt.

Ende des 19. Jahrhunderts begann der massive Raubbau an den Everglades. Amerikanische Land- und Immobilienspekulanten begannen trotz der Warnungen von Naturwissenschaftlern mit der Trockenlegung des bis dato intakten Ökosystems. 1,2 Mio. km² wurden binnen kürzester Zeit, u. a. mit extra zu diesem Zweck importierten australischen Melaleucabäumen, ausgetrocknet.

Eine ökologische Katastrophe ungeahnten Ausmaßes bahnte sich an. Die Melaleucabäume, eine Myrtenart mit weißer papierener Rinde, benötigen viermal so viel Wasser wie die einheimische Flora. Die Bäume sollten den Sümpfen durch ihren Durst das Wasser entziehen und sie austrocknen. Ziel war die

Oben: Einzigartige Urlandschaft: die Everglades bei Sonnenuntergang.

Links: Üppige Mangrovenwälder haben sich auf den vielen kleinen Inseln in den Everglades ausgebreitet.

Immer weiter schieben sich die Vororte der Städte Miami und Orlando hinein in das Sumpfgebiet.

Schaffung von Bauland und fruchtbarem Ackerboden für Zuckerrohrfelder und Apfelsinenplantagen. Die Konversion eines unberührten und intakten Ökosystems war nicht mehr aufzuhalten. Sumpfgebiet wurde rigoros in landwirtschaftliche Nutzfläche verwandelt. Gemüse- und Zuckerrohrfarmen wurden wie Keile in die Everglades getrieben. Der Wasserkreislauf wurde unterbrochen.

Ökonomische Interessen hatten sich gegen ökologische Bedenken durchgesetzt. Jetzt regierten die Plantagenbetreiber. In den heißen Sommermonaten jagten Brände über Felder und Sumpfgräser. Ohne Feuchtigkeit trocknete der Boden vollständig aus. Viele Plantagen konnten nur ein paar Jahre bewirtschaftet werden, dann waren die Böden bereits ausgelaugt. Die Farmer reagierten schnell auf die verheerenden Brände. Sie setzen riesige Bewässerungsanlagen ein, die den Everglades noch mehr Wasser entzogen. Der Wasserkreislauf wurde massiv gestört, Pestizide und Düngemittelrückstände gelangten unfiltriert ins Grundwasser. Die Everglades standen vor dem unmittelbaren Aus.

Engagierten Naturschützern wie Marjory Stoneman Douglas ist es letztlich zu verdanken, dass Mitte des vergangenen Jahrhunderts endlich ein Umdenken einsetzte. Es hat lange gedauert, bis die Menschen in Florida begriffen, dass sie sich mit der Zerstörung des Wasserkreislaufs in den Everglades ihre eigene Lebensgrundlage zerstörten. Ein Milliardenprojekt zur Renaturierung der Sumpflandschaft wurde initiiert. Riesige Pumpwerke sollten jetzt den Wasserzufluss der Sumpflandschaft regulieren. Doch, das Paradies von einst ist fast verschwunden. Ein Großteil der Sümpfe ist für immer verloren.

Rund 50 Prozent der ursprünglichen Fläche der Everglades wird heute landwirtschaftlich genutzt. Die anderen 50 Prozent stehen zwischenzeitlich unter Schutz. Seit 1947 ist der südliche Teil der Everglades ein geschützter Nationalpark (etwa 20 % der Gesamtfläche), der 1979 in die Liste der Naturdenkmäler der UNESCO aufgenommen wurde. Wie gefährdet diese weltweit einmalige Landschaft ist, beweist die Tatsache, dass die Everglades trotz aller Schutzmaßnahmen seit 1993 auf der „Rote Liste" des gefährdeten Welterbes vermerkt sind.

Das subtropische Mosaik mit seiner einst unglaublichen Artenvielfalt – 950 tropische Pflanzenarten, darunter 65, die ausschließlich in Südflorida

FAKTEN

* **Flora:** 950 tropische Pflanzenarten, darunter 65, die ausschließlich in Südflorida vorkommen, 25 Orchideenarten, 120 Baum- und 3 Mangrovenarten

* **Fauna:** 36 bedrohte und gefährdete Tierarten, z. B. Florida-Panter, Manati (Seekühe), Alligator und Spitzkrokodil

Der Alligator ist der Herrscher in den Sümpfen. Durch das Vordringen der Siedlungen verirren sich immer wieder Tiere in die Pools und Vorgärten der Häuser.

vorkommen, 25 Orchideenarten, 120 Baum- und drei Mangrovenarten sowie 36 bedrohte und gefährdete Tierarten – hat viele kleine Mosaiksteinchen bereits für immer verloren. Der Lebensraum des Mississippi-Alligators, des Spitzkrokodils, des Florida-Panters und der gutmütigen Manatis (Seekühe) ist gefährdet. Trotz Schutzzone schreitet der Raubbau an der Natur auch heute noch beinahe ungehindert weiter fort.

Der berühmte Bestseller „The River of Grass" – „Der Fluss der Gräser" der bekannten Schriftstellerin und überaus engagierten Naturschützerin Stoneman Douglas ist eine Liebeserklärung an die urwüchstige und einmalige Landschaft der Everglades. Auszüge ihrer Poesie sind in fast jedem Reiseführer über Florida und die Everglades zu lesen. Insbesondere schwärmt die Autorin von einer unwirklichen Stille, die sie bei ihren Reisen Anfang der 1940er-Jahre in den Sümpfen noch erleben konnte.

Heute sind die Everglades eine Attraktion für Besucher aus aller Welt. Über 1,5 Mio. Touristen besuchen den Nationalpark pro Jahr. Doch das ungebremste Freizeitvergnügen gefährdet die Sümpfe in ihrem Bestand. Ebenso die unverminderte Expansion der nahe gelegenen Städte Miami und Orlando, die immer weiter in die Everglades hineinwachsen. Täglich siedeln sich 850 Menschen in den Everglades an. Der unaufhaltsame Zuzug von Menschen drängt die Naturschutzgebiete immer weiter zurück. Ihre neuen Häuser versehen sie mit Gärten und Swimmingpools. Der Pro-Kopf-Verbrauch an Wasser liegt bei 470 Litern täglich – dreimal mehr als in Deutschland. Immer öfter kommt es vor, dass sich Alligatoren auf der Suche nach einem Teich oder Tümpel in die Pools der Siedlungen verirren.

Oben: Die Everglades sind sein Jagdrevier: der Florida-Panter. Die Population ist akut bedroht.

Links: Tourismus gefährdet den Bestand der Everglades.

USA

Freiheitsstatue

MIT HOCH ERHOBENER FACKEL BEGRÜSST SIE SEIT MEHR ALS 100 JAHREN UNERSCHÜTTERLICH HEIMKEHRER, EINWANDERER, FLÜCHTLINGE, NEUANKÖMMLINGE UND BESUCHER AN DER HAFENEINFAHRT VON NEW YORK: DIE FREIHEITSSTATUE, DIE STATUE OF LIBERTY.

Die Freiheitsstatue – „Liberty Enlightening the World" – war ein Geschenk der französischen Regierung zum 100. Geburtstag der amerikanischen Unabhängigkeitserklärung. Die riesige Figur entstand in zehnjähriger Arbeit in der Werkstatt des Elsässer Bildhauers Frédéric Auguste Bartholdi. Für die Stahlkonstruktion im Innern zeichnete der Erbauer des Eiffelturms, Gustave Eiffel, verantwortlich. Ursprünglich sollte die Freiheitsstatue am 4. Juli 1876 eingeweiht werden. Geldmangel, der erst durch Spendenaufrufe behoben werden konnte, führte zu einer erheblichen Verzögerung. Doch am 28. Oktober 1886 war es schließlich so weit: US-Präsident Grover Cleveland weihte die Statue der Freiheit in einer feierlichen Zeremonie auf Bedloe's Island – seit 1956 Liberty Island – ein.

Das Übereinkommen zwischen den beiden Regierungen sah vor, dass die Franzosen die Konstruktion und den Transport der Statue übernehmen, während die Amerikaner für den Bau des Sockels sorgen sollten. Als Standort wählten Amerikaner und Franzosen die kleine Insel Bedloe's Island im Hafen von New York. Die sternenförmige Grundform des ehemaligen Forts Wood sollte das Fundament für den Sockel der Miss Liberty bilden. Die Grundsteinlegung erfolgte am 5. August 1884.

Rechts: Ein Blick ins Innere von Lady Liberty.

Unten: Das vielleicht berühmteste Gesicht der Welt.

Während in den USA noch über die Finanzierung des Vorhabens diskutiert wurde, arbeiteten Bartholdi und Eiffel schon längst an der Statue und ihrem „Innenleben". Bartholdi wählte für die Außenhaut der Monumentalfigur, die nach den Plänen eine Höhe von ca. 47 m haben sollte, eine Leichtkonstruktion mit maximal 2,4 mm dicken Kupferblechen, die in Handarbeit über extra angefertigten Holzformen gebogen, gehämmert und gepresst wurden. Insgesamt fertigten Bartholdi und seine Helfer 350 verschiedene Teile, die im Juli 1884 per Schiff an ihren Bestimmungsort transportiert und dort wie ein dreidimensionales Puzzle auf den Stahlrahmen von Eiffel montiert wurden.

Dieser Rahmen bestand aus vier enorm großen Eisenpylonen, die die gesamte Statue von unten nach oben durchziehen. Die Träger sind mit starken Bolzen mit der Podestplatte verbunden. Auf Querträgern ruht ein Geflecht äußerst filigraner Rahmenfachwerkträger, auf die Bartholdis Puzzleteile montiert sind. Dabei wird jedes Kupferteil der Außenhaut von einem eigenen Eisenträger zusätzlich stabilisiert, um der Konstruktion genügend Biegesteifigkeit und Festigkeit zu verleihen. Jedes einzelne Kupferteil ist separat mit dem Gerüst verbunden und wird von diesem getragen. Eiffel nutzte für seine starre Gerüstkonstruktion die Vorteile des Faltenwurfes des kupfernen Kleides der Lady Liberty: Die Faltung bietet Spielraum für die thermisch bedingte Expansion bzw. Kontraktion der gesamten Konstruktion. – Ein Meisterwerk der Ingenieurskunst.

Zusammen mit ihrem klassizistischen Sockel, den der Amerikaner Richard M. Hunt entworfen hatte, misst die Freiheitsstatue bis hinauf zur Spitze ihrer goldbeschichteten Flamme rund 95 m. Die sieben Strahlen ihrer Krone symbolisieren die sieben Weltmeere. Für viele Menschen ist sie wie kein anderes Symbol Sinnbild für Freiheit, Offenheit, Unabhängigkeit und Wohlstand. Hunderttausende Immigranten aus der ganzen Welt passierten seitdem bei der Einfahrt in den Hafen von New York die Statue of Liberty. Mit großen Hoffnungen und Erwartungen. Viele hatten Erfolg, fanden eine neue Heimat. Viele jedoch scheiterten. Das ehemalige Auffanglager auf Ellis Island könnte unendliche Geschichten über die Hoffnungsvollen und ihren geplatzten „American Dream" erzählen.

Zu ihrem 100. Geburtstag 1986 musste sich Lady Liberty einem „Lifting" unterziehen. Die salzhaltige Seeluft hatte der Konstruktion über die Jahre hinweg zugesetzt, sodass Sanierungsarbeiten nötig waren. Rund 2 Mio. US-Dollar war den Amerikanern die Renovierung ihrer Lady Liberty wert.

FAKTEN

* **Name:** Liberty Enlightening the World, Freiheitsstatue, Lady Liberty, Miss Liberty
* **Weltkulturerbe der UNESCO:** seit 1984
* **Entwurf:** Frédéric Auguste Bartholdi, französischer Bildhauer
* **Stahlkonstruktion:** Gustave Eiffel, französischer Architekt
* **Höhe:** 46,5 m
* **Gewicht:** 254 t
* **Höhe des Sockels:** 47 m
* **Treppenstufen:** 171

USA

Golden Gate Bridge

IM JAHR 1872 ENTSTANDEN PLÄNE FÜR EINE BRÜCKE, DIE DEN EINGANG DER BUCHT VON SAN FRANCISCO ÜBERSPANNEN SOLLTE. AM 5. JANUAR 1933 WURDE MIT DEM BAU DER DAMALS GRÖSSTEN HÄNGEBRÜCKE DER WELT BEGONNEN, DER GOLDEN GATE BRIDGE.

Die Pläne scheiterten zunächst am Stand der Technik. Zu groß erschien den Architekten der Abstand zwischen den Ufern. Erst zu Beginn des 20. Jahrhunderts griff der Bauingenieur Joseph B. Strauss die Idee erneut auf. Hartnäckig und gegen viele Widerstände verfolgte er seinen Plan. Ein beinahe unglaubliches Vorhaben. Bis dahin hatte es niemand für möglich gehalten, das Nord- und Südufer des Golden Gate mit einer Hängebrücke zu verbinden.

Die Voraussetzungen für den Bau einer derart großen Brücke in der Golden-Gate-Straße waren von Beginn an äußerst ungünstig. Die Meeresströmung am Eingang zur Bucht ist gewaltig. Hinzu kommt, dass sich tragfähiger Untergrund für die Brückenpfeiler erst in sehr großer Wassertiefe befindet. Ein weiterer großer Unsicherheitsfaktor blieb das Erdbebenrisiko. Zudem durfte der Verkehr auf der stark befahrenen Schifffahrtsroute durch das Golden Gate nicht behindert werden. Keine leichte Aufgabe also für den erfahrenen Bauingenieur Joseph B. Strauss. Dennoch fiel am 5. Januar 1933 der Startschuss für den Bau der Golden-Gate-Bridge.

Die Bauarbeiten gestalteten sich von Beginn an schwierig. Insbesondere das Fundament für den südlichen Pfeiler machte Probleme. Er musste weit draußen im Golden Gate, 335 m vom Ufer entfernt, in

Zwei mächtige Stahltrossen mit einem Durchmesser von je 92,4 cm tragen die Brücke. Die Kabel bestehen aus über 27 000 Einzeldrähten.

FAKTEN

* **Grundsteinlegung:** 5. Januar 1933
* **Eröffnung:** 27. Mai 1937
* **Konstruktion:** Hängebrücke
* **Gesamtlänge:** 2727 m
* **Spannweite:** 1280 m
* **Breite:** 25 m
* **Pfeiler:** 2, je 227 m hoch
* **Verkehr:** Kraftfahrzeuge (6 Spuren), Fußgänger, Fahrräder
* **Traurige Bilanz:** Die Golden-Gate-Brücke ist seit ihrer Eröffnung zu einem Anziehungspunkt für Selbstmörder avanciert. Offiziell wurden bislang 1100 Selbstmordversuche gezählt. Nur wenige überlebten den Sprung von dem 70 m über dem Meeresspiegel gelegenen Fußweg.

einer Tiefe von 30 m errichtet werden. Die Strömung an dieser Stelle war so stark, dass Unterwasserarbeiten nur während des Gezeitenwechsels möglich waren: maximal 20 Minuten pro Tag! Die beiden Brückenpfeiler sind jeweils etwa 227 Meter hoch. Sie wurden aus übereinander gestapelten, stählernen Hohlzellen gefertigt, die mit insgesamt rund 1,2 Millionen Stahlniete miteinander verbunden wurden. Der letzte eingesetzte Niet besteht aus Gold.

Die Brücke wurde an zwei mächtigen Stahltrossen aufgehängt, die die Ufer über die beiden Pfeiler miteinander verbinden. Für jedes der beiden Stahlkabel wurden über 27 000 Einzeldrähte mit 5 mm Stärke im Luftspinnverfahren zu zwei mächtigen Stahlkabeln verflochten. Der Durchmesser der Tragseile beträgt 92,4 cm. Befestigt wurden die Trossen in gewaltigen Betonverankerungen an beiden Ufern.

Trotz aller Widrigkeiten konnte die Golden-Gate-Bridge am 27. Mai 1937 feierlich eröffnet werden: Am „Pedestrian Day" nahmen etwa 200 000 Menschen die Brücke zuerst zu Fuß in Besitz. Anschließend wurden die sechs Fahrspuren, die Rad- und Fußwege offiziell für den Verkehr freigegeben. An ihrem ersten Betriebstag überquerten bereits 32 000 Fahrzeuge die Golden-Gate-Brücke, heute sind es täglich durchschnittlich über 100 000 – Tendenz steigend.

Joseph B. Strauss war ein sehr umsichtiger Konstrukteur. Die Sicherheit seiner Mannschaft auf der Baustelle hatte oberste Priorität. Dennoch verunglückten während des Baus der Brücke elf Bauarbeiter tödlich. Der Brückenbau hätte jedoch deutlich mehr Opfer gefordert, hätte Strauss nicht Sicherheitsnetze unter der Brücke anbringen lassen. Insgesamt 19 Arbeiter fanden sich nach halsbrecherischen Abstürzen sicher in den Maschen des Netzes wieder. Abgesehen von ein paar Verletzungen, überlebten alle 19 ihren Absturz. Nach Abschluss der Bauarbeiten gründeten die 19 Arbeiter den „Half-Way-to-Hell-Club".

Neben der großartigen Ingenieurleistung wird die Golden-Gate-Bridge auch immer wieder wegen ihrer herausragenden Ästhetik gelobt. Aufgrund ihrer markanten Brückenpfeiler wird sie häufig als das größte Art-déco-Objekt aller Zeiten bezeichnet wird. Strauss und sein Team gelang mit dem Brückenbau Außergewöhnliches: Das riesige Bauwerk fügte sich perfekt in das großartige Panorama der Bucht mit der Stadt San Francisco ein und schuf eine fantastische Harmonie aus Technik und grandioser Landschaft.

Mitte: Einer der beiden je 227 m hohen gewaltigen Brückenpfeiler.

Unten: Ein Pfeiler ragt in der Morgensonne aus dem Nebel heraus, der über der Bucht von „Frisco" liegt.

USA

Grand Canyon

WER ZUM ERSTEN MAL AM RAND DES GRAND CANYONS IM NORDWESTEN ARIZONAS STEHT, WIRD ÜBERWÄLTIGT SEIN VON DIESER GRANDIOSEN KULISSE. EIN BEINAHE ENDLOSER, FAST 2 KM TIEFER RISS DURCHSCHNEIDET DAS GRANDIOSE KAIBAB-PLATEAU.

Alte Überlieferungen der Navajo-Indianer berichten vom mythischen Held Packithaawi. Er soll es gewesen sein, der die große Flut beendete, indem der mit einer großen, schweren Keule auf die mit Wasser bedeckte Erde einschlug und so den Grand Canyon schuf. Wissenschaftliche Untersuchungen gehen heute davon aus, dass sich die riesige Schlucht in den vergangenen 40 bis 50 Mio. Jahren herausgebildet hat. Stetig und unaufhörlich hat der Colorado River sein Bett in den Felsen geschliffen.

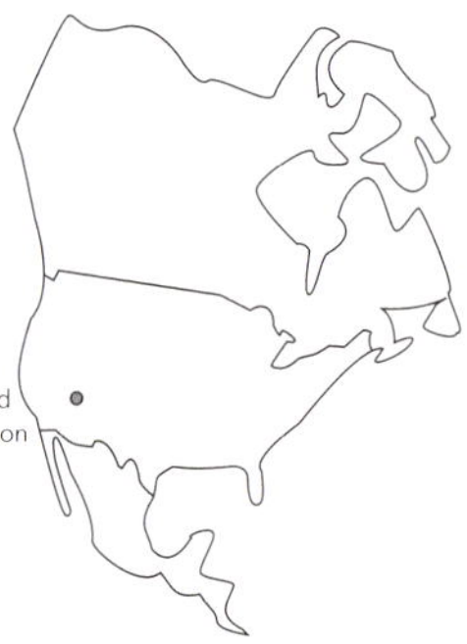

Im Jahr 1540 erreichte eine Truppe spanischer Soldaten auf der Suche nach den legendären „Sieben goldenen Städten von Cibola" den Rand der gewaltigen Schlucht. Beim Anblick des Abgrunds, der sich vor ihnen auftat, sollen die Männer derart überwältigt und erschrocken gewesen sein, dass sie auf die Knie fielen und beteten. Drei Tage lang suchten sie nach einem Zugang zu der Schlucht – erfolglos. Als Wasser und Vorräte zur Neige gingen, kehrten sie enttäuscht um. Die Suche nach den sagenhaften Goldstädten war gescheitert, das Gebiet um den Grand Canyon wurde als wertlos eingestuft – und geriet in Vergessenheit.

1858 fuhr Joseph Ives mit dem Heckschaufeldampfer „Explorer" von der Mündung des Colorado im Golf von Kalifornien flussaufwärts, um zu erkunden, wie

FAKTEN

* Name: Grand Canyon
* Lage: Arizona, USA
* Entstehung: vor etwa 40 – 50 Mio. Jahren
* Länge: über 450 km
* Breite: max. 30 km
* Tiefe: max. 1,8 km
* Status: seit 1919 Nationalpark
* Besonderheit: Weltnaturerbe der UNESCO seit 1979

Der Grand Canyon bietet überall grandiose Aus- und Einblicke.

weit der Colorado schiffbar sei. Die „Explorer" lief jedoch schon bald auf Grund, schlug leck und Ives musste seine Expedition abbrechen und umkehren. Erst 1869 schließlich durchfuhr Major John Wesley Powell erstmals den Colorado River. Seine Expedition markiert den Beginn der wissenschaftlichen Erforschung der großen Schlucht, des „Grand Canyon".

Der Grand Canyon ist ein wahres Eldorado für Geologen. Seit der Reise Powells wird der Canyon wissenschaftlich erforscht. Für die Geologen sind die Gesteinsschichten des Grand Canyons eine einzigartige „Bibliothek". Hier wurden im Lauf der Jahre Fels- und Gesteinsformationen entdeckt, die rund 1,7 Mrd. Jahre alt sind. Dies sind die ältesten frei liegenden Gesteinsformationen. Unermüdlich arbeitet der Colorado River den Wissenschaftlern zu. Denn Unaufhörlich unterspült er Felsen, fördert bislang verdeckte Felsen zutage, wäscht neue Formationen frei.

Vor etwa 2 Mrd. Jahren war das Gebiet, in dem sich der Canyon heute befindet, von einem Meer überflutet. Das zurückgehende Wasser hinterließ große Ablagerungen. Vulkanausbrüche bedeckten die Sedimente mit glühender Lava und schlossen sie ein. Immense tektonische Kräfte – Druck und Hitze – verformten die Gesteinsschichten, türmten sie auf und schoben sie zu Gebirgen zusammen. Wieder wurde das Land von einem Meer überflutet, noch einmal wiederholte sich der ganze Ablauf. Neue Schichten aus Sedimenten und Vulkangestein schoben sich über die bereits vorhandenen.

Vor etwa 40 bis 50 Mio. Jahren wurden die Rocky Mountains von Urgewalten geformt und das Land in Richtung Süden um etwa 3000 m angehoben. Heute sind davon noch rund 2000 m übrig. Erosion ist für den Verlust verantwortlich. Und irgendwann wird auch der Grand Canyon wieder vollkommen verschwunden sein.

Oben: Die Havasu-Wasserfälle im Grand Canyon.

Links: Der Colorado River hat sich im Lauf von Jahrmillionen tief in das Kaibab-Plateau eingegraben.

USA

Guggenheim-Museum

IM HERZEN MANHATTANS STEHT DIREKT AN DER 5TH AVENUE EINES DER HERAUSRAGENDSTEN ZEUGNISSE DES GROSSARTIGEN SCHAFFENS DES AMERIKANISCHEN ARCHITEKTEN FRANK LLOYD WRIGHT, DAS GUGGENHEIM-MUSEUM.

Hilla von Rebay, die Kuratorin des Kunstsammlers Solomon R. Guggenheim, beauftragte den Stararchitekten im Jahr 1943 mit dem Bau eines Museums für die private Sammlung des Industriellen und Kunstliebhabers Solomon R. Guggenheim. Dessen 1939 eröffnetes kleines Museum of Non-Objective Painting platzte aus allen Nähten.

In einem Brief an Wright, in dem sie ihm die Idee eines neuen, großartigen Museums für die Guggenheim'sche Sammlung nahe brachte, schrieb Hilla von Rebay 1943: „I need a fighter, a lover of space, a tester and a wise man, … I want a temple of spirit, a monument!" Doch der so umworbene Frank Lloyd Wright zeigte sich – zunächst – wenig beeindruckt. Er machte kein Hehl aus seiner Abneigung für den Museumsstandort in New York.

Erst nach langen Gesprächen und Diskussionen einigten sich Hilla von Rebay, Solomon R. Guggenheim und Frank Lloyd Wright auf einen Bauplatz in Manhattan. Das Grundstück, das für den Bau erworben wurde, liegt unmittelbar an der 5th Avenue, unweit des Central Parks. Wright hatte darauf bestanden. Das neue Museum sollte eine Symbiose zwischen Architektur und Natur ermöglichen: Architektur, Kunst und Natur im harmonischen Einklang mit dem hektischen Leben einer Millionenstadt.

DATEN

* **1937**: Gründung der Solomon R. Guggenheim Foundation
* **1939**: Eröffnung des Museum of Non-Objective Painting
* **1943**: Entwürfe für das Guggenheim-Museum New York von Frank Lloyd Wright
* **1956–1959**: Bau des Guggenheim-Museums an der 5th Avenue in Manhattan
* **1991–1992**: Restaurierung und Erweiterung des Museums

Mit dem Museumsbau schuf Wright ein Meisterwerk, das sowohl Kunstliebhaber als auch Architekturenthusiasten aus aller Welt anzieht.

Wright begann mit den Planungen für das neue Museumsgebäude. Doch erst 1956 konnte mit den Bauarbeiten am Guggenheim-Museum begonnen werden. Solomon R. Guggenheim, der Stifter und Mäzen der Sammlung und des Museumsneubaus, erlebte den Spatenstich nicht mehr. Er verstarb bereits 1949.

Das Guggenheim-Museum zählt heute zu den berühmtesten Museen für zeitgenössische Kunst. Doch nicht nur die Kunstschätze sind herausragend. Vor allem das imposante Gebäude versetzt Kunstliebhaber und Architekten aus aller Welt noch immer in Staunen. Der Bau sprengt alle Konventionen. Das Meisterwerk Wrights gleicht einem überdimensionierten Schneckenhaus. Wright wollte die Verknüpfung von Natur und Architektur und entwickelte ein beinahe organisches Bauwerk.

Innerhalb des Gebäudes windet sich eine Rampe spiralförmig nach oben. Wright realisierte einen einzigartigen großen, nach allen Seiten offen wirkenden Raum. Ausstellungen beginnen immer im obersten Stockwerk und führen über die Rampe nach unten. Dabei eröffnen sich dem Betrachter immer wieder neue raffinierte Perspektiven, Ein- und Ausblicke in und durch die Räume des Museums. Stets gibt es neue „Sichtweisen" auf die Kunstwerke. Das Museum ist eine vollendete Symphonie aus Dreiecken, Ovalen, Rundbögen, Kreisen und Quadraten. Die Formen wiederholen sich immer wieder und formen so einen fantastischen geometrischen Raum.

Kritiker warfen Frank Lloyd Wright vor, die Kunstwerke in die zweite Reihe zu verbannen. Seine Architektur überstrahle den Glanz der Exponate, anstatt ihnen Ausdruck und Einzigartigkeit zu verleihen. Wright verteidigte sein Meisterwerk gegen die Kritik: Architektur und Kunst gingen eine vollendete Symbiose ein, ein Zusammenspiel in perfekter Harmonie. Das Museum und seine Kunstwerke genießen Weltruhm.

Oben: Der Mäzen und Kunstliebhaber Solomon R. Guggenheim (1861–1949).

Links: Innerhalb des Gebäudes windet sich eine Rampe spiralförmig nach oben.

USA

Hoover-Damm

ES SIEHT SCHON BEEINDRUCKEND AUS: ALS DER HOOVER-DAMM ZWISCHEN DEN BUNDESSTAATEN NEVADA UND ARIZONA AM 29. MAI 1935 FERTIG GESTELLT WURDE, GALT ER ALS DER GRÖSSTE STAUDAMM DER WELT, EIN „MODERNES WELTWUNDER".

Im Grunde genommen ist der Hoover-Damm gar kein Staudamm, sondern eine Staumauer. Rund 50 km südöstlich von Las Vegas versperrt der Hoover-Damm im Black Canyon dem Colorado River den Weg. Über 220 m ragt die Betonmauer von der Sohle bis zur Krone auf. Dahinter staut sich der Fluss zum Lake Mead, dem größten künstlichen Wasserreservoir der Vereinigten Staaten auf.

Der Damm ist eine Bogengewichtsstaumauer. Ihre Wölbung weist Richtung Lake Mead, was den Druck der unglaublichen Wassermassen des Sees – maximal 35 Mrd. m^3 – abfängt. Der Bau der Mauer stellte höchste Anforderungen an die Ingenieurskunst der damaligen Jahre. Zudem bereitete die enorme Hitze – in den Sommermonaten nicht selten um die 50 °C – den Konstrukteuren enorme Probleme. So konnte der Damm keinesfalls aus gegossenem Beton an einem Stück gebaut werden. Hätte man diese Technik angewendet, so hätte die Mauer aufgrund des extremen Wüstenklimas über 125 Jahre benötigt, um vollständig abzukühlen. Also entscheid man sich für eine vollkommen neue Technik: Der Hoover-Damm wurde aus Einzelbetonblöcken zusammengesetzt.

In den Blöcken befanden sich Leitungen, durch die Eiswasser geleitet wurde, um das Bauwerk schnell abzukühlen. Anschließend wurden diese Leitungen

FAKTEN

*** Name:** Hoover-Damm

*** Bauzeit:** 1931–1935

*** Inbetriebnahme des Kraftwerks:** 12. September 1936

*** Baukosten:** 165 Mio. US-Dollar

*** Turbinenanzahl:** 17 moderne Haupttturbinen

*** Leistung:** über 2000 MW

*** erzeugte Strommenge:** mehr als 4 Billionen KWh pro Jahr (versorgt 1,3 Mio. Menschen mit Strom)

*** Höhe:** 221,3 m

*** Länge:** 379,2 m

*** Stärke an der Dammkrone:** 13,7 m

*** Stärke an der Dammsohle:** 201,2 m

*** verbaute Betonmenge:** 2,6 Mio. m^3

*** Gewicht:** ca. 6,6 Mio. t

*** Länge des Stausees:** 177 km

*** Tiefe (max.):** 180 m

*** Fläche:** 640 km^2

*** Wasserkapazität (max.):** 35 Mrd. m^3

*** Uferlänge:** 885 km

Die Staumauer ist 221 m hoch, 379 m lang, auf der Dammkrone hat sie eine Stärke von rund 14 m, an der Sohle misst der Damm über 200 m in der Tiefe.

mit Beton verfüllt, was einerseits zur Stabilität des Damms beitrug und andererseits die einzelnen Blöcke fest miteinander verband. Die Blöcke waren alle einheitlich 1,5 m hoch. Der kleinste maß 7,6 m x 7,6 m, der größte 7,6 m x 18 m. Rund 2,6 Mio. m^3 Beton wurden im Hoover-Damm verbaut. Eine beinahe unglaubliche Zahl: Die Betonmenge würde ausreichen, um eine 5 m breite und 20 cm hohe Straße quer durch die USA von San Francisco nach New York zu bauen!

Um die Baustelle während der Bauarbeiten dauerhaft trockenzulegen, musste der Colorado River umgeleitet werden. Auf beiden Talseiten wurden daher mächtige Tunnel in den Fels getrieben, durch die die Wassermassen des Colorado abfließen konnten. Insgesamt wurden vier Tunnel gebohrt, jeder mit einem Durchmesser von 17 m und einer Länge von 5 km. Rund 3500 Arbeiter waren ständig auf der Großbaustelle beschäftigt. 96 Arbeiter starben im Verlauf der Bauarbeiten bei Unfällen. Die Kosten für den Bau des gigantischen Stauwehrs waren bei den Planungen mit rund 49 Mio. US-Dollar veranschlagt worden. Tatsächlich verschlang die Errichtung des Damms über 165 Mio. US-Dollar. Erst 1985 konnten die Baukosten durch den Verkauf des erzeugten Stroms und die Einnahmen aus dem Tourismus gedeckt werden. Seitdem arbeitet das Kraftwerk rentabel.

In der ersten Planungsphase wurde das Bauvorhaben zunächst mit dem Namen „Boulder-Damm-Projekt" bezeichnet, benannt nach dem Ort, an dem der Damm ursprünglich angelegt werden sollte. Geologische Untersuchungen führten jedoch dazu, dass der Damm etwa 16 km stromaufwärts errichtet werden musste, da die geologischen Voraussetzungen im Black Canyon deutlich günstiger waren. Seinen heutigen Namen erhielt der Damm in Erinnerung an den 31. Präsidenten der USA, Herbert C. Hoover. Er gilt als der Initiator des gigantischen Bauprojekts.

Oben: Ein Blick in den Turbinenraum des Hoover-Damm-Kraftwerks.

Links: Der Damm ist eine ingenieurtechnische Meisterleistung.

USA

Mount Rushmore

DAS WOHL AMERIKANISCHSTE ALLER AMERIKANISCHEN KUNSTWERKE BEFINDET SICH IN DEN BLACK HILLS IN SOUTH DAKOTA: DAS MOUNT RUSHMORE NATIONAL MEMORIAL. DAS GIGANTISCHE MONUMENT ZEIGT DIE PORTRÄTS VON VIER US-PRÄSIDENTEN.

Die Idee zu dem gewaltigen Denkmal stammt von dem Bildhauer und Maler John Gutzon de la Mothe Borglum (1867–1941). Er wollte ein unvergängliches nationales Monument schaffen, das die Prinzipien und Ideale der amerikanischen Nation symbolisieren sollte. Die vier Präsidenten schienen Gutzon Borglum hierfür geradezu ideal geeignet.

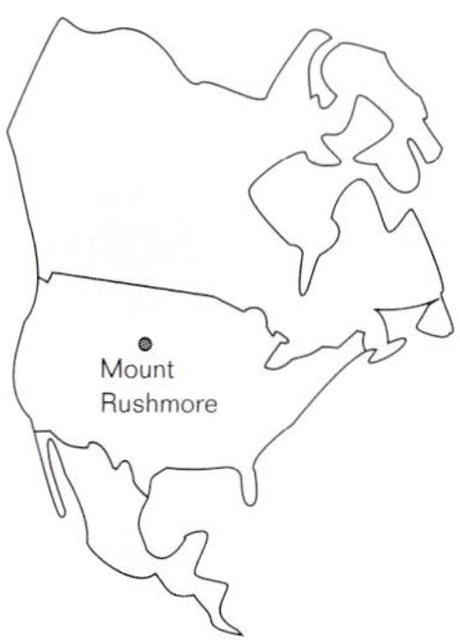

Die Weichen für die Errichtung des Monuments wurden 1923 gestellt. Gutzon Borglum und der Minister für Geschichte in South Dakota entwarfen den Plan für eine riesige Skulptur in den Black Hills, die die Porträts wichtiger Präsidenten zeigen sollte: George Washington, Vater der Nation, Thomas Jefferson, Begründer der Menschenrechte, Abraham Lincoln, Retter der Republik während des Bürgerkriegs, und Theodore Roosevelt, Eroberer des gesamten Westens der USA und Erbauer des Panamakanals.

Borglum entschied sich für Mount Rushmore, um die Porträts der vier Präsidenten darauf einzumeißeln. Die Arbeiten zum Mount Rushmore National Memorial begannen am 10. August 1927.

Borglum und sein Team von annähernd 400 Arbeitern trieben das gigantische Projekt mit Nachdruck voran. Aufgrund der jahreszeitlichen Witterungsbedingungen konnten die Arbeiten nur in den späten Frühlings- und den Sommermonaten durchgeführt

Rechts: Der Präsident, der die Sklaverei abschaffte: Abraham Lincoln.

Unten: Das Porträt von Präsident George Washington.

werden. Insgesamt 14 Sommer lang meißelte, hämmerte, bohrte und sprengte Borglum an seinem Traum in Stein. Die Fertigstellung seines Traums sollte der Künstler jedoch nicht mehr miterleben. Er starb am 6. März 1941, sieben Monate vor der Vollendung. Sein Sohn Lincoln brachte das Werk seines Vaters schließlich zu Ende. Am 31. Oktober 1941 wurde das Mount Rushmore National Memorial offiziell eingeweiht.

Gutzon Borglum hatte sein Projekt bis ins Detail geplant. Jedes Porträt sollte etwa 20 m hoch werden. Zunächst mussten überflüssige Gesteinsmassen – insgesamt 450 000 t – entfernt werden. Diese groben Vorarbeiten wurden mit Presslufthämmern und Dynamit durchgeführt. Der gezielte Einsatz von Sprengstoffen zur Modellierung der Skulptur wurde von Borglum und seinen Spezialisten so perfektioniert, dass rund 90 % des Gesteins per Sprengladung vom Felsen gelöst werden konnten. Die anschließenden, äußerst diffizilen Feinarbeiten wurden von Borglum selbst überwacht. Hierzu wurden speziell entwickelte Presslufthämmer eingesetzt, mit denen es möglich war, eine sehr glatte Oberflächenstruktur zu erreichen. Die Arbeit in der steilen Felswand war mühsam, anstrengend und gefährlich. Das Granitgestein des Mount Rushmore, der so genannte Harney-Peak-Granit, erwies sich als äußerst hart und widerstandsfähig. Dies führte u. a. dazu, dass Borglum seine ursprünglichen Pläne ändern und die Porträts von Thomas Jefferson und Abraham Lincoln verschieben musste.

Die Finanzierung des Projekts erfolgte zunächst aus Privatmitteln und mit Unterstützung der potenten Eisenbahngesellschaften. Doch erst als 1938 die US-Bundesregierung das Projekt übernahm, war die Realisierung gesichert. Die Gesamtkosten des Mount Rushmore National Memorial beliefen sich damals letztlich auf 989 993,32 US-Dollar.

Das Mount Rushmore National Memorial steht unter ständiger Beobachtung. Einmal pro Jahr wird es von Wissenschaftlern akribisch nach Anzeichen von Rissen oder kleinen Absprengungen abgesucht.

Haarrisse werden mit einer langlebigen Zementmischung auf Silikonbasis verfüllt. Der spezielle Silikonzement hat sich als am besten geeignet für die extremen Beanspruchungen erwiesen. Vor allem die großen Temperaturunterschiede setzen den Porträts der Präsidenten zu. Der Harney-Peak-Granit selbst ist so hart, dass durch natürliche Erosion lediglich ein Abrieb von etwa 1 cm pro 200 000 Jahre zu verzeichnen ist. Die Instandhaltung des Mount Rushmore National Memorial lässt sich die US-Bundesregierung jährlich etwa eine Viertelmillion Dollar kosten.

FAKTEN

* **Mount Rushmore:** Liegt in den Black Hills, South Dakota. Die Bergkette verdankt ihren Namen dem New Yorker Anwalt Charles Rushmore, der ursprünglich die Goldschürfrechte für das Gebiet um den Berg erworben hatte.

* **Konfliktpotenzial:** Der Bau des National Memorials war lange Zeit heftig umstritten: Nur rund 25 km südwestlich von Mount Rushmore befindet sich das Crazy-Horse-Monument. Die in der Region ansässigen Lakota-Indianer sahen das Monument als Entweihung ihres heiligen Berges an. Dennoch wurde es errichtet.

* **Filmkulisse:** Hollywoodregisseur Alfred Hitchcock und sein Hauptdarsteller Cary Grant machten das Mount Rushmore National Memorial auf der Kinoleinwand unsterblich. In dem großartigen Thriller „Der unsichtbare Dritte" (1959) sind die Präsidentenköpfe des Mount Rushmore Schauplatz des atemberaubenden Finales.

KANADA / USA

Niagarafälle

EINE SPEKTAKULÄRERE UND EINDRUCKSVOLLERE „GRENZANLAGE" GIBT ES WOHL SONST NIRGENDS AUF DER ERDE: DIE NIAGARAFÄLLE. RUND 100 KM SÜDLICH DER KANADISCHEN METROPOLE TORONTO BILDEN SIE DIE GRENZE ZWISCHEN KANADA UND DEN USA.

Auf einer Gesamtlänge von über 1000 m stürzen die Wassermassen des Niagara River, der den Eriesee mit dem Ontariosee verbindet, über 50 m hinab in die Tiefe. Ein atemberaubendes Naturschauspiel. Die Niagarafälle gehören zweifelsohne zu den schönsten Attraktionen des an Naturwundern nicht eben armen nordamerikanischen Kontinents.

Seit ihrer Entdeckung durch den Jesuitenpater Louis Helpin im Jahr 1678 haben sich die Niagarafälle in vielerlei Hinsicht verändert. Zum einen resultieren die sichtbaren Veränderungen aus der permanenten Erosion, die die Wasserfälle im Lauf der Jahrhunderte verändert erlebt hat. Zum anderen haben auch die Eingriffe des Menschen zu nachhaltigen Beeinträchtigungen geführt.

Als gegen Ende der letzten Eiszeit vor rund 12 000 Jahren die großen Gletscher im heutigen Gebiet der fünf Großen Seen – Großer See, Michigan-, Huron-, Erie- und Ontario-See – schmolzen, brachten die Wassermassen den Erie-See zum Überlaufen. Die Schmelzwasser bildeten den Niagara River, der sich über die Klippen des Niagara Escarpment hinab zum Ontario-See stürzt. Auf kanadischer Seite bildeten sich die so genannten Horseshoe Falls, auf US-amerikanischer Seite die Bridal und die American Falls. Getrennt sind die Wasserfälle durch eine Reihe kleine-

FAKTEN

*** Name:** Niagarafälle

*** Lage:** Kanada und USA

*** Kantenlänge:** 1155 m, davon 792 m auf kanadischer und 363 m auf amerikanischer Seite

*** Höhe:** max. 58 m

*** Durchflussmenge:** max. 6000 m³ pro Sekunde, davon 90 % auf kanadischer und 10 % auf amerikanischer Seite

*** Veränderungen:** 1931 brachen 70000 t Felsgestein von den amerikanischen Fällen ab. Einige Jahre später stürzten rund 27000 t Gestein die kanadischen Fälle hinunter und im Jahr 1954 donnerten über 170000 t Felsen die amerikanischen Fälle hinab.

*** seltenes Naturschauspiel:** Bei lang anhaltender extremer Kälte können die Niagarafälle komplett einfrieren. Das letzte Mal im Jahr 1936.

Die Niagara-Fälle und der Niagara River an der Grenze zwischen Kanada und den Vereinigten Staaten.

rer Inseln, von denen die wohl bekannteste Goat Island ist. Rund 90 % des Wassers stürzt über die Horseshoe Falls hinab in den Niagara River, lediglich 10 % über die Wasserfälle auf amerikanischem Terrain.

Das Gestein des Niagara Escarpments weist eine geologische Besonderheit auf. Die Oberfläche bildet hartes Dolomitgestein. Darunter befindet sich erosionsanfälliger Schiefer. Die hinabstürzenden Wassermassen der Niagarafälle sorgen am Fuß für ständige Erosion im weichen Gestein: Der Schiefer wird herausgebrochen, die darüberliegende Dolomitschicht unterhöhlt, bis sich der Überhang schließlich nicht mehr zu halten vermag und ins Flussbett stürzt. Bis zu 2 m Gestein brechen auf diese Weise pro Jahr von den Klippen ab. Auf diese Weise sind die Niagarafälle seit ihrer Entstehung um rund 11 km flussaufwärts in Richtung Erie-See gewandert. Seitdem die Wassermassen des Niagara River zur Energiegewinnung für die Industrie im Bereich der Großen Seen genutzt und teilweise umgeleitet werden, konnte die Wucht des Wassers gemildert und die Erosion gebremst werden.

Dennoch, die extensive Nutzung des Niagara Rivers zur Energiegewinnung ist nicht unumstritten. Der Fluss wurde durch den Bau zahlreicher Wasserkraftwerke mehr als gezähmt. Wo einst bis zu 6000 m³ Wasser pro Sekunde ungezügelt die Klippen hinunterstürzten, fließen heute lediglich maximal 3000 m³ über das Niagara Escarpment. Sozusagen auf Knopfdruck. Denn der Niagara River und seine Wasserfälle sind heute ein komplett reguliertes und steuerbares System. Während der Saison wird den Besuchern der Niagarafälle tagsüber das einzigartige Schauspiel ungezügelt tobender Wassermassen und kilometerhoch aufspritzender Gischt präsentiert. Hat der letzte Touristenbus den Parkplatz verlassen, wird das Wasser zur Stromerzeugung bereits weit oberhalb der Abbruchkante entnommen und in die Kraftwerke umgeleitet.

Oben: Der 160 m hohe Skylon Tower in Niagara Falls, Ontario.

Links: Die Niagarafälle gehören zweifelsohne zu den spektakulärsten Naturschauspielen der Welt.

USA

Old Faithful

DER YELLOWSTONE-NATIONALPARK IM NORDWESTEN DES US-BUNDESSTAATS WYOMING WURDE AM 1. MÄRZ 1872 GEGRÜNDET UND IST DER ÄLTESTE NATIONALPARK DER WELT. DER NATIONALPARK IST BERÜHMT FÜR SEINE VULKANOGENE LANDSCHAFT.

Es brodelt, blubbert und dampft. Beinahe zwei Drittel aller weltweit vorkommenden heißen Quellen liegen im Yellowstone-Nationalpark. Von den über 300 Geysiren im Park ist der Geysir Old Faithful der wohl bekannteste. Wenngleich nicht der größte – das ist der ebenfalls im Yellowstone-Nationalpark beheimatete Steamboat-Geysir –, so jedenfalls doch der „fleißigste" und „zuverlässigste": In regelmäßigen Abständen zwischen 60 und 90 Minuten eruptiert Old Faithful und schießt mit erstaunlichem Druck 14 000 bis 32 000 Liter Wasser senkrecht in die Luft. Ein großartiges Naturschauspiel!

Geysire sind heiße Quellen, die ihr Wasser in regelmäßigen oder unregelmäßigen Abständen als Fontäne ausstoßen. Die Bildung von Geysiren erfordert eine besondere Kombination geologischer und klimatischer Bedingungen.

Old Faithful, „der alte Treue", brodelt und dampft inmitten des Upper Geysir Basin im Yellowstone-Park. Offiziell entdeckt wurde „der alte Treue" im Jahr 1870. Seitdem steht der faszinierende Geysir unter ständiger wissenschaftlicher Beobachtung. Den Aufzeichnungen zufolge ist Old Faithful seit seiner Entdeckung mehr als eine Million Mal ausgebrochen. Dabei verhält sich der Geysir beinahe wie ein Uhrwerk „made in Switzerland": durchschnittlich alle 91 Minuten bläst Old

Und Action! Old Faithful schleudert eine bis zu 55 m hohe Wasserfontäne in den blauen Himmel über dem Yellowstone-Nationalpark.

FAKTEN

*** Name:** Yellowstone-Nationalpark

*** Lage:** Wyoming, kleine Ausläufer auch in Montana und Idaho, USA

*** Gründung:** 1. März 1872

*** Status:** ältester Nationalpark der Welt

*** Weltnaturerbe der UNESCO:** seit 8. September 1978

*** Ethymologie:** Seinen Namen hat der Park von den gelben Felsen im Grand Canyon of the Yellowstone.

*** Fläche:** 8983 km^2 (etwa dreimal so groß wie Luxemburg)

*** Länge max.:** ca. 102 km

*** Breite max.:** ca. 87 km

*** höchster Punkt:** Eagle Peak, 3462 m

*** tiefster Punkt:** nördlicher Zugang, 1620 m

Faithful seine Fontäne aus heißem Wasserdampf aus dem Erdinneren in die Luft. Jede Eruption dauert zwischen anderthalb und fünf Minuten. Dabei schießen 14 000 bis 32 000 Liter heißer Wasserdampf mit unglaublichem Druck aus dem Boden und bilden einen weithin sichtbaren weißen Dampf- und Wasserschleier. Die Wassersäule ist zwischen 30 und 55 m hoch!

Old Faithful zählt zu den so genannten düsenartigen Geysiren, die lediglich einen schmalen Wasserstrahl ausstoßen. Der Durchmesser des Schlots von Old Faithful beträgt in sieben Metern Tiefe lediglich 11 cm. Durch diesen engen Auslass wird das heiße Wasser (ca. 118–129 °C) aus dem Innern der Erde mit hohem Druck an die Eroberfläche gepresst und explosionsartig herausgeschleudert.

Ursache für die große Anzahl von Geysiren, heißen Quellen und Schlammtöpfen im Gebiet des Yellowstone-Nationalparks ist eine Magmakammer (Hot Spot), die sich direkt unter dem Park befindet. Das Zentrum des Yellowstone liegt in einem riesigen Vulkankrater (Caldera), der vor über 600 000 Jahren durch eine gewaltige Explosion entstanden ist. Diese Eruption erschütterte den gesamten Erdball. Eine Caldera ist eine Einbruchsstruktur, die durch einen Vulkanausbruch verursacht wurde. Calderen entstehen durch den Einsturz von Magmakammern, die sich nahe der Erdoberfläche befinden und zuvor durch teilweise heftige Eruptionen entleert wurden.

Seither ist die Erdkruste an dieser Stelle nur noch wenige Kilometer dick. Regen- und Schmelzwasser versickern in den Rissen und Spalten des vulkanischen Gesteins. Auf ihrem Weg ins Erdinnere heizen sich die Rinnsale an dem flüssigen Gestein auf. Der dabei entstehende Druck presst schließlich das kochende Wasser wieder an die Erdoberfläche, wo es in mächtigen Fontänen aus dem Boden hervorschießt.

Das Gebiet des Yellowstone-Nationalparks und ganz speziell das Verhalten der 300 Geysire stehen unter ganz besonderer Beobachtung. Jede Veränderung ihrer Eruptionsrhythmen wird akribisch aufgezeichnet und analysiert. Nach aktuellen wissenschaftlichen Erkenntnissen ist die Magmakammer unterhalb des Yellowstone-Parks bereits dreimal in Abständen von rund 600 000 Jahren explodiert. Die letzte verheerende Eruption liegt etwa 600 000 Jahre zurück. Dass der Vulkan wieder ausbrechen wird, darüber sind sich die Wissenschaftler einig. Nur wann dies geschehen wird, kann niemand mit Bestimmtheit sagen.

Mitte: Der Grand Prismatic Pool fasziniert mit seiner Farbenpracht.

Unten: Überall im Yellowstone-Nationalpark blubbert, brodelt und dampft es.

USA

Redwood-Nationalpark

DREI STATE PARKS BILDEN DEN REDWOOD-NATIONALPARK IM NORDEN KALIFORNIENS. DER NATIONALPARK DIENT DEM SCHUTZ DER WOHL LETZTEN BESTÄNDE EINES REGENWALD-ÄHNLICHEN NADELWALDS AUS GIGANTISCHEN, URALTEN BAUMRIESEN, DEN REDWOODS.

Das Verbreitungsgebiet der Baumriesen beschränkt sich heute auf einen schmalen Küstenstreifen, der sich von der Grenze des Bundesstaats Oregon bis hinunter nach Mittelkalifornien erstreckt. Die riesigen Bäume kommen nur noch hier an der Pazifikküste der USA vor. Jahrelanger Raubbau durch rigorose und schonungslose Abholzung hat den Bestand der Redwoods arg dezimiert.

Viele Jahrtausende lang bewohnten die Ureinwohner Amerikas die ausgedehnten Redwood-Wälder Kaliforniens im Einklang mit der Natur. Erst im 19. Jahrhundert betrat der erste Weiße das Gebiet. 1828 erreichte Jedediah Strong Smith mit einer Gruppe Pelzjäger auf der Suche nach neuen Jagdgebieten die Region des heutigen Nationalparks.

Die erste Einwanderungswelle nach Nordkalifornien setzte um 1848 mit dem Goldrausch ein. Die Nachrichten von den Goldfunden lockten tausende in die Redwoods. Mit den Goldsuchern und Glücksrittern kamen auch die großen Holzfirmen, die mit der systematischen Abholzung der Riesenbäume begannen. Das harte und widerstandsfähige Holz der Redwood-Bäume eignete sich ideal als Baumaterial. Die Indianer, die seit Jahrtausenden in den Redwoods ihre angestammte Heimat hatten, wurden immer weiter zurückgedrängt und die letzten Überlebenden schließ-

Rechts: Der Redwood-Nationalpark ist seit 1983 anerkanntes Biosphärenreservat.

Unten: Der mächtige Stamm einer gigantischen Küstensequoia.

lich in ein Reservat abgeschoben. So schnell der Goldrausch die Menschen im Jahr 1848 erfasst hatte, so schnell war er auch wieder vorbei. Die Holzindustrie indes blieb und setzte ihren Raubbau in den Redwood-Wäldern mit ungebremster Kraft fort. Waldschützer wie Jedediah Strong Smith warnten bereits 1852 vor dem Kahlschlag in den Redwoods.

Leider wurden die Warnungen des engagierten Fallenstellers und Waldläufers überhört. Im Jahr 1965 waren die Redwood-Wälder auf etwa 15 % ihres ursprünglichen Bestands reduziert. 1968 schließlich wurden 430 km² der verbliebenen 1200 km² zum Nationalpark erhoben. – In den angrenzenden Regionen ging der Raubbau an den Redwoods unvermindert weiter.

Die Redwoods – auch Küstensequoien – zählen zur Familie der Sumpfzypressen, die vor allem im Trias vor etwa 250 Mio. Jahren weit verbreitet war. Durch nachhaltige Veränderungen des Klimas im Verlauf der Erdgeschichte schrumpften die einst ausgedehnten Redwood-Wälder. Lediglich in der Region des Redwood-Nationalparks gibt es heute noch nennenswerte Bestände.

Redwood-Bäume können bis zu 2000 Jahre alt werden und eine Höhe von über 100 m erreichen. Die Langlebigkeit der Sequoien beruht in erster Linie auf einer chemischen Substanz, die in ihrer dicken Borke enthalten ist, und die Ungeziefer- und Pilzbefall verhindert. Ein natürliches Insektizid bzw. Fungizid. In den niederschlagsreichen Talregionen des Nationalparks gedeihen vielfach monokulturelle Redwood-Wälder. Sequoien wachsen ausgesprochen langsam.

Die größte Sequoie, die derzeit im Redwood-Nationalpark zu bestaunen ist, trägt den bezeichnenden Namen „Stratosphere Giant". Durchaus zutreffend, denn mit einer Höhe von nahezu 113 m und einem Durchmesser von über 6 m ist der „Giant" derzeit der größte Baum der Erde. Sein Alter wird auf etwa 600 Jahre geschätzt. Bedenkt man, dass Redwoods bis zu zwei Jahrtausende alt werden können, befindet sich der „Giant" sozusagen also in den „besten Jahren" – und im Wachstum.

Das Holz der Küstensequoie ist hart und beständig und deshalb als Nutzholz und Baumaterial noch immer sehr gefragt. Der Kern der Sequoie ist rotbraun gefärbt, daher auch der Name Redwood. Nur durch umfangreiche Schutzmaßnahmen wie hier im Redwood-Nationalpark sind die letzten Bestände dieser einzigartigen Baumriesen vor dem Kahlschlag geschützt. Der Staat Kalifornien und die US-Bundesregierung unternehmen große Anstrengungen, um die letzten Küstenmammutbäume vor dem endgültigen Aussterben zu bewahren.

FAKTEN

*** Redwood-Nationalpark:** Der Nationalpark wurde am 2. Oktober 1968 gegründet. Er vereint die drei State Parks Prairie Creek Redwoods State Park, Del Norte Coast Redwoods State Park und Jedediah Smith Redwoods State Park und hat eine Fläche rund 430 km².
Seit dem Jahr 1980 gehört er zum Weltnaturerbe der UNESCO und seit 1983 wird er als internationales Biosphärenreservat eingestuft.

*** Redwoods:** Die riesigen Bäume zählen neben anderen Naturwundern und -schönheiten des Landes zu den ganz besonderen Schätzen Amerikas. In vielen Gedichten, Romanen und Liedern bedeutender Künstler und Zeitgenossen finden sie Erwähnung. Auch Folk-Legende Woody Guthrie hat den „Redwood Forest" in seinem berühmten Song „This Land is Your Land" aus dem Jahr 1940 verewigt.

USA

Volcanoes-Nationalpark

DENKT MAN AN DIE SÜDSEEINSELN VON HAWAII, DENKT MAN SOFORT AN KILOMETERLANGE SANDSTRÄNDE, SURFER, GIGANTISCHE WELLEN, BLÜTENKRÄNZE UND KAFFEEBRAUNE HULAMÄDCHEN. DER 50. BUNDESSTAAT DER USA HAT JEDOCH MEHR ZU BIETEN.

Unter den Südseetrauminseln brodelt es ganz heftig. Die gesamte Inselkette von Hawaii im Pazifischen Ozean ist vulkanischen Ursprungs. Die 137 Inseln Hawaiis stellen die Spitze eines gewaltigen Vulkangebirges dar, das größtenteils unter der Meeresoberfläche verborgen ist. Der Archipel liegt direkt an der Grenze der großen Pazifischen Platte, die sich jährlich um etwa 10 cm nach Nordwesten bewegt. Die Vulkane des Volcanoes-Nationalpark auf „Big Island", wie die Einheimischen die Hauptinsel Hawaii nennen, gehören zu den größten Bergen und den aktivsten Vulkanen der Welt.

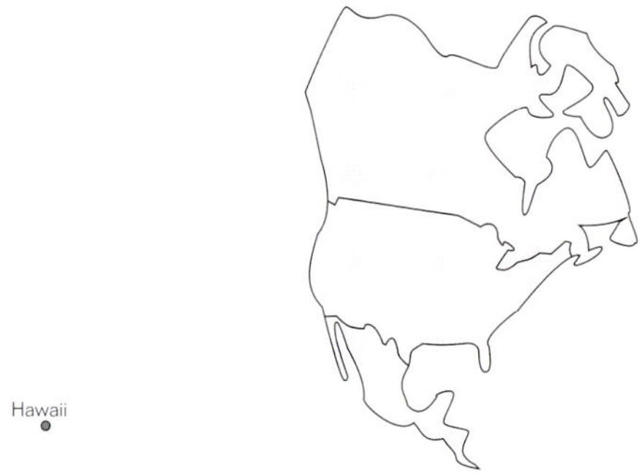

Der Nationalpark wurde am 1. August 1916 als Hawaii-Nationalpark gegründet. Seinen heutigen Namen erhielt der über 1300 km² große Park schließlich im September 1961. Der Volcanoes-Nationalpark bildet ein einzigartiges und komplexes Ökosystem. Hier befinden sich die wohl gigantischsten und aktivsten feuerspeienden Berge der Welt.

Der größte Vulkan der Erde, der Mauna Loa, ragt 4169 m über den Meeresspiegel auf. Bedenkt man, dass der Mauna Loa auf dem Grund des Pazifiks in rund 5000 m Meerstiefe fußt, ergibt sich eine Gesamthöhe des riesigen Schildvulkans von über 9100 m! Der Mauna Loa bildet demnach eine deutlich höhere Gebirgsformation als der höchste Berg der Erde, der

Rechts: Der Kilauea spuckt flüssige Lava hunderte von Metern hoch in den Himmel über Hawaii.

Unten: Der schneebedeckte Gipfel des 4169 m hohen Mauna Loa.

Mount Everest (8848 m). Sein „kleiner Bruder", der Kilauea, erreicht zwar nicht die stattlichen Ausmaße des Mauna Loa, doch ist der Kilauea der aktivste Vulkan der Erde. Die beiden Schildvulkane entstanden vor etwa 3 Mio. Jahren. Für Geologen ist der Nationalpark ein Paradies: Hier können sie Einblick nehmen in über 70 Mio. Jahre Vulkantätigkeit.

Für die teilweise äußerst heftigen Eruptionen des Kilauea haben die Einheimischen eine sagenhafte Erklärung parat. Laut einer Legende der Hawaiianer ist der Krater des Kilauea, der Halemaumau, der Sitz der Feuergöttin Pele. Diese gilt gemeinhin als ausgesprochen launisch. Ist sie schlecht gelaunt, geht ihr hitziges Temperament schon einmal mit ihr durch. Dann spuckt sie unkontrolliert Feuer und heiße Lava. Hat sie sich schließlich wieder beruhigt, verfällt sie in friedlichen Schlaf. Niemand allerdings kann einschätzen, wie lange diese Ruhepausen andauern. Opfergaben, die am Rand des Kraters abgelegt werden, sollen sie besänftigen und weitere Wutausbrüche verhindern. Glaubt man der Legende, besänftigt vor allem Gin das Gemüt der „Frau der Hölle" …

Geologen hingegen erklären das etwas hitzige Temperament des Kilauea eher nüchtern mit der Hotspot-Theorie: Ein Hotspot bezeichnet eine Stelle unter der Erdkruste, an der über einen langen Zeitraum hinweg Magma aus dem Erdinnern zur Erdoberfläche aufsteigt. Die Pazifische Platte „schwimmt" sozusagen auf einem riesigen See aus flüssigem Magma. Durch die ungeheuren Kräfte, die entstehen, wenn die Kontinentalplatte gen Nordwesten über den Hotspot hinwegdriftet, kann flüssiges Magma an die Erdoberfläche vordringen. Und genau an dieser Stelle entsteht in der Folge eine neue Insel, deren jüngster Bereich vulkanisch aktiv ist. So verwundert es auch nicht, dass der Kilauea beinahe permanent blubbernd dünnflüssige glühende Lava aus seinem Krater spuckt. Das Meer rings um den Feuerberg ist daher ständig von einer feinen Dampfwolke bedeckt.

Die Landschafts- und Vegetationszonen an den Hängen der beiden Vulkane sind beeindruckend. Trotz der ständigen vulkanischen Aktivitäten liegt auf ihren Gipfeln häufig Schnee. Auf den Hängen unterhalb der Krater machen sich auf frisch erstarrter Lava Flechten und Farne breit. Die schon länger erstarrten Lavafelder sind von einem dichten Wald aus tropischen Baumfarnen bedeckt. Die regenarme Südwestflanke des Vulkanmassivs hingegen ist eine öde Vulkanwüste mit scharfen Kanten und Klippen erstarrter Lava, die Wüste Kau. Über die Klippen schießt die dünnflüssige Lava des Kilauea hinab ins Meer und versinkt zischend und brodelnd im Pazifik.

FAKTEN

* **Name:** Volcanoes-Nationalpark
* **Gründung:** 1. August 1916
* **Lage:** Hawaii, USA
* **Fläche:** 1309 km²
* **Höhenlage:** 0 m (Meeresspiegel) bis 4169 m (Kratergipfel des Mauna Loa)
* **höchste Erhebung:** Mauna Loa (4169 m); gemessen bis zum Meeresgrund ist der Mauna Loa sogar über 9100 m hoch und damit der höchste Berg der Erde.
* **Vulkantätigkeit:** Der Kilauea ist seit 1983 ununterbrochen aktiv und somit der aktivste Vulkan der Welt.
* **Weltnaturerbe der UNESCO:** seit 1987

USA

Yosemite-Nationalpark

„DAS GLORREICHSTE WUNDER DER NATUR", SO BEZEICHNETE DER AMERIKANISCHE PIONIER JOHN MUIR (1838–1914) DAS TAL IN DER SIERRA NEVADA KALIFORNIENS. „AHWAHNEE", NANNTEN DIE INDIANER DAS TAL, „DER VOR STAUNEN GEÖFFNETE MUND".

Die Region wurde als Yosemite-Nationalpark weltberühmt. Natur pur! Das ist es, was den wohl großartigsten Nationalpark Nordamerikas auszeichnet und was ihm 1984 einen Eintrag auf der Liste des Weltnaturerbes der UNESCO einbrachte. Ausgedehnte Wälder, vier große Wasserfälle, darunter der höchste der Vereinigten Staaten, markante Granitfelsen, Mammutbäume sowie eine vielfältige und üppige Flora und Fauna machen den Yosemite-Nationalpark zu einem großartigen ökologischen Kleinod.

Schon die Ureinwohner des Tals hier im Westen der USA scheinen – glaubt man den Überlieferungen – von der Schönheit der Natur, die sich ihnen hier offenbarte, überwältig gewesen zu sein. Sie gaben dem Tal den indianischen Namen „Ahwahnee", was so viel bedeutet wie „der vor Staunen geöffnete Mund". Viele Generationen lang lebten die Indianer hier im Einklang mit der Natur, bis eine mysteriöse Krankheit, der „schwarze Tod" (die Pest), beinahe das ganze Volk dahinraffte. Die wenigen Überlebenden der Seuche flüchteten von Panik getrieben tief hinein in die Berge der Sierra Nevada. Erst viele Jahre später wagten sich die Nachkommen der Flüchtlinge wieder zurück ins Tal ihrer Väter. Aus Angst, erneut den „Zorn der Götter" auf sich zu ziehen, änderten sie ihren Namen in „Yosemites". In ihrer

FAKTEN

✻ John Muir: 1838–1914, schottisch-amerikanischer Naturwissenschaftler, Entdecker, Schriftsteller, Erfinder, Ingenieur und Geologe, entwickelte sich im Laufe seines Lebens zum engagierten Naturschützer. Der „Vater der Nationalparks" der USA ist auf der Vierteldollarmünze, dem Quarter, verewigt.

✻ „Pohono": In der Sprache der Indianer heißt der Bridalveilfall „Pohono", was so viel wie „vom Winde verweht" bedeutet. Einst soll an einem Frühlingstag eine junge Indianerin am Fluss in die Gischt des Wasserfalls hineingezogen worden sein. Ihre Freundinnen liefen entsetzt hinunter zur Sohle des „Pohono", um nach der Verunglückten zu suchen – jedoch vergeblich. So festigte sich der Mythos, dass Körper und Seele der jungen Indianerin für immer in der Gischt des tosenden Wasserfalls gefangen seien.

✻ Sierra Nevada: Ein Hochgebirge in Kalifornien und Nevada. Das Gebirge ist 600 km lang. Höchster Gipfel ist der Mount Whitney mit 4418 m.

Im Yosemite-Nationalpark gibt es unzählige großartige Wasserfälle.

Sprache ein Synonym für den mächtigsten und stärksten aller Bergbewohner, den Grizzly.

Unzählige Naturschönheiten machen den ganz besonderen Reiz dieser einzigartigen Region aus. Der Yosemite-Nationalpark ist ein Schatzkästchen prall gefüllt mit kostbaren Edelsteinen der Natur. Die vier großen Wasserfälle haben den Nationalpark berühmt gemacht: der Yosemite Fall, mit beinahe 800 m Höhe der höchste Wasserfall in den USA; der Vernal Fall, der wie eine weiße Wand die Klippen hinunterstürzt; der Nevada Fall, wild und urgewaltig wie die Berge der Sierra Nevada; und zuletzt der Bridalveilfall, ein Schleier aus eisigen Gebirgsfluten.

Markant sind die beiden gigantischen Granitmonolithen des El Capitan (2307 m) sowie des Half Dome (2695 m). Ihre bis zu 1000 m hohen, beinahe senkrechten Granitwände, glatt geschliffen von einer riesigen Eismoräne vor mehr als 250 000 Jahren, sind Zeugen der Naturgewalten. Der mächtige Half Dome ist nach Ansicht von Geologen über 85 Mio. Jahre alt. Welch ungeheuerlicher Druck, welch unvorstellbaren Temperaturen formten diesen Koloss einst im Innern der Erde?

Beeindruckend die Schönheiten von Flora und Fauna. „The Fallen Monarch", ein umgestürzter Baumriese liegt am Eingang zum „Mariposa Grove", einem Wäldchen mit über 2700 Jahre alten Sequoien (Mammutbäumen). 37 Baumarten wachsen in den Tälern und auf den Hängen des Yosemite: seltene Kiefern- und Tannenarten sowie die eindrucksvollen Mammutbäume. Insgesamt über 1400 verschiedene Pflanzenarten. 74 Säugetier- und über 230 Vogelarten bevölkern den Nationalpark, darunter Streifenhörnchen, Murmeltiere, Kojoten und Schwarzbären.

„The deepest beauty of nature" – ein Naturjuwel, dessen Erhalt unbedingt auch für kommende Generationen gesichert werden muss.

Oben: Der Half Dome (2695 m) im Winter.

Links: Der Bridalveilfall heißt in der Sprache der Indianer „Pohono", „vom Winde verweht".

Down Under und in Neuseeland sind es vor allem die großartigen Wunder der Natur, die ungebrochene Faszination und ungläubiges Erstaunen hervorrufen. Über und unter Wasser. Feuer speiende Berge, faszinierende Unterwasserparadiese, uralte Kultstätten und – als „Sahnehäubchen“ – ein Wunderwerk aus Menschenhand, ein Meisterstück moderner Großstadtarchitektur.

OZEANIEN

AUSTRALIEN

Great Barrier Reef

DOWN UNDER. DIE OSTKÜSTE AUSTRALIENS. PARALLEL ZUR KÜSTE VERLÄUFT DAS GRÖSSTE „BAUWERK" DER WELT: DAS GREAT BARRIER REEF. DIE UREINWOHNER AUSTRALIENS, DIE ABORIGINES, NENNEN ES „WAGA GABOO", DAS GROSSE RIFF.

Durchaus zutreffend: Über 2300 km lang ist das Korallenriff und es bedeckt eine Fläche, die größer ist als Italien. Kleinste Organismen, Abermillionen von Korallenpolypen sind die Baumeister. Sie haben ein faszinierendes Paradies mit einer großartigen Unterwasserflora und -fauna geschaffen. Ein einzigartiges Ökosystem und Naturdenkmal. Entstanden über Jahrmillionen hinweg. Das Great Barrier Reef ist das größte Korallenriff der Erde und zählt zu den sieben Weltwundern. Seit 1981 gehört es zu den Weltnaturdenkmälern der UNESCO – ein Weltwunder der Natur.

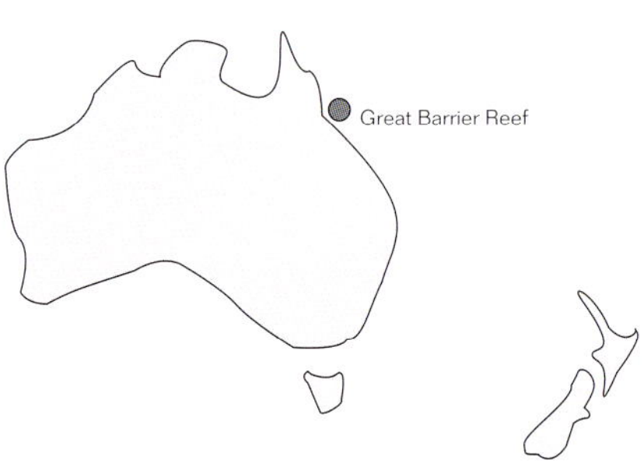

Die Entdeckung des gigantischen Korallenriffs vor der Ostküste Australiens erfolgte eher zufällig und sein Entdecker dürfte die erste Begegnung mit den scharfkantigen Korallenbänken wohl in schlechter Erinnerung behalten haben. In der Nacht vom 10. auf den 11. Juni 1770 lief die HMS Endeavour, das Schiff des berühmten Seefahrers und Entdeckers James Cook, auf das Great Barrier Reef auf und wäre beinahe verloren gegangen. Bis dahin war das Riff in keiner Seekarte verzeichnet gewesen. Nach umfangreichen Reparaturarbeiten an der Endeavour konnte Cook seine Fahrt gen Norden entlang des Riffs fortsetzen und fand schließlich Mitte August 1770 die so genannte Cook-Passage durch das Great Barrier Reef.

Rechts: Jedes Jahr kommen die Buckelwale zum Riff, um hier ihre Jungen zu bekommen.

Unten: Zu den größten Räubern am Riff zählt der Riffhai.

Cook dürfte ziemlich überrascht gewesen sein, als er die Kartografie und Vermessung des Riffs beendet hatte. Das Great Barrier Reef verläuft vom 10. bis zum 24. südlichen Breitengrad über eine Länge von gut 2300 km nordöstlich von Australien an der Ostküste von Queensland im Südpazifik und erstreckt sich von der Torres-Straße vor Papua-Neuguinea bis zur Lady-Elliot-Insel. Somit liegt es am östlichen Rand des australischen Kontinentalsockels. Die Entfernung zur australischen Ostküste beträgt zwischen 30 km (bei Cairns) und etwa 250 km (bei Gladstone). Wegen seiner ungeheuren Größe wurde das Great Barrier Reef zur besseren Unterscheidung in vier Abschnitte aufgeteilt (von Nord nach Süd): die Far Northern Section, die Cairns Section oder Tropical Northern, die Central Section oder Whitsunday Section sowie die Southern Section oder Mackay Capricorn Reefs.

Das Riff liegt zur Gänze in der tropischen Zone im Taifun-Gebiet. Der älteste Teil des Riffs, die Far Northern Section entstand vor etwa 18 bis 20 Mio. Jahren. Die mittleren und südlichen Teile des Korallenriffs sind deutlich jünger; sie sind erst vor rund 2 Mio. Jahren entstanden. Die heute sichtbaren farbenprächtigen Korallenriffe stammen aus der letzten kalten Erdphase vor etwa 10000 Jahren. Das Great Barrier Reef besteht aus einer Kette von über 2900 Einzelriffen, knapp 1000 Inseln und unzähligen Sandbänken. Die Fläche des Great Barrier Reef beträgt etwa 347800 km^2. Bei optimalen atmosphärischen Bedingungen kann man das gigantische Riff mit bloßem Auge vom Weltall aus erkennen.

Jedes Jahr in den ersten warmen Frühsommertagen wiederholt sich rund um das „Waga Gaboo" dasselbe faszinierende Schauspiel. Einige Tage nach Vollmond, wenn die Wassertemperatur ansteigt und die Strömung am schwächsten ist, entlassen Abermillionen winzigster Korallenpolypen gleichzeitig Eier und Samen in die See. Sie steigen auf zur Oberfläche, vermischen sich dort und treiben hinaus ins offene Meer. Jedes befruchtete Ei kann der Anfang für ein neues Korallenriff sein.

Jeden Tag erzeugen die winzigen Korallenpolypen auf nur 1 km^2 Riff 4 t Kalksteingerippe. Das Great Barrier Reef wächst stetig und bietet einen einzigartigen Lebensraum für unzählige Pflanzen- und Tierarten. 359 Korallenarten haben das größte von Lebewesen geschaffene Bauwerk der Erde errichtet. 80 Arten von Weichkorallen klammern sich an die Felsen. 1500 Schwammarten und 5000 Weichtierarten finden sich in den Ritzen und Spalten des Riffs. 800 Arten von Stachelhäutern, z. B. Seesterne und Seeigel, sind im Great Barrier Reef heimisch. 1500 Fischarten suchen

FAKTEN

* **Name:** Great Barrier Reef
* **Land:** Australien
* **Lage:** 10.–24. südlicher Breitengrad
* **Länge:** rund 2300 km
* **Fläche:** 347800 km^2
* **Alter:** ca. 18–20 Mio. Jahre (Far Northern Section)
* **Zusammensetzung:** über 2900 Einzelriffe, mehr als 1000 Inseln sowie unzählige Sandbänke
* **UNESCO-Weltnaturerbe:** seit 1981

Das Great Barrier Reef besteht aus über 2900 Einzelriffen, knapp 1000 Inseln und unzähligen Sandbänken.

hier nach Nahrung und Unterschlupf. Für die großen Räuber wie die Riffhaie ist das Great Barrier Reef ein beinahe perfektes Jagdgebiet. Mutter Natur hat den Tisch für die großen Raubfische reichlich gedeckt. Aber auch auf und über dem Riff haben Tiere ihre Nischen gefunden. 215 Vogelarten leben auf und um das Riff. Besonders faszinierend sind die vom Aussterben bedrohten Schildkrötenarten, die das Riff für die Eiablage nutzen. Sechs von insgesamt sieben weltweit vorkommenden Meeresschildkrötenarten sind im Riff anzutreffen. Ebenfalls vom Aussterben bedroht sind die Dungongs (Seekühe).

Höhepunkt ist das jährliche Eintreffen der Buckelwale, die auf ihrem Zug von der Antarktis gen Norden hier in den warmen Gewässern rund um das Great Barrier Reef Station machen, um ihre Jungen zu gebären. Das Riff als „Entbindungsstation".

Doch das Ökosystem Great Barrier Reef ist in Gefahr. Korallenriffe sind äußerst sensible Ökosysteme. Jede noch so kleine Veränderung kann unvorhersehbare Schäden verursachen.

Korallen brauchen zum Überleben ein Gewässer mit relativ konstanter Temperatur und geringen Temperaturschwankungen. In Gewässern mit einer Temperatur zwischen 18 und 30 °C können sie gedeihen und überleben. Eine Erhöhung der Wassertemperatur führt zum Abstoßen und anschließenden Absterben des lebensnotwendigen Algenbewuchses der Korallen. Die Algen sind u. a. auch für die Farbgebung der Koralle zuständig. Ist der Algenschutzmantel nicht mehr vorhanden, verbleicht der Korallenstock und das weiße Kalkgerüst wird sichtbar. Hält dieser Zustand über längere Zeit an, da die Algen aufgrund konstanter Wassererwärmung nicht nachwachsen können, sterben die Korallen an Nährstoffmangel. Zurück bleiben Korallenskelette. Die Korallenbleich ist die größte Bedrohung für das empfindliche Ökosystem Great Barrier Reef.

1,8 Mio. Touristen muss das empfindliche System pro Jahr verkraften. Hinzu kommen die Auswirkungen der globalen Klimaveränderungen. Der Treibhauseffekt hat den Korallenbänken bereits schweren Schaden durch Korallenbleichen zugefügt. Im Jahre 2002 waren 60 bis 95 % des Riffs stark in Mitleidenschaft gezogen. Besonders eklatant jedoch sind die Zerstörungen und Veränderungen, die aufgrund der langjährigen Einleitung von Pestiziden und Düngemitteln aus den Zuckerrohr- und Bananenplan-

Rechts: Ein Anemonenfisch sucht Schutz zwischen den Tentakeln einer Seeanemone.

Unten: Korallen, die Baumeister des Great Barrier Reef.

tagen auf dem Festland mit den jährlichen Monsunregen in die Küstengewässer gelangen und zur Vernichtung der Korallenstöcke führen. Diese chemischen Stoffe haben bereits ganze Korallenstöcke über viele Kilometer hinweg vernichtet. Weitere Schadstoffe geraten mit der expansiven Bebauung einiger Inseln und der touristischen Nutzung des Riffs ins Meerwasser.

Schutzmaßnahmen sind aufgrund der vielfältigen Ursachen nur äußerst schwierig umzusetzen. Ein Großteil der Zerstörungen rührt vom hohen Nähr- und Schwebstoffzufluss durch intensive Landwirtschaft in Küstennähe her. Mit den jährlichen Monsunregen werden große Mengen von Pflanzenschutz- und Düngemittelrückständen aus den küstennah gelegenen Zuckerrohr- und Bananenplantagen in die Küstengewässer gespült. Die chemischen Mittel vernichten die empfindlichen Korallenstöcke.

Ein weiteres Problem, das durch die globale Erderwärmung verursacht wird, sind die in den letzten Jahren verstärkt auftretenden Zyklone. Der enorme Wellengang, den diese gewaltigen Tiefdruckwirbel verursachen, hat in weiten Bereichen des Great Barrier Reef bereits zu großen Zerstörungen geführt.

Ein natürlicher Feind des empfindlichen Korallenriffs ist der giftige Dornenkronenseestern. Er tritt in zeitlichen Abständen in wahren Seesternplagen massiv auf. Die Seesterne ernähren sich von den Korallenpolypen. Die Invasion der Seesterne hinterlässt komplett abgestorbene Riffsektionen.

So wurde 1981 mit der Aufnahme des Riffs auf die Liste des Weltnaturerbes der UNESCO ein 25-Jahres-Plan zur Erforschung und zum Erhalt des einzigartigen Korallenriffs erstellt. Erste Erfolge haben sich bereits eingestellt. Von den Massenkorallenbleichen in den Jahren 1998 bis 2002, von der fast 95 % der Korallenstöcke des Riffs betroffen waren, haben sich durch Gegenmaßnahmen beinahe alle Stöcke wieder erholt. Lediglich 5 % des Riffs waren so schwer geschädigt, dass es viele Jahre dauern wird, bis die Wunden wieder verheilt sein werden.

Das einzigartige Korallengebirge des Great Barrier Reef vor der Ostküste Australiens in seiner ganzen Komplexität und Schönheit ist ein äußerst fragiles Ökosystem und Naturparadies. Jede kleinste Störung des sensiblen Systems durch zunehmende Umweltverschmutzung und die globale Erwärmung hat nachhaltige negative Auswirkungen auf das grandiose Korallenriff. Der Schutz und die Aufrechterhaltung dieses wunderbaren Unterwasserparadieses muss uns allen ein wichtiges Anliegen sein.

FAKTEN

*** Flora und Fauna:** 359 Korallenarten, 80 Arten von Weichkorallen, 1500 Schwammarten, 5000 Weichtierarten, 800 Arten von Stachelhäutern, z. B. Seesterne, über 1500 Fischarten, 215 Vogelarten, 6 Meeresschildkrötenarten sowie Dugongs (Seekühe) und Buckelwale.

NEUSEELAND

Milford Sound

IN DER SÜDWESTLICHSTEN ECKE DER SÜDINSEL NEUSEELANDS ERSTRECKT SICH DER MILFORD SOUND. OBWOHL ER SOUND GENANNT WIRD, IST DER MILFORD SOUND KEINE MEERENGE (SUND), SONDERN EIN DURCH GLETSCHERAKTIVITÄT ENTSTANDENER FJORD.

Der berühmte britische Schriftsteller Rudyard Kipling bezeichnete den Milford Sound einmal als das achte Weltwunder. Der Autor war überwältigt von der einzigartigen Schönheit der Natur in diesem letzten Winkel der Erde. Der Fiordland National Park, in dessen Herzen der Milford Sound liegt, besticht durch eine grandiose, wilde und urwüchsige Landschaft.

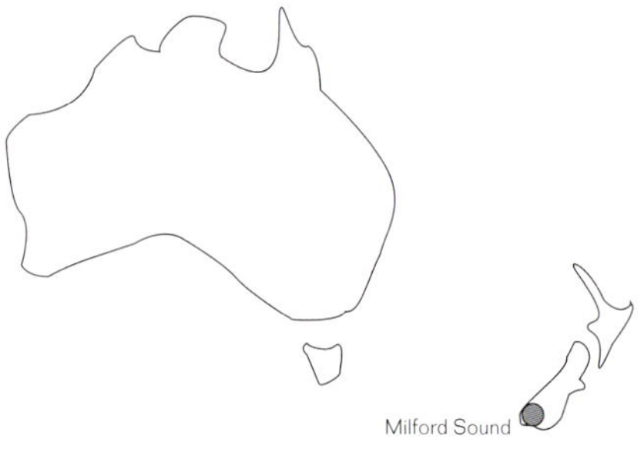

Der Milford Sound ist geologisch betrachtet ein klassischer Fjord. Fjorde entstanden vor Jahrmillionen durch Gletscher, die von ihrem Ursprungsgebiet aus dem Verlauf von Flusstälern Richtung Küste folgten. Dabei gruben sich die Gletscher tief in den felsigen Untergrund ein und schoben Gestein und Felsen vor sich her. Nach dem Abtauen hinterließen die Gletscher tiefe u-förmige Trogtäler, die sich aufgrund des steigenden Meeresspiegels mit Wasser füllten. Der grandiose Milford Sound erstreckt sich von der Küste der Tasmanischen See über 15 km tief ins Landesinnere hinein. Bis 1200 m senkrecht aufragende Granitwände säumen den Sound.

Natur pur! Im Milford Sound zieht Mutter Natur alle Register und besticht durch eine großartige, einzigartige Flora und Fauna. Tropische Regenwälder säumen die steilen Hänge entlang des Sounds. Die Bäume krallen sich mit ihren Wurzeln in den felsigen Unter-

FAKTEN

* **Name:** Mildford Sound
* **Typ:** Fjord, durch Gletscheraktivität entstanden
* **Lage:** Fiordland National Park, Neuseeland
* **Länge:** über 15 km
* **Fläche des Nationalparks:** 1,25 Mio. ha
* **höchste Erhebung:** Mitre Peak, 1692 m
* **Flora und Fauna:** Regenwald, Robben, Pinguine, Tümmler, Haie, zahlreiche Vogelarten, schwarze Korallen

Der 1692 m hohe Mitre Peak spiegelt sich im Milford Sound. Seinen Namen erhielt der Granitblock aufgrund seiner Ähnlichkeit mit einer Bischofsmitra.

grund, der von Moosen und Farnen dicht überwuchert ist. Darüber erheben sich schneebedeckte, vergletscherte Gipfel auf bis zu 1700 m Höhe. Im kristallklaren Wasser spiegelt sich der 1692 m hohe Mitre Peak. Seinen Namen erhielt der eindrucksvolle Granitblock aufgrund seiner markanten Form, die einer Bischofsmütze (Mitra) ähnelt. Überall stürzen große und kleine Wasserfälle die steilen Felswände hinab. Nach Regenfällen bilden sich außerdem zusätzliche Kaskaden, die nicht selten gischtschäumend über 1000 m tief in den Sound stürzen.

Das Wasser des Sounds ist bevölkert von zahlreichen Robben, Pinguinen und Tümmlern. In einem extra für Forscher und Besucher eingerichteten Unterwasserobservatorium – Milford Deep – kann man in die Welt unter der Meeresoberfläche „eintauchen". Angelockt von dem reichlich mit Beutetieren gedeckten Tisch streifen zahlreiche Haiarten durch die Gewässer des Sounds. Faszinierend sind auch die Riffe aus den seltenen schwarzen Korallen. Im Milford Sound finden sie optimale Bedingungen vor und bieten einen großartigen Anblick. Normalerweise trifft man die Gewächse nur in viel tieferen Gewässern an.

Der Milford Sound ist ein Regenloch. Jährlich fallen bis zu 7000 mm Niederschläge pro Quadratmeter. Einmal pro Tag regnet es im Milford Sound: Bis Mittag hält sich eine Schönwetterlage, um die Mittagszeit nimmt die Bewölkung zu und am Nachmittag beginnt es meist wolkenbruchartig zu regnen.

Insgesamt herrschen im Milford Sound kühlere klimatische Bedingungen als im restlichen Neuseeland. In den Monaten von Mai bis August ist es am kältesten. Die wärmste Jahreszeit liegt zwischen November und Februar. Dann bricht die Sonne durch das beinahe undurchdringliche Dickicht des Regenwalds und zaubert fantastische Licht- und Schatteneffekte auf die Hänge und die Wasseroberfläche des Sounds.

Oben: Beinahe scheint es, als würden die Berge aus dem Milford Sound „wachsen".

Links: Wie Schleier umschmiegen Wolken die Hänge des Fjords.

AUSTRALIEN

Opernhaus von Sydney

DAS OPERNHAUS VON SYDNEY – SYDNEY OPERA HOUSE – IST EINES DER BERÜHMTESTEN UND BEMERKENSWERTESTEN BAUWERKE DES 20. JAHRHUNDERTS UND DAS MEISTFOTOGRAFIERTE WAHRZEICHEN DER AUSTRALISCHEN MILLIONENMETROPOLE.

Das Opernhaus am Hafen der australischen Olympiastadt Sydney gilt als eine der großartigsten architektonischen Konstruktionen des letzten Jahrhunderts. Bauwerk und Kunstwerk zugleich. Und wie kaum ein Bauwerk je zuvor erhitzte der kühne Gebäudekomplex die Gemüter. „The Times" bezeichnete die Oper bei ihrer Eröffnung enthusiastisch als „Bauwerk des Jahrhunderts", Kritiker aufgrund der gewagten Dachkonstruktion hingegen höhnisch als „Fußballmannschaft französischer Nonnen". Die Einheimischen nennen „ihre" Oper beinahe liebevoll „Nonnenhauben" oder „offene Auster".

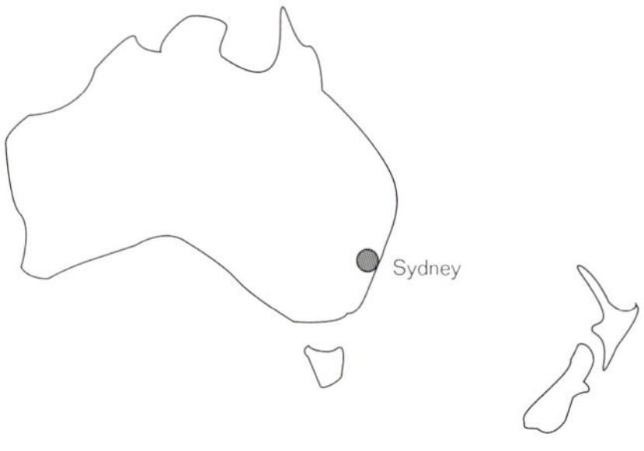

Am 29. Januar 1957 wurde der Entwurf des dänischen Architekten Jörn Utzon unter 223 eingereichten Entwürfen ausgewählt. Zwei Jahre später, am 2. März 1959, wurde der Grundstein für das Opernhaus auf Bennelong Point im Hafen von Sydney gelegt. Für die Fertigstellung des großartigen Bauwerks war eine Bauzeit von drei bis vier Jahren vorgesehen. Die Kalkulation sah Baukosten von rund 3,5 Mio. US-Dollar vor.

Doch schon bald nach Baubeginn war abzusehen, dass weder der Zeit- noch der Kostenrahmen eingehalten werden konnten. Der Bau der gekrümmten Schalen des Daches bereitete den Konstrukteuren enorme technische Probleme. Zudem mussten die Spezial-

Die große Konzerthalle der Oper von Sydney bietet rund 2700 Menschen Platz.

FAKTEN

* **Name:** Sydney Opera House
* **Lage:** Bennelong Point, Sydney, New South Wales, Australien
* **Architekt:** Jörn Utzon
* **Grundsteinlegung:** 2. März 1959
* **erste Vorstellung:** 28. September 1973
* **offizielle Eröffnung:** 20. Oktober 1973
* **Bauzeit:** 14 Jahre
* **Kosten:** 57 Mio. US-Dollar
* **Länge:** 183 m
* **Breite:** 118 m
* **Grundfläche:** 21 500 m²
* **Gewicht:** ca. 160 000 t
* **Innenausstattung:** 5 Theater und Konzertsäle mit insgesamt rund 5500 Plätzen
* **Dach:** Haubenkonstruktion, gedeckt mit über 1 Mio. Keramikfliesen
* **elektrische Kabel:** 645 km

kacheln, mit denen die „Nonnenhauben" gedeckt wurden, bei einem Fachbetrieb in Schweden in einem speziellen Verfahren angefertigt und nach Sydney transportiert werden. Die Baukosten explodierten.

Die für den Bau des Opernhauses verantwortliche Regierung von New South Wales zog die Notbremse, änderte eigenmächtig das Originalkonzept Utzons und beschloss weitreichende Änderungen. Architekt Jörn Utzon sollte seine Pläne überarbeiten. Der Bruch zwischen Geldgebern und Architekt war nicht mehr aufzuhalten, als sich Utzon weigerte, Änderungen und Einsparungen an seinem Bauwerk vorzunehmen. Jörn Utzon verließ Sydney 1966 nach einer weiteren heftigen Auseinandersetzung über die Realisierbarkeit der Dachkonstruktion, des Innenausbaus und deren Finanzierung. Der Architekt zeigte sich unversöhnlich. Die Einladung zur Eröffnung „seiner" Oper schlug Utzon aus.

Die Fertigstellung der Oper von Sydney übernahm ein junges australisches Architektenteam. Die zusätzlich benötigten Finanzmittel wurden von der Regierung von New South Wales durch eine staatliche Lotterie zugunsten des Opernneubaus aufgetrieben. Am 20. Oktober 1973 konnte das Sydney Opera House schließlich feierlich eröffnet werden. Aus den ursprünglich vorgesehenen vier Jahren Bauzeit waren 14 Jahre geworden. Die Baukosten beliefen sich auf über 57 Mio. US-Dollar.

Der Gebäudekomplex des Sydney Opera House ist 183 m lang und 118 m breit. Das gesamte Bauwerk hat eine Grundfläche von über 21 500 m². Seine markante Dachkonstruktion ragt 67 m hoch auf und ist mit 1 Mio. glasierten perlenfarbenen Keramikfliesen verkleidet. Das Opernhaus fußt auf 580 Betonpfeilern, die 25 m tief im Boden verankert wurden. Das gesamte Gebäude wiegt etwa 160 000 t.

Im Inneren des Sydney Opera House befinden sich fünf Theatersäle: Die große Konzerthalle mit rund 2700 Sitzplätzen, das Operntheater mit über 1500 Plätzen, das Drama Theatre mit etwa 550, das Playhouse mit rund 400 und das Studio Theatre mit ca. 365 Sitzplätzen. Insgesamt gibt es im Komplex des Opernhauses annähernd 1000 Räume und Säle. Die Stromversorgung erfolgt über 645 km elektrische Kabel. Finden an einem Abend Aufführungen und Konzerte in allen fünf Häusern statt, verbraucht die Oper von Sydney so viel Strom wie eine Stadt mit 25 000 Einwohnern.

Mitte: Das Dach der Oper ist mit über 1 Mio. Keramikfliesen verkleidet.

Unten: Das Sydney Opera House vor der berühmten Harbour Bridge.

NEUSEELAND

Tongariro-Nationalpark

ES IST DAS ÄLTESTE NATURSCHUTZGEBIET NEUSEELANDS, DER TONGARIRO-NATIONALPARK IM ZENTRUM DER NÖRDLICHEN INSEL. FÜR DIE ZAHLREICHEN BESUCHER IST DER NATURPARK EIN ORT VOLLER GRANDIOSER UND EINZIGARTIGER NATURSCHÖNHEITEN.

Üppige Vegetation hier, wüstenartige Hochebenen dort, glitzernde Seen vor karstigen Lavahängen, imposante schneebedeckte Vulkankegel. Für die Maori, die Ureinwohner Neuseelands, ist es ein mystischer, ein heiliger Ort. Die drei noch immer aktiven Vulkane des Nationalparks Tongariro, Ngauruhoe und Ruapehu sind eng verbunden mit den Mythen der Maori.

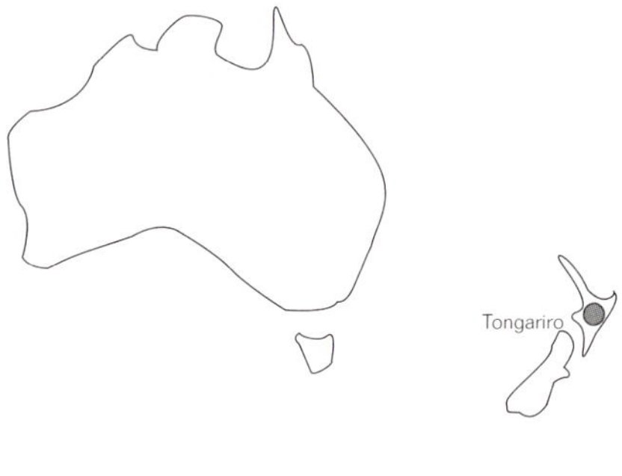

Die Überlieferung berichtet von Häuptling Ngatoroirangi vom Stamm der Tuwharetoa. Um das Land in Besitz nehmen zu können, musste Ngatoroirangi den Berg Tongariro besteigen und auf dessen Gipfel ein Feuer entzünden. Also machte sich der Häuptling, begleitet nur von seiner Sklavin Auruhoe, auf den Weg. Eiseskälte drohte sie zu töten. Da rief Ngatoroirangi seine Schwestern, Priesterinnen auf der weit entfernten Heimatinsel Hawaiki, um Hilfe an. Die Schwestern hörten das Flehen des Verzweifelten und sandten ihm Feuer. Die Erde brach auf und Feuer schoss aus dem Innern der Erde. Aus Ehrfurcht vor dem Gott der Vulkane opferte Ngatoroirangi seine Sklavin Auruhoe. Seither trägt der Vulkan den Namen der Unglücklichen: Ngauruhoe.

Die Nachfahren des Häuptlings Ngatoroirangi leben noch immer im Gebiet rund um den Tongariro. Für die Tuwharetoa ist der Tongariro der heilige Berg.

FAKTEN

✻ Name: Tongariro-Nationalpark

✻ Staat: Neuseeland

✻ Gründung: 1894, ältester Nationalpark Neuseelands

✻ Höhenlage: 500 – 2797 m

✻ höchste Erhebungen: Tongariro (1968 m), Ngauruhoe (2291 m) und Ruapehu (2797 m)

✻ Fläche: 796 km²

✻ Weltnatur- und Weltkulturerbe der UNESCO: seit 1991 bzw. 1993

✻ Maori: Die polynesischen Maori sind das indigene Volk Neuseelands. Ihre Vorfahren sind vermutlich zwischen dem 8. und dem 14. Jh. in mehreren Siedlungswellen, von den Gesellschaftsinseln und den Cookinseln kommend, eingewandert. Sie sprechen die gleichnamige Sprache Maori.

Heißer Dampf strömt aus dem Krater des 2797 m hohen Vulkans Ruapehu, der als der aktivste der drei Vulkane des Parks gilt.

Um die Ausbeutung des Landes durch die Weißen zu unterbinden, griff der weise Oberhäuptling Te Heuheu Tukino IV. zu einem diplomatischen Trick: 1887 schenkte er das Land mit den drei Vulkanen der britischen Krone, verbunden mit der Auflage, dort eine Schutzzone zu schaffen. So wurde das heilige Land der Tuwharetoa zum Kern des heutigen Tongariro-Nationalparks, der 1894 gegründet wurde.

Die drei Vulkanberge Tongariro (1968 m), Ngauruhoe (2291 m) und Ruapehu (2797 m) bilden das Zentrum des Nationalparks. Alle drei Vulkane sind noch aktiv. Der letzte Ausbruch fand am 23. September 1995 statt. Der Druck im Erdinneren entlud sich über den Schlot des Ruapehu. Monatelang schleuderte der Vulkan Asche, Dampf und heiße Lavabrocken heraus. Die Landschaft östlich des Ruapehu wurde dabei in eine Mondlandschaft verwandelt.

Der Tongariro-Nationalpark ist ein rauer und instabiler Lebensraum. Dennoch hat sich eine üppige und artenreiche Pflanzen- und Tierwelt „häuslich" eingerichtet. Die Pflanzen haben sich an die Lebensbedingungen in unterschiedlichen Höhenlagen und Vegetationszonen angepasst. Bis in die schneebedeckten Gipfelregionen der drei Vulkane hinauf findet man Schneesteineiben, Grünsträucher, Rispengräser und Flechten. In den üppigen Wäldern leben 56 verschiedene Vogelarten. Darunter auch das äußerst scheue Wappentier Neuseelands, der Kiwi. Auch die beiden einzigen Säugetierarten Neuseelands sind auf den Vulkanhängen anzutreffen: die Kleine Neuseelandfledermaus und die neuseeländische Vertreterin der Glattnasenfledermäuse. Eine Bedrohung für die einheimischen Tiere und das Ökosystem im Tongariro-Nationalpark sind die eingeführten Tiere. Ratten, Hermelin und verwilderte Hauskatzen setzen dem Bestand der endemischen Tierarten schwer zu. Wildkaninchen und Rotwild belasten die Flora nachhaltig.

Oben: Der Ngauruhoe erhebt sich 2291 m hoch aus den sanften Hügeln des Tongariro-Nationalparks.

Links: Der Ngauruhoe ist der dritte aktive Vulkan im Tongariro-Nationalpark.

AUSTRALIEN

Uluru

DER ULURU IST BESSER BEKANNT UNTER DEM NAMEN AYERS ROCK. EIN RIESIGER MONOLITH AUS ROTEM SANDSTEIN, DER SICH WIE DER RÜCKEN EINES GESTRANDETEN „ROTEN WALS“ AUS DER KARGEN STEPPE DES AUSTRALISCHEN OUTBACKS ERHEBT.

Tief zerfurcht erzählt er schon von weitem sichtbar die Geschichte eines Millionen Jahre langen Daseins. Zusammen mit den Felsen von Kata Tjuta („viele Köpfe“) bildet der Monolith seit 1977 den Uluru-Kata-Tjuta-Nationalpark. 1985 gab die australische Regierung den zweitgrößten Monolithen der Erde und das umliegende Gebiet mit den Kata Tjuta offiziell an die Ureinwohner zurück. Anangu, so nennen sich die Aborigines hier im Northern Territory. Für sie ist das Gebiet des Nationalparks heiliges Land. Hier, so glauben die Ureinwohner Australiens, entstand vor langer, langer Zeit alles Leben.

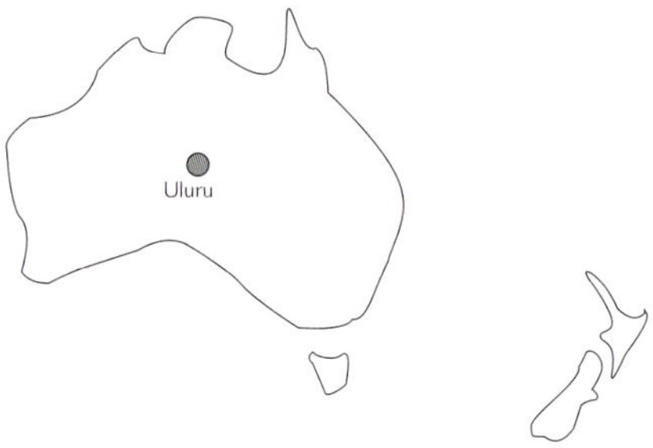

Allein seine unglaubliche Größe macht den Uluru zu einem geografischen Wunder. Der rote Sandsteinmonolith ragt 348 m aus dem Boden heraus. Der Gipfel des Uluru liegt 869 m über dem Meeresspiegel. Der größte Teil des Felsens liegt unter der Erdoberfläche – bis zu 6000 m tief! Der sichtbare Teil ist etwa 3,4 km lang und bis zu 2 km breit. Der Umfang des Uluru beträgt gut 9 km. Er ist vor ca. 600 Mio. Jahren entstanden. Der rostrote Arkose-Sandstein bildete sich im Erdinneren unter enormem Druck. Schlamm- und Geröllmassen wurden zusammengepresst und schließlich durch tektonische Bewegungen an die Erdoberfläche geschoben. Gigantische Urkräfte müssen dabei am Werk gewesen sein.

Rechts: Ein Blitz taucht den Uluru in ein geheimnisvolles Licht.

Unten: Die Kata Tjuta, 36 Felsköpfe aus Granit, Gneis und Vulkangestein.

Etwa 50 km vom Uluru entfernt erheben sich 36 Felsen wie Inseln aus dem dürren Boden, die Kata Tjuta. In der Sprache der Anangu bedeutet der Name „viele Köpfe". Der erste Europäer, der bis in diese entlegene und unwirtliche Region vorstieß, war der englische Entdecker Ernest Giles. Er nannte die Felsformationen kurzerhand „The Olgas", zu Ehren von Königin Olga von Württemberg, einer erklärten Förderin von Wissenschaft und Forschung im 19. Jahrhundert. Die Kata Tjuta sind deutlich jünger als ihr Nachbar Uluru. Sie entstanden vor etwa 300 Mio. Jahren aus Schichten von versteinerten Ablagerungen. Das grobkörnige Gemisch aus Granit, Gneis und Vulkangestein wurde über die Zeit hinweg von der Erosion geformt.

Für die Anangu ist das Gebiet des Nationalparks heiliges Land, der Uluru und die Kata Tjuta heilige Orte. Vor sehr langer Zeit, so erzählt die Legende, zog Kuniya (Kuhni-ya), die Python-Schlangenfrau, nach Uluru, um dort ihre Eier zu legen. Hier erfuhr sie, dass ihr Neffe von den giftigen Liru-Schlangen getötet worden war. Um Rache zu nehmen, zog sie nach Mutitjulu, wo sie auf einen der Liru-Männer traf. Kuniya beschwor ihre Macht mit einem Tanz, doch der Liru lachte sie nur aus. Da nahm sie eine Hand voll Sand und warf ihn wütend zu Boden. Dort wo der Sand landete, wurden alle Pflanzen und Bäume giftig. Doch der Liru-Mann lachte weiter. Da nahm Kuniya ihren Grabstock (Wana) und schlug dem Liru-Mann auf den Kopf. Ihre Wut war so groß, dass sie ihn ein zweites Mal schlug und den Liru dabei tötete. Die tiefen Schnitte, die Kuniya dem Liru-Mann zufügte, sind noch heute auf dem Fels zu sehen. Kuniya und ihr Neffe verwandelten sich in Regenbogenschlangen. Bis zum heutigen Tage leben sie in Mutitjulu und wachen über die Anangu.

Die Anangu glauben, dass alles Leben seinen Ursprung in der Schöpfungsperiode (Tjukurpa) hat. Damals hielten die „Spirit-Vorfahren" in der Inkarnation von Menschen und Tieren Einzug in das Land. Einige „Spirit-Vorfahren" kamen als riesige Schlangen aus dem Schoß der Erde gekrochen. Sie arbeiteten sich an die Erdoberfläche und formten die Landschaft. Die „Spirit-Vorfahren" formulierten die Gesetze, die für die Anangu auch heute noch ihre Gültigkeit haben. Die uralten Legenden und überlieferten Geschichten sind für die Anangu auch heute noch Grundlage ihrer Kultur. In diesen Überlieferungen liegen die Antworten auf alle universellen Fragen: die Entstehung des Lebens und des Universums und die Naturgesetze, die Beziehungen zwischen den Geschlechtern, das Leben, den Tod und das Leben danach.

FAKTEN

* **Name:** Uluru (Ayers Rock)
* **Länge:** 3,4 km
* **Breite:** max. 2 km
* **Umfang:** ca. 9 km
* **Höhe:** 348 m sichtbar; ca. 6000 m unter der Erdoberfläche
* **Höhe über NN:** 869 m
* **Alter:** ca. 600 Mio. Jahre
* **Material:** roter Arkose-Sandstein
* **Weltnatur- und Weltkulturerbe der UNESCO:** seit 1987

Als global könnte man die Wunder auf der abschließenden Etappe unserer wunderbaren Tour rund um den Blauen Planeten bezeichnen. Ewiges Eis im sensiblen Ökosystem der Antarktis, faszinierende Lichterscheinungen über den Erdpolen, die durch Eruptionen auf der Sonne verursacht werden, oder ein modernes Hightech-Wunder in den – beinahe – unendlichen Weiten der Erdatmosphäre.

SPEZIAL

ANTARKTIS

Antarktis

EWIGES EIS, EISIGE WINDE, GEWALTIGE STÜRME: DIE ANTARKTIS. DER SÜDLICHSTE KONTINENT AUF UNSEREM PLANETEN IST IN JEDER HINSICHT EIN EXTREMFALL. DIE ANTARKTIS IST DIE KÄLTESTE, NIEDERSCHLAGSÄRMSTE UND WINDIGSTE REGION DER ERDE.

Weit abgelegen von den Welthandelsrouten ist der antarktische Kontinent von der Kolonialisierung des 19. und frühen 20. Jahrhunderts verschont geblieben. Erst im Jahr 1820 wurde der eisige Kontinent entdeckt: Als Erster sichtete wahrscheinlich Kapitän Fabian von Bellingshausen von der russischen Marine am 16. Januar 1820 die Küste der Antarktis. Die erste Landung fand am 7. Februar 1821 durch den amerikanischen Robbenjäger John Davis statt.

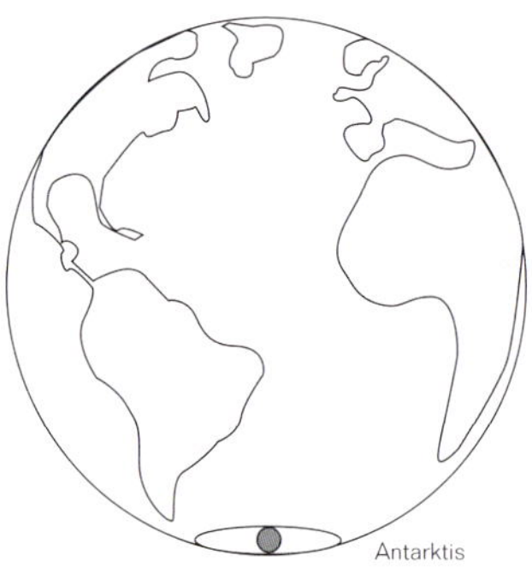

Die Eroberung der Antarktis begann jedoch erst ab dem Jahr 1895. Ein internationaler Kongress in London forderte die Wissenschaftler in allen Ländern auf, die Antarktis zu erforschen. Die folgenden Jahre standen im Zeichen der ersten Antarktisexpeditionen: Die Expedition des Engländers Robert F. Scott (1901–1904) näherte sich dem Südpol bis auf 480 Meilen. Die erste deutsche Antarktisexpedition unter Leitung von Erich von Drygalski (1901–1903) entdeckte Kaiser-Wilhelm-Land und den Gaussberg. Und die Expedition des Iren Ernest H. Shackleton (1907–1909) wurde 97 Meilen vor dem Südpol zur Umkehr gezwungen. Erst am 14. Dezember 1911 gewann der Norweger Roald Amundsen das Rennen zum Südpol gegen seinen Konkurrenten Robert F. Scott und erreichte als Erster den geografischen Südpol. Einen Monat später er-

FAKTEN

* **Entdeckung:** 16. Januar 1820
* **Fläche:** 52 Mio. km^2
* **höchster Punkt:** Mount Vinson, 5140 m
* **tiefster Punkt:** Bentleygraben, 2538 m unter NN
* Rund 90 % des Kontinents sind ständig vereist.
* Die Antarktis beherbergt ca. 75 % der Süßwasserreserven der Welt.
* **kälteste je gemessene Temperatur:** –89,2 °C (Wostok-Station)
* **höchste Windgeschwindigkeit:** 327 km/h (Dumont-d'Urville-Station)
* **Anzahl der Forschungsstationen:** 82, davon 37 ganzjährig besetzt
* **Anzahl der Bewohner:** ca. 1000 bis 4000, je nach Jahreszeit
* **Bevölkerungsdichte:** 0,0001 bis 0,0003 Einwohner/km^2

Eisig und unwirtlich. Und dennoch: In den nahrungsreichen Gewässern vor der Küste der Antarktis tummeln sich zahlreiche Tierarten.

reichte Scott den Pol. Er und sein Team kamen beim Rückweg in einem verheerenden Schneesturm ums Leben.

Am 1. Dezember 1959 wurde der Antarktisvertrag von 44 Nationen ratifiziert. Der Vertrag stellt die Antarktis unter internationalen Schutz und verbietet die wirtschaftliche Ausbeutung und militärische Nutzung. In der Antarktis lagern unermessliche Bodenschätze. So wurden dort u. a. rund 45 Mrd. Barrel Erdöl, 115 Billionen m^3 Erdgas, Kohle-, Titan-, Eisen- und Kupfererzvorkommen sowie Uranlagerstätten entdeckt. Zudem wurden Platin und Gold gefunden. Im Jahr 2041 läuft der Vertrag aus. Ob er verlängert wird, ist bislang ungewiss.

Die Antarktis ist ein klimatischer Extremfall. Die jährliche Durchschnittstemperatur über dem Inland liegt bei –55 °C. Auf dem zentralen Plateau wurde am 21. Juli 1983 die tiefste jemals auf der Erde in der freien Natur gemessene Temperatur von –89,2 °C registriert! Niederschläge fallen bei den vorherrschenden Temperaturen in der Regel als Schnee. Im Jahresdurchschnitt beträgt die Niederschlagsmenge im Inneren des Erdteils lediglich 40 l/m^2. Nach rein niederschlagsorientierter Definition ist dieses Gebiet eine Wüste – und zwar die größte der Welt. Berüchtigt sind die Stürme, die die Antarktis vor allem in den Wintermonaten – Juni bis August – heimsuchen. Im Juli 1972 wurde eine Windgeschwindigkeit von 327 km/h (91 m/s) gemessen – Weltrekord.

Wissenschaftler und Pinguine sind die einzigen ständigen Bewohner. Bis zu 4000 Forscher aus aller Welt halten sich in der Antarktis auf. Sie teilen sich den unwirtlichen Lebensraum mit den „Ureinwohnern", den Pinguinen. Die Küstengewässer mit ihren riesigen Krillschwärmen locken Robben, Seevögel, Kalmare und Wale an, die hier Nahrung und einen – beinahe – unberührten Lebensraum vorfinden.

Oben: Antarktische „Ureinwohner": Kaiser- und Adeliepinguine.

Links: Die US-amerikanische Forschungsstation in der Antarktis.

WELTALL

ISS

DER BAU DER RAUMSTATION ISS (INTERNATIONAL SPACE STATION) IST DAS GRÖSSTE ZIVILE INTERNATIONALE PROJEKT DER MENSCHHEITSGESCHICHTE. AN DEM PROJEKT BETEILIGEN SICH DIE NASA, RUSSLAND, JAPAN, KANADA, BRASILIEN UND DIE ESA.

Vor nicht einmal 40 Jahren betrat mit dem amerikanischen Astronaut Neil Armstrong erstmals ein Mensch die Oberfläche des Mondes. Am 21. Juli 1969 um 03:56:20 Uhr (nach MEZ) sprach er den weltberühmt gewordenen Satz: „Dies ist ein kleiner Schritt für (einen) Menschen, aber ein großer Sprung für die Menschheit." Die Erforschung und Eroberung des Weltraums ist eine der größten und spannendsten Herausforderungen für die Völker der Erde. Das bislang größte Abenteuer in der Geschichte der Raumfahrt ist der Bau der Internationalen Raumstation ISS.

Bereits im Jahr 1984 kündigte die US-Regierung ein Programm für den Bau einer Raumstation an. Kostenexplosionen bereits in der Konzept- und Planungsphase verzögerten das Projekt immer wieder. Erst nach Beendigung des Kalten Krieges nahm das Projekt Raumstation konkrete Formen an. 1993 schloss sich Russland der internationalen Kooperation für den Bau der ISS an. Bereits seit 1986 hatten die Sowjets mit dem Bau einer eigenen Raumstation, der MIR (Frieden), begonnen. Ihr Know-how und ihre Erfahrung waren für das Projekt ISS unverzichtbar und äußerst wertvoll.

1998 fiel der Startschuss für den Bau der ISS. Zunächst mussten die technischen Voraussetzungen

Rechts: Am 3. Dezember 2005 fotografierte die Besatzung der ISS den Hurrikan Epsilon über dem Atlantik.

Unten: Die sowjetische Raumstation MIR wurde am 23. März 2003 kontrolliert zerstört.

für eine reibungslose Zusammenarbeit geschaffen werden. Das amerikanische Spaceshuttle unternahm dazu mehrere Flüge zur russischen Raumstation MIR und führte u. a. Andockmanöver durch. Am 20. November 1998 wurde das erste Bauteil der ISS, ein Fracht- und Kontrollmodul, in 350 km Höhe im All „installiert". Es folgte noch im selben Jahr ein Verbindungsstück, woran am 12. Juli 2000 das russische Wohnmodul „Swesda" angedockt wurde. Vom November 2000 bis zum April 2003 war die im Bau befindliche ISS ständig von einer internationalen dreiköpfigen Crew besetzt. Die ISS-Teams verbringen fünf bis sieben Monate im Weltall, dann erfolgt die Ablösung durch eine neue Crew. Nach dem Columbia-Unglück am 1. Februar 2003 musste die ständige Besatzung der ISS aus Versorgungsgründen auf zwei Personen reduziert werden.

Das Spaceshuttle-Unglück hatte spürbare Auswirkungen auf den Fortgang des Ausbaus der ISS. Die Bauarbeiten wurden zunächst eingestellt. Lediglich russische Sojus und Progress übernahmen bis 2005 eine Reihe von Versorgungs- und Transportflügen zur Baustelle im All. Seit dem 26. Juli 2005 beteiligt sich auch die NASA mit Spaceshuttle-Einsätzen an der Versorgung und am weiteren Ausbau der ISS. Bis zum Jahr 2009 sollen weitere zwölf Module an der internationalen Station installiert werden. Aufgrund zahlreicher technischer Probleme und explodierender Kosten hat sich der Ausbau der ISS immer wieder verzögert. Längst geben die Kooperationspartner keine Zeitpläne mehr für die Fertigstellung des gigantischen Projekts bekannt. Experten gehen davon aus, dass die ISS frühestens im Jahr 2010 vollendet sein wird.

In fertigem Zustand wird die ISS gigantische Ausmaße besitzen. Sie wird ungefähr die Größe eines Fußballfeldes erreichen. Die Spannweite der Solargitter wird 107 m betragen, die Gesamtlänge der Station 80 m und ihr Gesamtgewicht 450 t. Sie ist damit die größte Raumstation, die bislang gebaut wurde. Bisher sind allerdings erst rund 40 % der ISS installiert. Doch bereits heute ist die Station das größte und leuchtstärkste künstliche Objekt im Erdorbit. Nach ihrer Fertigstellung wird die ISS nachts von der Erde aus mit bloßem Auge als hellstes Objekt am Nachthimmel sichtbar sein.

Die Kosten für den Bau des fantastischen Projekts sind bislang nicht abzuschätzen. Ging die NASA in der ersten Planungsphase noch von einem Gesamtbetrag von rund 40 Mrd. US-Dollar aus, so musste diese Kalkulation schon sehr bald deutlich nach oben korrigiert werden. Das Deutsche Zentrum für Luft- und Raumfahrt (DLR) schätzt die Gesamtkosten auf mehr als 100 Mrd. US-Dollar.

FAKTEN

* **Baubeginn:** 1998
* **Spannweite:** 108,6 m
* **Länge:** 79,9 m
* **Tiefe:** 88 m
* **Rauminhalt:** 1140 m³
* **Masse:** ca. 450 t
* **Umlaufbahn:** ca. 350 – 450 km über NN
* **Bahnneigung:** 51,6°
* **Erdumlauf:** 90 min
* **Relativgeschwindigkeit:** 29000 km/h
* **elektrische Leistung:** 110 kW
* **Solarzellenfläche:** 4500 m²
* **ständige Besatzung:** 3 Personen (2000 – 2003), 2 Personen (seit April 2003)
* **Flüge zur ISS:** 28 (Stand: Juli 2006)

POLE

Polarlichter

DIE ERSTEN BERICHTE ÜBER POLARLICHTER SIND ÜBER 2000 JAHRE ALT. ZAHLREICHE NATURVÖLKER SAHEN IN IHNEN BOTSCHAFTEN VON GÖTTERN UND GEISTERN. IM MITTELALTERLICHEN EUROPA GALTEN SIE ALS VORBOTEN KOMMENDEN UNHEILS.

Polarlichter sind Leuchterscheinungen am Himmel, die durch Partikel des Sonnenwinds beim Aufprall auf die Erdatmosphäre hervorgerufen werden. Sie treten vor allem in den Polarregionen auf. Je weiter man sich dem Äquator nähert, desto weiter sinkt die Wahrscheinlichkeit, ein Polarlicht am Himmel wahrnehmen zu können. In den mittleren Breiten Europas sind Polarlichter eher selten.

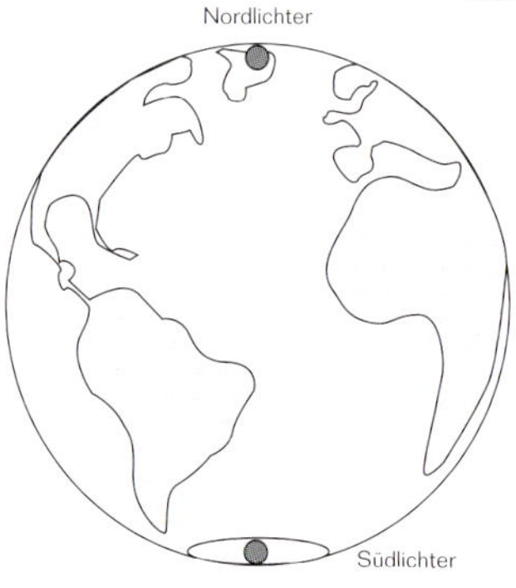

Die Leuchterscheinungen entstehen aus dem Wechselspiel von Sonne und Erde. Finden auf der Sonne Eruptionen statt, werden zum Teil heftige Partikelstürme (Korpuskularstrahlen), so genannte Sonnenwinde, ausgelöst. Die Partikel, in der Regel Elektronen, Protonen, schwere Alpha-Teilchen und Ionen, prallen schließlich auf die oberen Schichten der Erdatmosphäre, werden vom Magnetfeld der Erde zu den Polen hin abgelenkt und regen auf ihrem weiteren Weg Richtung Erde die Luftmoleküle zum Leuchten an. Für gewöhnlich treten die Leuchterscheinungen in einer Höhe zwischen 65 und 400 km auf.

Ihren Namen verdanken die Himmelslichter der Tatsache, dass sie hauptsächlich in den Polarregionen auftreten. Die Sonnenwindpartikelchen bewegen sich mit einer ungeheuren Geschwindigkeit auf die Erde zu: Sie sind bis zu 3 Mio. km/h schnell! Treffen sie auf die Erdatmosphäre, werden sie entlang der Magnet-

Ein gleißender Lichtstrahl über der Wildnis Alaskas.

FAKTEN

* **Name:** Polarlichter (Aurora borealis und Aurora australis)
* **Auftreten:** meist in den Polarregionen
* **Höhe:** 65 bis 400 km über NN
* **Geschwindigkeit:** ca. 3 Mio. km/h
* **Dichte:** 5 x 10^6 Teilchen/m^3
* **Entfernung Erde/Sonne:** 150 Mio. km
* **Dauer, bis die Korpuskularstrahlen auf die Erdatmosphäre treffen:** 2 bis 4 Tage

feldlinien zu den Polen gelenkt. Dort verläuft das Magnetfeld senkrecht zur Erdoberfläche und die Teilchen können in die Atmosphäre eintreten. Die Partikel benötigen für ihre Reise von der Sonne zur Erde – ca. 150 Mio. km – etwa zwei bis vier Tage. Polarlichter können sowohl in der nördlichen Polarregion als auch in der südlichen auftreten. In nördlichen Breiten bezeichnet man sie entsprechend als Nordlichter (Aurora borealis), auf der Südhalbkugel als Südlichter (Aurora australis).

Häufigkeit und Helligkeit der Polarlichter hängen von der Stärke des Sonnenwindes ab, der sich wiederum nach der Sonnenaktivität richtet. Ein Aktivitätszyklus (Sonnenfleckenzyklus) der Sonne dauert etwa elf Jahre. Je stärker die Sonnenaktivität, desto häufiger treten Polarlichter am Himmel auf. Während der Aktivitätsmaxima der Sonnen können Polarlichter auch in Mitteleuropa beobachtet werden.

Die Identifizierung eines Polarlichtes ist relativ einfach. Polarlichter sind aktiv. Das bedeutet, sie gehören nicht einfach zu den Gestirnen – Sternbilder, Milchstraße etc. –, die bei guter Sicht auf das Firmament immer zu beobachten sind, sondern treten einmalig am Himmel auf und sind stets unterschiedlich in Form, Farbe und Intensität.

Polarlichter haben immer wieder wechselnde Formen und Farben. Mal sind sie als markante, exakt abgegrenzte Flächen, mal als auffälliger Lichtbogen über dem Horizont, mal als leuchtende Strahlen am Nachthimmel bemerkbar. Auch ihr Farbenspiel umfasst das gesamte Lichtspektrum. So entstehen grün leuchtende Polarlichter durch Sauerstoffatome, die in über 100 km Höhe von den Korpuskularstrahlen aktiviert werden. Rot scheinen die Lichtspiele, wenn die Sauerstoffatome in etwa 200 km Höhe angeregt werden. Stickstoffatome erzeugen ein violettes Licht.

Naturvölker im Norden Amerikas, Europas und Asiens deuteten die Lichterscheinungen als Botschaften von Göttern und Geistern. Die Menschen des Mittelalters sahen in ihnen Vorboten kommenden Unheils. Die kriegerischen Bewohner Skandinaviens, die Wikinger, sahen in den Lichterscheinungen ein göttliches Zeichen dafür, dass irgendwo auf der Welt eine große, ruhmreiche Schlacht geschlagen worden war. Ihrer Vorstellung nach geleiteten die Botinnen Odins, die Walküren, nach jeder Schlacht die getöteten Helden über den Himmel nach Walhall, um ihnen dort ihren Platz an Odins Tafel zuzuweisen.

Mitte: Aurora borealis über Mitteleuropa.

Unten: Fantastische Farben und Formen machen Polarlichter zu einem einzigartigen Naturschauspiel.

Ein gleißender Lichtstrahl über der Wildnis Alaskas.

FAKTEN

* **Name:** Polarlichter (Aurora borealis und Aurora australis)
* **Auftreten:** meist in den Polarregionen
* **Höhe:** 65 bis 400 km über NN
* **Geschwindigkeit:** ca. 3 Mio. km/h
* **Dichte:** 5×10^6 Teilchen/m^3
* **Entfernung Erde/Sonne:** 150 Mio. km
* **Dauer, bis die Korpuskularstrahlen auf die Erdatmosphäre treffen:** 2 bis 4 Tage

feldlinien zu den Polen gelenkt. Dort verläuft das Magnetfeld senkrecht zur Erdoberfläche und die Teilchen können in die Atmosphäre eintreten. Die Partikel benötigen für ihre Reise von der Sonne zur Erde – ca. 150 Mio. km – etwa zwei bis vier Tage. Polarlichter können sowohl in der nördlichen Polarregion als auch in der südlichen auftreten. In nördlichen Breiten bezeichnet man sie entsprechend als Nordlichter (Aurora borealis), auf der Südhalbkugel als Südlichter (Aurora australis).

Häufigkeit und Helligkeit der Polarlichter hängen von der Stärke des Sonnenwindes ab, der sich wiederum nach der Sonnenaktivität richtet. Ein Aktivitätszyklus (Sonnenfleckenzyklus) der Sonne dauert etwa elf Jahre. Je stärker die Sonnenaktivität, desto häufiger treten Polarlichter am Himmel auf. Während der Aktivitätsmaxima der Sonnen können Polarlichter auch in Mitteleuropa beobachtet werden.

Die Identifizierung eines Polarlichtes ist relativ einfach. Polarlichter sind aktiv. Das bedeutet, sie gehören nicht einfach zu den Gestirnen – Sternbilder, Milchstraße etc. –, die bei guter Sicht auf das Firmament immer zu beobachten sind, sondern treten einmalig am Himmel auf und sind stets unterschiedlich in Form, Farbe und Intensität.

Polarlichter haben immer wieder wechselnde Formen und Farben. Mal sind sie als markante, exakt abgegrenzte Flächen, mal als auffälliger Lichtbogen über dem Horizont, mal als leuchtende Strahlen am Nachthimmel bemerkbar. Auch ihr Farbenspiel umfasst das gesamte Lichtspektrum. So entstehen grün leuchtende Polarlichter durch Sauerstoffatome, die in über 100 km Höhe von den Korpuskularstrahlen aktiviert werden. Rot scheinen die Lichtspiele, wenn die Sauerstoffatome in etwa 200 km Höhe angeregt werden. Stickstoffatome erzeugen ein violettes Licht.

Naturvölker im Norden Amerikas, Europas und Asiens deuteten die Lichterscheinungen als Botschaften von Göttern und Geistern. Die Menschen des Mittelalters sahen in ihnen Vorboten kommenden Unheils. Die kriegerischen Bewohner Skandinaviens, die Wikinger, sahen in den Lichterscheinungen ein göttliches Zeichen dafür, dass irgendwo auf der Welt eine große, ruhmreiche Schlacht geschlagen worden war. Ihrer Vorstellung nach geleiteten die Botinnen Odins, die Walküren, nach jeder Schlacht die getöteten Helden über den Himmel nach Walhall, um ihnen dort ihren Platz an Odins Tafel zuzuweisen.

Mitte: Aurora borealis über Mitteleuropa.

Unten: Fantastische Farben und Formen machen Polarlichter zu einem einzigartigen Naturschauspiel.

Bildnachweis

© Corbis: Peter Adams 152; Theo Allofs 34, 189 u. r., 220; Paul Almasy 115 M.; S. Andreas 113 u., Roger Antrobus 147 o.; Archivo Iconografico 110, 141 o. r.; Bjorn Backe 233 u. 4. v. l., 239 o., 239 u.; David Ball 143 u. l., 218 u. 2. v. l., 222; Gaetano Barone 120; Dave Bartruff 111 o., 207 u.; Tom Bean 201 u. l., 207 o. l., 207 o. r.; Remi Benali 64, 65 u. r.; Bettmann 47 o., 109 o., 133 u., 191 M., 203 u. r.; Jonathan Blair 30, 154; Tibor Bognár 135 u. r., 187 o. l., 219 u. 5. v. l., 229 u. l.; John Brecher 19 o.; Richard Broadwell 201 o.; Jan Butchofsky-Houser 53 M.; David Butow 203 u. l.; Charles Philip Cangialosi 195 u. l.; Christie's Images 55 u.; Elio Ciol 130; L. Clarke 219 u. 4. v. l., 226, 227 M.; Claudius 33 o. l.; Ralph A. Clevenger 223 u.; Brandon D. Cole 223 o. l.; Sheldan Collins 99 M.; Dean Conger 31 u. l., 31 u. r., 102; W. Perry Conway 193 o.; Joel Creed 169 u.; Marco Cristofori 126; Fridmar Damm 10, 65 o., 77 o.; James Davis 164, 169 M.; Tim Davis 165 o. r., 232 u. 2. v. l., 235 u. r.; Dennis Degnan 144, 145 u.; Ric Ergenbright 125 u., 127 o.; Robert Essel 41 u. l.; Macduff Everton 163 M., 229 u. r.; Eye Ubiquitous 8 u. 2. v. l., 21 o., 173 o.; Randy Faris 181 o.; Kevin Fleming 194; David Forman 88; Owen Franken 63 M., 167 u. l.; Free Agents Limited 55 o. r., 103 o., 103 u. r., 115 o., 135 u. l., 197 u., 209 u. l.; Michael Freeman 71 M., 71 u., 99 o., 99 u., 171 o. r.; Franz Marc Frei 193 u. l., 195 o.; Stephen Frink 81 o. r., 221 o. l.; Arvind Garg 161 u. l.; Mark E. Gibson 163 u.; S. P. Gillette 85 u.; Todd Gipstein 101 o. l., 101 o. r.; Richard Glover 5 o., 198; Farrell Grehan 192; Annie Griffiths Belt 73 o. l., 73 u.; Darrell Gulin 213 o. r.; Karl-Heinz Haenel 133 M., 224; Derek Hall 183 o. l.; Richard Hamilton Smith 239 M.; Robert Harding 51 u. l., 89 o. l., 125 o. l.; Paul Hardy 123 o.; Roger De La Harpe 36; Blaine Harrington III 204, 206; Thomas Hartwell 31 o.; Martin Harvey 8 u. 1. v. l., 12, 13 u. l., 21 u.; Jason Hawkes 150; Dallas and John Heaton 53 o., 57 u. l., 60; Lindsay Hebberd 78, 79 o., 91 M.; Chris Hellier 69, 116, 117 o., 117 u. l., 117 u. r.; John Heseltine 132, 151 o.; Jon Hicks 71 o., 93 u. l.; Historical Picture Archive 83 u. r.; Robert Holmes 212; Angelo Hornak 180; Eric and David Hosking 211 u.; Dave G. Houser 127 M., 171 o. l.; Rob Howard 94; Hulton-Deutsch Collection 37 o.; Hanan Isachar 72, 74, 75 o. l.; Ladislav Janicek 106/107, 108, 225 u. r.; Gavriel Jecan 13 u. r.; Lalage Johnstone 188, 189 o.; Dean Francis Joseph 138, 139 o., 139 u. l., 139 u. r.; Ray Juno 107 u. 5. v. l., 148; Wolfgang Kaehler 29 M., 61 u., 91 o., 111 u. l., 131 u. r., 155 o., 175 u.; Catherine Karnow 62, 63 o.; Karen Kasmauski 55 o. l.; Steve Kaufman 158/159 u. 3. v. l., 178, 179 u. l.; Richard Klune 106 u. 1. v. l., 119 u.; Earl & Nazima Kowall 54; Frank Krahmer 179 u. r., 213 u.; Wilfried Krecichwost 225 u. l.; Bob Krist 142, 153 o. r.; Simon Kwong 96; Otto Lang 50; Mark Laricchia 231 o. r.; Patrice Latron 86, 87 o.; Lester Lefkowitz 205 o., 205 u. l., 205 u. r.; Danny Lehman 66, 177 u.; Frans Lemmens 27 o. r., 158 u. 1. v. l., 170; Charles & Josette Lenars 43 u., 52, 53 u., 79 M., 61 o. l., 119 o. l., 163 o., 183 o. r., 183 u.; Francois Lenoir 119 o. r.; Michael S. Lewis 85 M.; Liu Liqun 58, 59 u. r.; Chris Lisle 42; Massimo Listri 49 M., 115 u., 157 u. l.; Craig Lovell 171 u.; Benjamin Lowy 25 o. l., 25 o. r., 25 u.; Araldo de Luca 133 o., 141 o. l., 143 u. r.; Frank Lukasseck 201 u. r.; Ludovic Maisant 13 o., 49 o.; Lawrence Manning 17 o. l., 69 o. l.; William Manning 145 M., 155 M., 155 u.; Gunter Marx 184/185 u. 3. v. l., 200; Massimo Mastrorillo 218/219; Michael St. Maur Sheil 125 o. r.; Wally McNamee 104; Mike McQueen 105 o.; Manfred Mehlig 87 u. r.; John and Lisa Merrill 4, 141 u.; Hans Peter Merten 149 u.; Gail Mooney 196; Kevin R. Morris 43 o., 43 M.; David Muench 189 u. l.; Francoise de Mulder 46, 47 u. r.; Amos Nachoum 218 u. 1. v. l., 221 o. r.; NASA 165 o. l., 176, 233 u. 5. v. l., 232/233 u. 3. v. l., 236, 237 o. l., 237 o. r., 238; Tom Nebbia 28; Michael Nicholson 35 o. l., 73 o. r.; Kazuyoshi Nomachi 8/9, 19 u. l., 27 o. l., 27 u., 82, 83 o., 143 o.; John D. Norman 21 M.; Richard T. Nowitz 23 u. l., 75 u., 174; Charles O'Rear 109 u. l., 134, 199 u., 211 M.; Diego Lezama Orezzoli 98; Gianni Dagli Orti 47 u. l., 111 u. r., 181 u.; Douglas Peebles 215 o. l., 215 o. r.; Paul C. Pet 35 u., 182; Sergio Pitamitz 20, 93 u. r.; José F. Poblete 89 u.; Louie Psihoyos 97 o., 97 u. l., 97 u. r., 122; Carl & Ann Purcell 18; Jose Fuste Raga 6/7, 8/9 u. 3. v. l., 11 o. r., 11 u., 15 o., 26, 35 o. r., 38/39, 76, 77 u. l., 77 u. r., 91 u., 93 o., 106/107 u. 3. v. l., 118, 145 o., 156, 177 o. l., 187 u., 216, 218/219 u. 3. v. l., 225 o.; Chris Rainier 11 o. l.; J. Ramid 160; James Randklev 210, 217 u. r., 232/233; Vittoriano Rastelli 140; Carmen Redondo 17 u., 33 o. r., 90; Roger Ressmeyer 22, 214, 158/159, 199 o., 237 u.; David Samuel Robbins 95 u., 146; Fulvio Roiter 181 M.; Bill Ross 157 u. r., 217 o.; Guenter Rossenbach 16, 128, 129 u. r., 131 o., 149 o. r.; Charles E. Rotkin 191 u.; Galen Rowell 84, 95 o. l., 193 u. r., 195 u. r., 217 u. l., 235 u. l.; S P 63 u.; Sakamoto Photo 70; Kevin Schafer 159 u. 5. v. l., 167 o., 173 u. r., 175 M.; Alan Schein 184 u. 2. v. l., 190, 191 o.; Michael T. Sedam 213 o. l.; ML Sinibaldi 45 u.; H. Sitton 57 u. r.; Joseph Sohm 208, 209 u. r.; Paul A. Souders 51 o., 59 o., 59 u. l., 109 u. r., 121 M., 136, 137 u., 153 o. l., 177 o. r., 221 u., 231 u., 235 o.; Roman Soumar 45 o. l.; Jon Sparks 228, 229 o.; James Sparshatt 147 u. r.; Herbert Spichtinger 37 u., 69 u., 121 u., 199 M., 227 o.; Ted Spiegel 153 u.; Hubert Stadler 158 u. 2. v. l., 175 o.; Mark L Stephenson 197 o. r.; Christopher Stevenson 186; Kurt Stier 83 u. l.; Stock Photos 231 o. l.; Keren Su 5 u., 48, 56, 57 o., 61 o. r., 65 u. l., 105 M., 105 u., 172, 173 u. l., 184/185, 232 u. 1. v. l., 234; Jim Sugar 185 u. 4. v. l., 215 u.; Svenja-Foto 107 u. 4. v. l., 129 o., 129 u. l., 147 u. l.; Torleif Svensson 19 u. r.; Chase Swift 185 u. 5. v. l., 211 o.; Swim Ink 2, LLC 123 u. r.; Murat Taner 39 u. 4. v. l., 40, 92, 202; Luca I. Tettoni 38 u. 1. v. l., 44, 45 o. r., 49 u.; The Art Archive 157 o.; Paul Thompson 184 u. 1. v. l., 187 o. r.; Vanni Archive 127 u.; Sandro Vannini 23 u. r., 39 u. 4. v. l., 75 o. r., 124; Brian A. Vikander 29 o., 29 u., 79 u., 95 o. r., 103 u. l.; Ian Walker 112; Patrick Ward 113 o. r.; Julia Waterlow 168; Anna Watson 131 u. l.; Karl Weatherly 113 o. l.; Anthony John West 179 o.; K. M. Westermann 17 o. r.; Michele Westmorland 159 u. 4. v. l., 162; Stuart Westmorland 223 o. r.; Nik Wheeler 37 M., 87 u. l., 151 u. l.; Lee White 100, 101 u.; Wild Country 85 o.; Peter M. Wilson 137 o. r.; Nick Wiseman 135 o.; Roger Wood 9 u. 4. v. l., 14, 15 M., 15 u., 32, 33 u., 203 o.; Adam Woolfitt 67 o. l., 80, 151 u. r.; Alison Wright 38 u. 2. v. l., 67 u.; Michael S. Yamashita 24, 41 o., 41 u. r., 209 o.; Jon P. Yeager 169 o.

© Gerhard Klimmer: 51 u. r.

© MEV: 23 o., 38/39 u. 3. v. l., 67 o. r., 68, 81 o. l., 81 u., 89 o. r., 106 u. 2. v. l., 114, 121 o., 123 u. l., 137 o. l., 149 o. l., 161 o., 161 u. r., 165 u., 166, 167 u. r., 197 o. l., 227 u., 230;

© Thomas Uhlig: 9 u. 5. v. l.